Michael Kißener

Das Dritte Reich

Kontroversen um die Geschichte

Herausgegeben von
Arnd Bauerkämper, Peter Steinbach und Edgar Wolfrum

Michael Kißener

Das Dritte Reich

Wissenschaftliche Buchgesellschaft

Einbandgestaltung: schreiberVIS, Seeheim.

Die Deutsche Bibliothek verzeichnet diese Publikation
in der Deutschen Nationalbibliografie;
detaillierte bibliografische Daten sind im Internet über
http://dnb.ddb.de abrufbar.

Die Herausgabe des Werkes wurde durch
die Vereinsmitglieder der WBG ermöglicht.
Gedruckt auf säurefreiem und alterungsbeständigem Papier
Printed in Germany

Besuchen Sie uns im Internet: www.wbg-darmstadt.de

ISBN 3-534-14726-X

Inhalt

Vorwort der Reihenherausgeber

Kontroversen begleiten nicht nur die wissenschaftliche Arbeit, sondern sind deren Grundlage. Dies gilt auch für die Geschichtswissenschaft. Weil wissenschaftliche Auseinandersetzungen nicht leicht zu durchschauen und noch schwerer zu bearbeiten sind, ist es notwendig diese aufzubereiten.

Die Reihe „Kontroversen um die Geschichte" ist als Studienliteratur konzipiert. Sie präsentiert die Auseinandersetzungen zu Kernthemen des Geschichtsstudiums; ihr Ziel ist es, Studierenden die Vorbereitung auf Lehrveranstaltungen und Examenskandidaten ihre Prüfungsvorbereitung zu erleichtern. Entsprechend kennzeichnet sie ein didaktischer und prüfungspraktischer Darstellungsstil.

Über diesen unmittelbaren Nutzen hinaus nimmt die Reihe die Pluralisierung der Historiographie auf, ohne dem Trend zur Zersplitterung nachzugeben. Gerade in der modernen Gesellschaft mit ihrer fast nicht mehr überschaubaren Informationsvielfalt wächst das Bedürfnis nach einer schnellen Orientierung in komplizierten Sachverhalten. Ergebnisse der historischen Forschung werden in dieser neuen Reihe problemorientiert vermittelt. Die einzelnen Bände der „Kontroversen um die Geschichte" zielen dabei nicht auf eine erschöpfende Darstellung historischer Prozesse, Strukturen und Ereignisse, sondern auf eine ausgewogene Diskussion wichtiger Forschungsprobleme, die nicht nur die Geschichtsschreibung geprägt, sondern auch die jeweilige zeitgenössische öffentliche Diskussion beeinflusst haben. Insofern umschließt der Begriff „Kontroversen" zwei Dimensionen, die aber zusammen gehören.

Die Spannbreite der „Kontroversen um die Geschichte" reicht vom 16. Jahrhundert bis zur Zeitgeschichte. Einige der Bände sind jeweils einzelnen Themengebieten wie der Verfassungsgeschichte gewidmet, die im historischen Längsschnitt behandelt werden und überwiegend über den deutschen Sprach-, Kultur- oder Staatsraum hinaus eine vergleichende Perspektive zu anderen Regionen und Staaten Europas eröffnen. Andere Bände behandeln einzelne Epochen oder Zeitabschnitte europäischer und deutscher Geschichte wie etwa den Absolutismus oder die Weimarer Republik. Gelegentliche Überschneidungen sind somit nicht nur unvermeidbar, sondern auch durchaus sinnvoll.

Der Aufbau der Bände folgt einem einheitlichen Prinzip. Die Einleitung entfaltet den Gesamtrahmen der behandelten Epoche oder des dargestellten Querschnittbereichs. Daran schließt sich ein Überblick an: Er begründet die Auswahl der behandelten Deutungskontroversen und ordnet diese in den Gesamtrahmen ein. Der Hauptteil der Bände umfasst sechs bis acht Forschungsprobleme. Dabei werden nicht vorrangig alle Entwicklungen und Stadien der Forschung nachgezeichnet, vielmehr Schlüsselfragen und zentrale Deutungskontroversen der Geschichtswissenschaft übersichtlich und problemorientiert präsentiert. Der Darstellung dieser Schlüsselfragen folgt zum Schluss eine kritische Bilanz des Forschungsstandes, in der auch offene Probleme der Geschichtsschreibung dargelegt werden. Historische Forschung ist ein nie beendeter Prozess, dessen Befunde immer einer kritisch-distanzierenden Bewertung bedürfen. Auch dies soll in dem abschließenden Kapitel der Bände jeweils deutlich werden. Eine Bibliographie der wichtigsten Werke steigert den Gehalt der Bände; das Register weist zentrale Personen- und Sachbezüge nach und dient einer schnellen Orientierung.

Unser Wunsch ist es, dass die Reihe „Kontroversen um die Geschichte" einen festen Platz in den Bücherregalen von Studierenden der Geschichtswissenschaft, aber auch benachbarter Disziplinen einnimmt, die sich auf Lehrveranstaltungen oder Prüfungen vorbereiten. Darüber hinaus sind die Bände der Reihe an Leserinnen und Leser gerichtet, die Befunde der Geschichtsschreibung sachkundig vermitteln möchten oder ganz generell an historisch-politischen Diskussionen interessiert sind.

Arnd Bauerkämper
Peter Steinbach
Edgar Wolfrum

I. Einleitung

NS-Forschung 60 Jahre danach

Auch sechzig Jahre nach dem Ende der Hitlerherrschaft ist das „Dritte Reich" nicht nur in der deutschen Historiographie noch lange kein Thema wie jedes andere. Die wissenschaftlichen Bemühungen um die Erforschung jener zwölf Jahre totalitärer Diktatur und um ein angemessenes Verständnis des historischen Geschehens sind außerordentlich vielfältig, der Erkenntnisfortschritt ist geradezu rasant. Auch das Ende der zweiten Diktatur auf deutschem Boden nach 1989 hat nicht, wie es viele Historiker zunächst vermutet hatten, zu einer Verlagerung der Forschungsanstrengungen auf die SED-Diktatur geführt. Im Gegenteil: Während die Erforschung der DDR nach ihrem großen, durch staatliche Finanzierung intensivierten Aufschwung in den 1990er Jahren zur Zeit eher stagniert, steht die NS-Diktatur nach wie vor und ungebrochen im Zentrum des zeithistorischen Forschungsinteresses.

Dazu tragen die Nachwirkungen und Spätfolgen des Dritten Reiches bei, die auch heute noch und immer wieder eine breitere Öffentlichkeit tangieren. Man denke etwa nur an die Auseinandersetzung um eine Zwangsarbeiterentschädigung durch die deutsche Wirtschaft oder auch die Diskussion über die Rolle Schweizer Banken bei der Liquidation jüdischen Vermögens im Zusammenhang mit der nationalsozialistischen Judenpolitik. Diese Themen haben nicht nur über Jahre hinweg Schlagzeilen in der Tagespresse gemacht, sondern auch Finanzmittel der Privatwirtschaft in beträchtlichem Umfang für historische Forschung freigesetzt.

Parallel zu solchen Nachwehen des untergegangenen Dritten Reiches hat sich gerade in den vergangenen rund zehn Jahren eine außerordentlich breitenwirksame Form der Auseinandersetzung mit der Geschichte des Nationalsozialismus entwickelt, die das Interesse an diesem Thema ein weiteres Mal intensiviert hat. Historische Dokumentationen über den Nationalsozialismus im Fernsehen erzielen seit einigen Jahren hohe Einschaltquoten. Als Provokation empfundene Ausstellungen („Wehrmachtsausstellung") oder heftig umstrittene Bücher (Goldhagen: „Hitlers willige Vollstrecker" [14]) werden zu Publikumserfolgen. Den jüngsten Höhepunkt in dieser Entwicklung stellt der Kinofilm „Der Untergang" dar, der schon wegen seiner Ankündigung als „Tabubruch" und mittels einer geschickten medialen Vorbereitung für Besucherrekorde sorgte. Gegenstand dieses angeblichen „Tabubruchs" war die Inszenierung Adolf Hitlers während seiner letzten Tage im Berliner Bunkersystem in einer deutschen Produktion, die dadurch an Bedeutung gewann, dass sie sich sehr eng an die von einem namhaften Historiker, Joachim Fest (11), eruierten Fakten hielt – Fakten, die freilich schon lange bekannt und veröffentlicht waren (45). „Medienboom" und Forschung zur NS-Geschichte, das zeigt dieses Beispiel deutlich, sind oft eng aufeinander bezogen und es ist derzeit nicht absehbar, ob und wann ein Ende dieser über Jahre hinweg immer intensiver werdenden Beziehung erfolgen wird.

Es kann unter solchen Voraussetzungen jedenfalls kaum verwundern, dass die Geschichte des Nationalsozialismus nicht nur zu vielfältigen historischen Kontroversen, sondern auch zu einer wahren Bücherflut geführt hat, die nach der im Jahre 2000 abgeschlossenen, freilich auch nur selektiven „Bibliographie des Nationalsozialismus" von Michael Ruck (37) rund 40000 Titel zählte. Und schon dieser Umstand hat innerhalb wie außerhalb der Fachwissenschaft zu sehr gegensätzlichen Meinungen über die Historiographie zum Nationalsozialismus geführt. Während die einen diese starke Konzentration auf 12 Jahre deutscher Geschichte beklagen und darin eine völlige Verzerrung der Maßstäbe sehen, betonen die anderen die aus den unvergleichlichen Verbrechen des Nationalsozialismus resultierende moralische Verantwortung für eine permanente und lebendige Auseinandersetzung mit den dunkelsten Jahren der deutschen Geschichte.

Politische und moralische Dimensionen

In diesen gegensätzlichen Perspektiven klingt bereits ein weiteres Merkmal der historiographischen Auseinandersetzung mit dem Nationalsozialismus an, das nicht weniger als die angeschnittenen Rahmenbedingungen der wissenschaftlichen Forschung für das Entstehen von Kontroversen verantwortlich ist: die historische, politische und moralische Dimension des Themas. Angesichts der Ungeheuerlichkeit der Verbrechen des Dritten Reiches fällt es wohl jedem Historiker schwer, der nationalsozialistischen Herrschaft gegenüber jene Objektivität im Sinne eines wertfreien Sachurteils zu entwickeln, die eine wesentliche Voraussetzung wissenschaftlichen Arbeitens ist. Will man aus diesem Grunde nicht gleich auf eine historische Erforschung des Themas verzichten, so sind politische und/oder moralische Implikationen die geradezu zwangsläufige Folge. Und sie sind es denn auch, die viel häufiger als unterschiedliche quellenkritische Befunde oder methodische Grundlagen Kontroversen produzieren. Moralische und politische Kriterien bei der Erforschung und Interpretation des Nationalsozialismus sind dabei keineswegs auf bestimmte politische, konfessionelle oder weltanschauliche Richtungen beschränkt. Sie sind auch nicht das Produkt der modernen „Massenhistoriographie". Schon Friedrich Meinecke ging es in seinen frühen Arbeiten auch um die Selbstvergewisserung des eigenen moralischen und politischen Standortes gegenüber der „deutschen Daseinsverfehlung" (Ernst Niekisch), Gerhard Ritter zielte bei seinen Arbeiten zum Nationalsozialismus immer auch auf die Rettung des eigenen nationalen Geschichtsbildes, und auch Hans Rothfels, der „Doyen" der deutschen Zeitgeschichtsschreibung, wollte mit seiner frühen Darstellung des deutschen Widerstandes den Nachweis antreten, dass es neben den Nationalsozialisten auch „anständige" Deutsche gegeben habe (33, S. 20f.). Er forschte also nicht voraussetzungs- und ziellos.

Postulat der „Historisierung"

So wenig wie sich aber politisch-moralische Implikationen bei der Erforschung und Darstellung des Nationalsozialismus vermeiden lassen, so deutlich ist in den 1980er Jahren das Unbehagen über eine allzu sehr von solchen Prämissen bestimmte Geschichtsschreibung gewachsen und hat sich in der vielfach (absichtlich?) missverstandenen Forderung nach einer stärkeren „Historisierung" der NS-Forschung, die erstmals von Martin Broszat erhoben wurde, Ausdruck verschafft. Dabei ging und geht es in keiner Weise um eine relativierende Verharmlosung der Verbrechen des NS-Regimes und schon gar nicht um die Beschwörung einer von der Hitlerdiktatur ausgehenden Faszination. Vielmehr plädierte Broszat für einen von Vorgaben und gesellschaftlich eingeübten Haltungen möglichst freien, streng wissenschaftlich orientierten Zugang zu den historischen Phänomenen, der die unabdingbare Voraussetzung für einen weiteren Erkenntnisfortschritt ist. Das „Nebeneinander und die Interdependenz von Erfolgsfähigkeit und krimineller Energie, von Leistungsmobilisation und Destruktion, von Partizipation und Diktatur" seien es, die man sehen müsse, um den Erfolg des Nationalsozialismus schlüssig erklären zu können (10, S. 166).

Anders also als bei der in der DDR betriebenen NS-Forschung, die sich über weite Strecken dem Dogma der marxistischen Geschichtsinterpretation zu unterwerfen hatte und daher in ihrem Erkenntnisgewinn sehr beschränkt blieb, haben die unter diesen Voraussetzungen arbeitenden westdeutschen und westeuropäischen Forscher in den vergangenen rund 60 Jahren bedeutende Fortschritte erzielt und die Geschichte des Nationalsozialismus in einer Weise durchdrungen und erhellt, die wohl beispiellos sein dürfte.

Quellen

Dieser Erfolg verdankt sich nicht zuletzt der Verfügbarkeit beträchtlicher Archivalienbestände, die zum einen Anfang der 1960er Jahre der NS-Forschung zugänglich wurden, soweit sie sich bis dahin in der Hand der Westalliierten befunden hatten, zum anderen seit den 1990er Jahren auch im osteuropäischen Raum, wenn auch mit Einschränkungen, einsehbar wurden. Nicht zu vergessen sind dabei auch die im Rahmen von ablaufenden Sperrfristen erst jetzt in Deutschland verfügbaren personenbezogenen Akten und jenes beträchtliche regionale Schriftgut, das bei der lang anhaltenden Konzentration auf die Zentralinstanzen des NS-Staates in Berlin lange Zeit gar nicht oder nur am Rande zur Kenntnis genommen wurde.

Den Weg zu diesen oft versteckten Quellenbeständen bahnt seit einigen Jahren ein Archivführer aus der Feder von Heinz Boberach, dessen praktischer Wert ebenso wenig zu überschätzen ist (5) wie jener der fundierten Quellenkunde für den Zeitraum 1919–1945, die Hans Günter Hockerts (20) vorgelegt hat.

Editionen

Ein wichtiges Ergebnis der so ermöglichten intensiven Forschungstätigkeit sind eine Reihe namhafter Editionsunternehmen geworden, die in vorbildlicher Form wichtiges Quellenmaterial überall verfügbar gemacht haben. Zu diesen Editionen gehören – um nur einige wenige Beispiele zu nennen – die Akten zur deutschen auswärtigen Politik (3) ebenso wie die Akten der Reichskanzlei (1), Hitlers Lagebesprechungen (17) und Weisungen (21) sowie die erst neuerdings von Martin Moll zusammengestellten Führererlasse (31). Von großer Bedeutung sind auch die bei den Nürnberger Kriegsverbrecherprozessen entstandenen Dokumentensammlungen (35), die Presseanweisungen (7) und die „Meldungen aus dem Reich", die wichtige Hinweise auf die Stimmungslage der Deutschen bieten (6). Für die Erforschung des Verhältnisses zwischen katholischer Kirche und NS-Staat haben sich mittlerweile die von der Bonner Kommission für Zeitgeschichte herausgegebenen Akten deutscher Bischöfe als unverzichtbar erwiesen, die von Bernhard Stasiewski und Ludwig Volk seit dem Ende der 1960er Jahre bearbeitet wurden (2). Nirgendwo lässt sich wohl ein besserer Einblick in die Stimmung und die politische Lagebeurteilung an der Spitze der NS-Führung nehmen als in den Tagebüchern von Joseph Goebbels, die wegen ihres Umfangs über Jahre hinweg vom Institut für Zeitgeschichte ediert wurden (12).

Institut für Zeitgeschichte

Dieses in München ansässige Institut ist seit seiner Gründung im Jahre

1950 zu der wohl renommiertesten und weit über die Grenzen Deutschlands hinaus wirkenden Forschungseinrichtung nicht nur, aber vornehmlich auch für die NS-Zeit geworden (32). Die von dem Institut seit 1953 herausgegebenen Vierteljahrshefte für Zeitgeschichte sind das wichtigste Publikationsorgan und Diskussionsforum für die laufende NS-Forschung. So sind praktisch alle wichtigen Entwicklungsschritte, die viele Impulse von Anbeginn an auch ausländischen Historikern zu verdanken haben, in mehr oder minder enger Beziehung zum „IfZ" zu sehen.

Tendenzen der Forschung

Anfänglich war diese Forschung stark von moralischen „Kriterien und Tendenzen zur Verinnerlichung und Selbstbesinnung" bestimmt (43, S. 510), was angesichts der Ungeheuerlichkeit der historischen Last wenig verwundern kann. In den Bahnen der bekannten nationalpolitischen Geschichtsschreibung fortzufahren und deren historistischen Arbeitspostulaten zu folgen, erschien zunächst unmöglich und hat eine methodologische Ratlosigkeit hervorgerufen. Diese Situation wurde durch eine grundlegende Aufklärungsarbeit über die Grundtatsachen nationalsozialistischer Herrschaft überwunden (zum Beispiel 27), die in den 1950er Jahren Zug um Zug mit dem zugänglichen Archivmaterial geleistet wurde. Bedeutsam erscheint zudem, dass die justizielle Aufarbeitung der NS-Verbrechen in den ersten Jahrzehnten nach dem Ende des Dritten Reichs der historischen Forschung immer wieder neue Impulse gegeben hat, wie auch die frühen Erklärungsmodelle totalitärer Herrschaft – die Totalitarismustheorie und die Faschismustheorie, auf die weiter unten einzugehen ist – die Forschung befördert haben. Und gewiss sind außerwissenschaftliche Impulse ebenso zu berücksichtigen, so etwa als zum Beispiel Ende der 1960er Jahre eine jüngere Generation begann, immer drängender nach dem Verhalten ihrer Eltern und Lehrer in den 12 Jahren der Hitlerdiktatur zu fragen. Spätestens seit den 1970er Jahren haben sodann eine Reihe methodischer Wandlungen und Akzentuierungen der NS-Forschung neue Impulse gegeben; man kann sogar sagen, dass viele die deutsche Zeitgeschichtsschreibung seit 1945 bestimmenden Methodenwechsel an Themen der NS-Geschichte entwickelt oder exemplifiziert worden sind.

Man denke hier nur an die historische Wahlforschung, aber auch an die zum Teil wegen ihres vermeintlichen Mangels an begrifflicher Präzision und analytischer Klarheit wie Theorieferne gescholtene „Alltagsgeschichte" und das von dieser häufig verwandte Mittel der „oral history" (zur Kritik siehe etwa 46). Klassische politikgeschichtliche Ansätze finden sich in der NS-Forschung bis heute ebenso wie struktur- und vor allem auch sozialgeschichtliche Zugriffe. Diese unterschiedlichen methodischen Ansätze haben, wie zu zeigen sein wird, Kontroversen produziert, sie haben aber auch vielfach zu einer Annäherung der methodischen Standpunkte und zu einem echten Erkenntnisfortschritt geführt. Kaum ein ernst zu nehmender Sozialhistoriker würde heute mehr bestreiten, dass es grundsätzlich sinnvoll und ertragreich sein kann, sich der NS-Geschichte *auch* biographisch zu nähern. Die Veröffentlichung einer gleich zweibändigen Hitlerbiographie aus der Feder eines lange Jahre gegenüber Biographien eher skeptischen Historikers wie Ian Kershaw (24; 25) belegt dies anschaulich. Umgekehrt wird wohl kein Vertreter der klassischen Politikhistoriographie heute mehr den Erkenntnisgewinn leugnen, der aus der Anwendung struktur-

und/oder sozialgeschichtlicher Methoden für die NS-Forschung gezogen werden konnte.

Hinzu kommen sozialwissenschaftliche Theorien, die mit beachtlichem Erfolg auch in der NS-Forschung angewandt worden sind. So etwa die Theorie der sozial-moralischen Milieus, die Mario R. Lepsius 1966 bereits eingeführt hat und die mittlerweile in verschiedenen Milieustudien bereits ertragreich erprobt worden ist (29). Unter „Milieus" versteht Lepsius „lebensweltliche Gesinnungsgemeinschaften", in denen eine Koinzidenz verschiedener Strukturdimensionen wie regionale Traditionen, Religion, wirtschaftliche Lage, kulturelle Orientierung und schichtenspezifische Zusammensetzung gegeben sind. Freilich stellt sich die Frage, ob solche Milieus, die Lepsius vor allem für das Ende der Kaiserzeit untersucht hat, in den 1930er und 1940er Jahren in dieser Ausprägung überhaupt noch existent waren: dies ist eine häufig eingewandte Kritik gegenüber dieser Methode. Dort, wo die Frage mit guten Gründen bejaht werden kann, ist jedenfalls der Wandel politischer und weltanschaulicher Einstellungen in geographisch und gesellschaftlich präzise definierbaren Räumen auf diese Weise besonders gut leistbar. Deshalb bietet sich diese Methode insbesondere auch für regionalgeschichtliche Studien und zur präzisen Eruierung widerständigen oder angepassten Verhaltens an (39).

Zur Erforschung politischer Einstellungen von klar definierten Berufsgruppen hat sich darüber hinaus in den letzten Jahren der kollektivbiographische Ansatz bewährt. Durch die tief greifende Eruierung hunderter von Biographien etwa einer bestimmten Beamtengruppe (zum Beispiel höhere Innenverwaltung, Richter) lassen sich in besonders präziser Weise quantitative wie qualitative Veränderungen definieren. Damit wird ein an den handelnden Personen orientierter Einblick in die Funktionsweise beispielsweise von Verwaltungen genommen, die bei der Etablierung der NS-Herrschaft wie beim Vollzug der politischen Vorgaben des NS-Staates von Ausschlag gebender Bedeutung waren (vgl. zum Beispiel 26; 38).

Standardwerke und Hilfsmittel

Kaum möglich ist es, vor dem Hintergrund einer so ausgebreiteten und mittlerweile hoch differenzierten Forschung, auch nur annähernd vollständig die wichtigsten und mittlerweile als Standardwerke unter den Forschern anerkannten Arbeiten anzuführen. Pars pro toto nur sei auf ein älteres, in seinem hohen Wert anerkanntes Standardwerk von Karl Dietrich Bracher unter dem Titel „Die deutsche Diktatur" hingewiesen (8) und auf zwei neuere große Werke, die möglicherweise schon bald einen ähnlichen Rang einnehmen werden: Hans Ulrich Thamers „Verführung und Gewalt" (44) sowie Michael Burleighs „Die Zeit des Nationalsozialismus" (428). Daneben haben sich mittlerweile auch eine Reihe von Nachschlagewerken und Lexika etabliert, die sich als nützliche Helfer bewährt haben. Auch hier sei pars pro toto nur auf die Enzyklopädie des Nationalsozialismus (4), auf Peter Steinbachs und Johannes Tuchels „Lexikon des deutschen Widerstandes" (42) oder die dreibändige Enzyklopädie des Holocaust (15) verwiesen.

Periodisierung

Gerade die neueste Forschung lässt oft genug Kontinuitätslinien unterschiedlichster Art erkennen, die die Frage nach der zeitlichen Eingrenzung des Untersuchungsraumes „Nationalsozialismus" aufwerfen. Seit vielen Jahren ist schon alleine aus der Perspektive der Erforschung der Weimarer

Republik darauf verwiesen worden, wie durch die Etablierung der Präsidialkabinette in der Endphase der Republik jener Übergang zur „Regierung Hitler" in einem Maße verwischt wurde, dass von einer harten Zäsur am 30. Januar 1933 bereits nicht mehr gesprochen werden kann (vgl. 13). Andererseits haben sich weit über den 8. Mai 1945 hinaus zum Beispiel gesellschaftliche Haltungen und administrative Kontinuitäten nachweisen lassen, die die Frage aufwerfen, ob auch hier an jener scharfen Trennlinie festzuhalten ist, die die 12 Jahre der nationalsozialistischen Diktatur als einen voraussetzungslosen beziehungsweise folgenlosen „Unfall" in der deutschen Geschichte erscheinen lassen könnten. So wird gerade auch unter alltagsgeschichtlichen Perspektiven seit einiger Zeit dafür plädiert, die Jahrzehnte zwischen etwa 1930 und 1960 als eine Art transitorische Epoche zu begreifen. Dagegen ist freilich einzuwenden, dass bei einer allzu starken Betonung der Kontinuitäten, die Exzeptionalität der Diktatur allzu leicht aus dem Blick geraten könnte. Hierauf hat zuletzt Horst Möller mit Nachdruck hingewiesen: „Zwar muss die Frage nach der Stellung des Jahres ‚1933 in der Kontinuität der deutschen Geschichte' (T. Nipperdey) gestellt werden, und auch die partiellen Kontinuitätsstränge über das Jahr 1945 hinaus bedürfen der Erforschung, doch darf dadurch nicht die Gewichtung im gesellschaftlichen sowie innen- und außenpolitischen Gesamtzusammenhang aus dem Blick geraten: Eine klare Unterscheidung von Demokratie und Diktatur (vgl. K. D. Bracher u. a.) ist dabei unverzichtbar, wobei sie den Generationen, die die NS-Diktatur und die sowjetische Herrschaft in der SBZ und DDR noch miterlebt haben, deutlicher bewusst war als den Nachlebenden" (33, S. 29).

II. Überblick

Forschungsüberblicke

Noch ein Buch über historische Kontroversen zum Nationalsozialismus? In der Tat: Wenn dieser Band mehr als das Füllen einer ansonsten auffälligen Lücke gerade in einer Reihe mit dem Titel „Kontroversen um die Geschichte" sein soll, so bedarf dies einer Erläuterung. Denn mit den mittlerweile weit verbreiteten und fast schon zu Standardwerken der NS-Forschungsliteratur gewordenen Arbeiten etwa Ian Kershaws (23), Ulrich von Hehls (16), Wolfgang Wippermanns (49) oder aber und vor allem mit Klaus Hildebrands in sechster Auflage erst 2003 erschienener Gesamtschau „Das Dritte Reich" (18) liegen Werke vor, die in kaum mehr zu überbietender Detailfülle und Präzision die Geschichte der Erforschung des NS-Staates dokumentieren und luzide beschreiben. Im Falle Ian Kershaws genügt sich die Darstellung von „Geschichtsinterpretationen und Kontroversen im Überblick" sogar nicht einmal selbst, sondern wird viel mehr zur Grundlegung und Verteidigung der eigenen Forschungsposition genutzt.

Dies alles und vor allem Letzteres soll und will der vorliegende Band nicht leisten. Seine Grundintention ist streng an den von den Herausgebern vorgegebenen Zielen dieser Reihe orientiert: Er richtet sich an Studierende, die sich für Lehrveranstaltungen vorbereiten, an Examenskandidaten, die Prüfungen zu absolvieren haben, an Lehrerinnen und Lehrer, die einen problemorientierten Geschichtsunterricht vorbereiten, an historisch Interessierte, die Klarheit über die oft nicht leicht zu durchschauenden Auseinandersetzungen der Historiker gewinnen wollen. Deshalb ist er konsequent stark didaktisch orientiert. Dies hat eine Reihe sehr gewichtiger Konsequenzen.

Darstellungsziel

1. In diesem Band kann und soll kein Anspruch auf Vollständigkeit in der Darstellung der Forschungs*entwicklung* zum Nationalsozialismus erhoben werden. Dies wäre nicht nur mit der Grundintention der Reihe nicht vereinbar, es kann, wie die neueste Auflage von Klaus Hildebrands Standardwerk „Das Dritte Reich" anschaulich zeigt, auch mit dem Medium „Buch" fast nicht mehr geleistet werden. Denn die rapide voranschreitende und hoch differenzierte NS-Forschung in all ihren Verästelungen und Seitenwegen erfassen zu wollen, bedingt einen Darstellungsstil und ein bibliographisches Nachweissystem, das sich zunehmend abträglich auf die Lesbarkeit und angesichts des unvermeidlich hohen Abstraktionsgrades auch auf die Verstehbarkeit des Gesagten zumindest für den Anfänger oder „Einsteiger" auswirken muss. Aus diesem Grunde wird im Folgenden nahezu vollständig auf die Darlegung von Forschungs*entwicklungen* verzichtet. Dies bedeutet, dass eine große Zahl von Werken, die dem professionellen NS-Forscher ganz selbstverständlich zu Grundlagenwerken der NS-Forschungsliteratur geworden sind, oft nicht einmal genannt und eine Anzahl von Subthemen gar nicht berührt werden, die gleichwohl für unser modernes Verständnis des Nationalsozialismus von Bedeutung sind. Der vorliegende Band nutzt den ihm zur Verfügung gestellten Raum ganz konsequent dazu aus, sich fast ausschließlich auf wirkliche historische „Kontroversen" über den Nationalsozialismus zu konzentrieren.

Begriff „Kontroverse"

2. Was aber sind „wirkliche Kontroversen" über die Geschichte des Nationalsozialismus? Wie sind sie von der Forschungs*entwicklung* und den dabei allenthalben stattfindenden Streitereien und Auseinandersetzungen der Historiker zu unterscheiden? „Nicht jede Kritik, nicht jede scharfe Rezension, nicht jede Meinungsdifferenz und auch nicht jede Revision einer älteren Ansicht sollten freilich als ‚Kontroverse' – als ‚Historikerkontroverse' – bezeichnet werden. Genauso wenig sollte man darunter persönliche Rivalitäten oder gar Feindschaften verstehen, wenngleich persönliche Momente bei Kontroversen durchaus eine Rolle spielen können. Ebenso wäre es falsch, in jedem politischen Skandal den Anlass zu einer Historikerkontroverse zu sehen" – meint Hartmut Lehmann und fügt hinzu, dass sich die Geschichtswissenschaft bislang gar nicht in hinreichendem Maße und theoretisch fundiert mit diesem eigentlich alltäglichen Ereignis der geschichtswissenschaftlichen Arbeit auseinandergesetzt hat (28, S. 9f.). Dies ist zweifellos zu bestätigen: Eine ganz trennscharfe und womöglich noch allgemein konsentierte Definition, was eine historische Kontroverse ist und was nicht, gibt es bis heute nicht.

Wohl aber existieren einige Anhaltspunkte, die es ermöglichen, mit Blick auf die NS-Forschung Auswahlkriterien zu beschreiben, mit denen eine Eingrenzung des hier behandelten Stoffes möglich wird. Nach Konrad Repgen müssen drei Momente zusammenkommen, damit man eine Auseinandersetzung unter Historikern als „Kontroverse", Repgen nennt es „Kampf", bezeichnen kann: „Erstens muss der Widerspruch zwischen den Thesen und Antithesen erheblich sein. Es darf nicht nur um Nuancen gehen. [...] Ein zweites, inhaltliches Moment tritt hinzu: es muss sich der Sache nach, um einen bedeutenden Gegenstand des Streites handeln. Kämpfe entstehen nicht um Quisquilien. Dafür sind die Historiker zu friedliche Leute. Und selbst wenn sie es nicht wären, würden sie wegen gelehrter Kleinigkeiten kein großes Publikum finden können; denn dies, und damit sind wir beim Dritten, gehört auch zu einem Kampf: die Auseinandersetzung darf sich nicht allein im Elfenbeinturm der Fachzeitschriften und Akademieabhandlungen abspielen; sie muss, wenigstens zum Teil, vor den Augen der Öffentlichkeit ausgetragen werden" (36, S. 304).

Das Kriterium der Öffentlichkeit ist auch für Hartmut Lehmann von besonderer Bedeutung, und zwar in dem Sinne, dass „Historikerkontroversen sich dadurch auszeichnen, dass in ihnen nicht eigentlich über das debattiert wird, was scheinbar im Vordergrund der Kontroverse steht, dass also hinter der strittigen Sachfrage andere strittige Komplexe stehen, die in der Kontroverse nicht ausdrücklich thematisiert werden, obwohl sie für Inhalt, Verlauf und Ergebnis der Kontroverse von großer Bedeutung sind" (28, S. 10f.). Im Falle der geschichtswissenschaftlichen Kontroversen um den Nationalsozialismus trifft dies freilich für fast jede Auseinandersetzung zu, weil nahezu jede Interpretation zugleich auch etwas über Kontinuitäten oder Diskontinuitäten zur gegenwärtigen Gesellschaft, zu ihrem Selbstverständnis, zu ihrer Stellung gegenüber der eigenen, in diesem Fall denkbar düsteren Geschichte aussagt. Ganz grundsätzlich hat Edgar Wolfrum mit seiner Arbeit über „Geschichtspolitik" (50) den Nachweis erbracht, wie sehr gerade Geschichtsbilder von zeithistorischen Ereignissen immer in Abhängigkeit von aktuellen gesellschaftlichen Befindlichkeiten und Positionen zu sehen sind.

Für unseren Zusammenhang ist daher noch wichtiger als das Kriterium der Öffentlichkeit jene Typologie von Historikerkontroversen, die Lutz Niethammer, vielleicht in unglücklicher Wortwahl, in der Sache aber sicher zutreffend entworfen hat. Niethammer unterscheidet die „Arbeit am Mythos" von dem „Legendenkiller" und den „methodischen Innovationskonflikten", die er „Horizontverschiebung" nennt (34). Die „Arbeit am Mythos" bezeichnet einen Konflikt, der sich durch eine „Reinterpretation gesellschaftlicher Ursprungsmythen" ergibt, welcher durch ein sich wandelndes gesellschaftliches Selbstverständnis hervorgerufen wird. Die Debatte um den „deutschen Sonderweg" könnte man zum Beispiel hierunter subsumieren. Demgegenüber entsteht der „Legendenkiller" aus einer gängigen, womöglich lange tradierten Forschungsmeinung, die plötzlich angezweifelt und durch historische Beweisführung in ihr Gegenteil verkehrt wird. Ob sich die neue Interpretation durchsetzt, hängt ganz entscheidend von den Argumenten ab, mit denen sie vorgetragen wird und ob der „Legendenkiller" eine „Kontroverse" wird, hängt von der Reaktion derjenigen ab, die die traditionelle Ansicht vertreten. Die „Horizontverschiebung" ist demgegenüber ein mehr innerwissenschaftlicher Methodenstreit, ein Innovationskonflikt, bei dem es um die Akzeptanz und praktische Anwendbarkeit neuer Erkenntnisse geht.

Fraglos sind solche Definitionsversuche, erst recht Typologisierungen wie die Niethammers, in höchstem Maße anzweifelbar und reizen zur Kritik. In unserem Zusammenhang lässt sich aus diesen Ansätzen aber immerhin ein Kriterienkatalog ableiten, anhand dessen die hier vorgenommene Auswahl transparent wird: in diesem Band der „Kontroversen um das Dritte Reich" soll es um historische Debatten, Streitigkeiten, Gegenpositionen und dergleichen mehr gehen, die im Sinne der Repgen'schen Definition tatsächlich über deutlich akzentuierte, sehr gegensätzliche Positionen geführt worden sind und zugleich von erheblicher Bedeutung für das historische Verständnis des „Dritten Reiches" waren. Sofern diese Auseinandersetzungen eine mehr oder minder große Öffentlichkeit erreicht haben, rücken sie damit geradezu automatisch in das Blickfeld der hier vorgelegten Betrachtung. Allerdings sollen im Sinne Hartmut Lehmanns politische Skandale nur dann berücksichtigt werden, wenn aus ihnen eine allgemeinere historische Auseinandersetzung hervorgegangen ist. Der „Skandal" um den ehemaligen baden-württembergischen Ministerpräsidenten Filbinger (22) und seine Beteiligung an Todesurteilen der Wehrmachtsjustiz ist also als solcher ebenso wenig berücksichtigt wie der angebliche Skandal um die Rede des Bundestagspräsidenten Jenninger (40), auch wenn beide Ereignisse von Historikern aufgegriffen und in ihren Bezügen zu historischem Geschehen kontrovers erörtert wurden.

Mit Schärfe geführte Auseinandersetzungen über relevante Themen der NS-Geschichte sind, dem Verständnis Niethammers folgend, in unserem Zusammenhang zu behandeln, wenn sie sich als Gegenpositionen zur vorherrschenden Forschungsmeinung darstellen, aber auch, wenn sie sich als eine Gegenposition zu einem gängigen, bis dato weit verbreiteten Geschichtsbild verstehen, gleichsam einen „Paradigmenwechsel" in Bezug auf bestimmte Themen der NS-Geschichte anzeigen.

Unter solchen Prämissen scheiden für die folgende Darstellung eine

Vielzahl von Nuancierungen, Perspektivenverschiebungen und historischen Korrekturen aus, die in den vergangenen 60 Jahren beinahe täglich vorgenommen worden sind. Übrig bleiben die harten Interpretationsgegensätze und charakteristische Wandlungsprozesse des Geschichtsbildes, die man auch als schwer wiegende Perspektivenverschiebungen bezeichnen könnte.

Sie sind der Gegenstand der nachfolgenden Ausführungen, und zwar ganz unabhängig davon, ob sie von manchen Historikern heute als „überholt" oder „erledigt" angesehen werden. Denn zum einen kann ein Beitrag zur Historiographie eines so bedeutenden Themas wie des Nationalsozialismus sich per se nicht auf vermeintlich oder momentan Relevantes beschränken, wenn er nicht in kürzester Zeit selbst als überholt gelten will. Zum anderen haben aber gerade auch bei den Kontroversen um den Nationalsozialismus längst totgesagte Debatten eine erstaunliche Überlebensfähigkeit bewiesen. Man denke nur an die „Reichstagsbrandkontroverse", die nach Jahren des allgemeinen Überdrusses an diesem Thema und der offenbar nicht wirklich entscheidbaren Sachlage in jüngster Zeit eine kaum für möglich gehaltene Renaissance erlebt hat und mit einem eigenen Internet-Diskussionsforum (182) nun doch wieder recht lebendig erscheint.

„Argumentationsgeschichte"

3. Wenn schon der Verzicht auf die Darstellung der Forschungsentwicklung und die Konzentration auf eigentliche „Kontroversen" den vorliegenden Band charakterisieren, so ist auch die Form, in der diese Kontroversen erklärt und erläutert werden eine besondere. Anders als bei den gängigen Darstellungen zum Thema, die sich angesichts des Umfangs und der Komplexität des Themas durch ein notwendigerweise hohes Abstraktionsniveau auszeichnen, wird im Folgenden versucht, den mit der thematischen Einengung gewonnenen Raum durch eine möglichst ausführliche und anschauliche Darlegung der gegensätzlichen Standpunkte zu nutzen, damit gerade dem Informationsbedürfnis desjenigen gedient wird, der sich dem Thema ohne vertiefte Spezialkenntnisse nähert. Als Ziel dieses Buches könnte man also eine Art „Argumentationsgeschichte" der NS-Forschung benennen. Dies bedingt eine Vielzahl von Zitaten und Hinweisen, die auf den Kern der Auseinandersetzung aufmerksam machen. Bei der Anführung der einschlägigen Literatur wurde darauf geachtet, dass, wo möglich, vorrangig Aufsätze oder Kurzdarstellungen angegeben werden, die oftmals prägnanter als monographische und dann wieder stärker ausdifferenzierte Ausarbeitungen die Sichtweise und Position der Diskutanten erkennen lassen.

„Inneres Gefüge" des Dritten Reiches

4. Schließlich ist aber auch bei einer so eingeschränkten Darstellung von Kontroversen um den Nationalsozialismus nochmals eine thematische Auswahl zu treffen. Sie ist unter der Maßgabe erfolgt, Kontroversen, die sich um das „innere Gefüge" des Dritten Reiches entwickelt haben, besondere Beachtung zu schenken. Denn das gesamte, im engeren Sinne historische Ringen um ein angemessenes Verständnis der Geschichte des Dritten Reiches führt immer wieder auf die Kernfrage zurück, was im Innersten diese Diktatur möglich machte, was sie zusammenhielt und zu den bekannten ungeheuren Verbrechen führte. Kontroversen um das „innere Gefüge" des Dritten Reiches zu betrachten, führt also trotz der dadurch erfolgten thematischen Reduktion in das eigentliche Zentrum des Forschungsinteresses.

Dies wird schon deutlich, wenn man sich den Beginn der nationalsozialistischen Herrschaft mit der Ernennung Adolf Hitlers zum Reichskanzler am 30. Januar 1933 näher vor Augen führt. Nach dem deutlichen Stimmenverlust, den die NSDAP in den Reichstagswahlen des November 1932 hatte einstecken müssen (Absinken von 37,3% auf 33,1% der Stimmen), war diese Ernennung, die Hitler ja nicht zuletzt einem Intrigenspiel nationalkonservativer Kräfte um den ehemaligen Reichskanzler v. Papen verdankte, keineswegs eine historische Notwendigkeit (9, S. 2). Man mag daher zu Recht die Frage stellen, ob der zeitgenössische, aber vor allem in den 1950er Jahren gebräuchliche Terminus „Machtergreifung" wirklich treffend ist, ob nicht vielmehr von „Machtübertragung" (so die marxistische Diktion, vgl. 49, S. 61), von „Auslieferung" (so Heinrich August Winkler, vgl. 47 I, S. 535 ff.) oder gar „Machtfreigabe" (9, S. 19) zu reden wäre. Auch die Zusammensetzung der Regierung Hitler, in der ja neben dem Reichskanzler lediglich Wilhelm Frick mit dem Innenressort und Hermann Göring als Minister ohne Geschäftsbereich die nationalsozialistische Sache vertraten, Hitler mithin dem sozialrevolutionären Drängen seiner eigenen Anhängerschaft ebenso entsprechen musste wie er die nationalkonservativen Koalitionäre nicht verprellen durfte, werfen die Frage nach den Antriebskräften auf dem Weg in die Diktatur auf.

Aus diesem Grunde ist die Kontroverse um den Fragenkomplex „Adolf Hitler: Starker oder schwacher Diktator?" an den Anfang dieses Bandes gerückt worden, ergeben sich aus den so unterschiedlichen Antworten darauf doch auch sehr unterschiedliche Sichtweisen sowohl auf die weitere Etablierung und Absicherung der NS-Herrschaft, als auch für die Beschreibung und Deutung der Verbrechen des NS-Staates an den Juden und anderen diskriminierten Gruppen. Der Bedeutung dieses Verbrechens gemäß und weil eugenische und antisemitische Maßnahmen ja auch sofort und im Zuge der Machtsicherung einsetzten, ist der Fragenkomplex „Holocaust: Plan oder Entwicklung?" als zweiter Darstellungsteil angeschlossen worden, dem dann die Frage nach dem Funktionieren der NS-Herrschaft im dritten Kapitel folgt.

Kaum war die Macht „erlangt", ging die Regierung Hitler schon an die Umsetzung der zentralen eugenischen wie antisemitischen Kernpunkte des Parteiprogramms. Mit dem so genannten „Judenboykott" vom 1. April 1933 und dem „Berufsbeamtengesetz" vom 7. April 1933 wurde die aktiv antisemitische Grundstimmung der Parteibasis, deren Aktionismus zunächst inopportun erschien, kanalisiert. Nur aus rein taktischen Erwägungen und weil die Resonanz auf diese unzivilisierten Grobheiten in der deutschen Bevölkerung nicht den Erwartungen entsprach, wurden solche Maßnahmen in den Folgemonaten abgeschwächt, bis sie 1934/35 dann fast zum Erliegen kamen, ohne dass sich freilich dadurch das antisemitische Grundklima irgendwie geändert hätte. So war der Erlass der berüchtigten „Nürnberger Rassegesetze" im September 1935 vor allem wieder dem Druck der Parteibasis sowie einiger führender Personen aus der Spitze des NS-Machtapparates geschuldet. Joseph Goebbels spielte hier eine wichtige Rolle und er war es auch, der die Pogrome gegen jüdische Mitbürger am 9. November 1938 initiierte, die eine weitere Eskalationsstufe darstellen. Mit dem Krieg schließlich setzten weitere Verschärfungen ein über Ghettoisierung und Deportationsvorhaben (zum Beispiel nach Madagaskar) bis hin zur tatsächlichen Vernichtung jüdischen Lebens in den berüchtigten Konzentrationslagern des Ostens. Betrachtet man nur diese grob gezeichnete Eskalierung, so wird schnell deutlich, dass die Frage nach den Antriebskräften einer solchen Politik, nach ihren Ursachen und Wendepunkten, aber auch nach der Rezeption dieses Vorganges in der deutschen Bevölkerung von ganz zentraler Bedeutung ist und sehr unterschiedlichen Interpretationen Raum gegeben hat. Flankiert wurden diese Maßnahmen mit „rassehygienischen" Initiativen wie sie in dem am 14. Juli 1933 erlassenen „Gesetz zur Verhütung erbkranken Nachwuchses" bereits sichtbar geworden waren. Die „T4"-, „Euthanasie"-Aktionen zu Beginn des Krieges stellten auf diesem Gebiet eine weitere mörderische Eskalationsstufe dar.

Gleichzeitig mit der Entfaltung der eugenischen und antisemitischen Politik der neuen Reichsregierung wurde deren Machtsicherung vorangetrieben. In der Flut einschlägiger, die Macht Hitlers und seiner Partei begründender Gesetze und Verordnungen, die 1933/34 ergingen, ragen die folgenden heraus: die so genannte „Brandverordnung" vom 28. Februar, die der Exekutive weitgehende Ausnahmerechte verschaffte, das „Ermächtigungsgesetz" vom 24. März 1933, das die genuine Funktion des Reichstages, Gesetze zu erlassen, zugunsten der Regierung aufhob und schließlich der „Röhmputsch" vom 30. Juni 1934, mit dem die Judikative zugunsten eines Notrechtes des „Führers" eingeschränkt wurde. Insbesondere die „Reichstagsbrandverordnung" und der ihr ursächlich zugrunde liegende Brand des Reichstages am 27. Februar 1933 haben dabei das besondere Interesse der Forscher gefunden. Dies kann kaum verwundern, wenn man bedenkt, welch weit reichende Folgen eine sichere Identifikation der Urheber dieses Brandes für das Gesamtverständnis des Dritten Reiches hätte. Wäre die schon zeitgenössische Vermutung, Nationalsozialisten hätten den Brand gelegt, zu erhärten, würde dies doch die Vorstellung von der Usurpation der Macht durch Hitler wesentlich befördern. Im gegensätzlichen Falle hingegen kommt den führenden nationalkonservativen Eliten in der Nähe Hitlers wie der Gesellschaft insgesamt eine wesentlich höhere Mitverantwortung für die Nutzung dieser historischen Gelegenheit zur Abfassung eines regelrechten „Diktaturparagraphen" zu.

Diese Grundsatzfrage hat das historische Arbeiten immer wieder beflügelt und im Laufe der Jahre zu kritischen Nachfragen über die Haltung der staatsnahen Institutionen wie wichtiger Bereiche des gesellschaftlichen und wirtschaftlichen Lebens geführt. So ist etwa schon früh über die konstitutive Rolle der öffentlichen Verwaltung für das Funktionieren des NS-Staates nachgedacht worden, die rein äußerlich durch das „Berufsbeamtengesetz" des Jahres 1933 und das Deutsche Beamtengesetz des Jahres 1937 definiert ist. Aus den hier festgelegten Selektions- und Disziplinierungsmitteln wie auch aus der 1935 eingeführten „politischen Beurteilung" der Beamten hat die Beamtenschaft nach 1945 den ihr verbliebenen Handlungsspielraum beschrieben und sich als Opfer des totalitären Zugriffs der neuen Machthaber gesehen. Ganz Ähnliches gilt für die Wehrmacht, die nach dem „Röhmputsch" in ihrer Eigenschaft als „Waffenträger der Nation" gesichert war und die größte potentielle Gefahr für den Bestand des NS-Staates hätte darstellen können. Zwar gab es in der Wehrmacht ähnlich wie in der

Koalitionsregierung Hitlers selbst eine Reihe von Schnittmengen mit den politischen Vorstellungen der Hitlerpartei etwa in der Frage der Revision des Versailler Vertrages und der Wiederaufrüstung, doch blieben nationalkonservative Vorbehalte gegen den „Führer" der sozialrevolutionären Bewegung stets erhalten, die Hitler noch 1944 für das gegen ihn erfolgte Attentat verantwortlich machte. Andererseits ist nicht zu übersehen, dass das Militär unter Führung des Reichskriegsministers Werner von Blomberg auffallend rasch im Sinne der Hitlerpartei indoktriniert wurde und politische Postulate in den Alltag des Soldaten eindrangen. Ob die Blomberg-Fritsch-Krise des Jahres 1938 und die vollständige Übernahme des Oberbefehls durch Hitler vor diesem Hintergrund als ein wirklicher Wendepunkt anzusehen sind, in dessen Zusammenhang am Ende auch die Wehrmacht zum Opfer der nationalsozialistischen Machtusurpation geworden ist, ist daher in Frage gestellt und heftig diskutiert worden.

Nicht unberücksichtigt bleiben kann bei der Gleichschaltung oder eben Selbstgleichschaltung der wichtigsten staatstragenden Institutionen der Aufbau eines bis dahin nie gekannten Repressionsorgans, der Geheimen Staatspolizei, die vielen zum Symbol der gewaltsamen Unterwerfung der Gesellschaft geworden ist. Tatsächlich hatte sich der NS-Staat neben der von Heinrich Himmler betriebenen Übernahme der Polizeigewalt in den Ländern bis hin zu seiner Ernennung als „Reichsführer SS und Chef der deutschen Polizei" am 17. Juni 1936 schon Ende April 1933 in dem von Hermann Göring ausgebauten Geheimen Staatspolizeiamt (Gestapa) einen staatspolizeilichen Apparat von vorher nie gekannten Ausmaßen geschaffen, der in dem am 27. September 1939 gegründeten Reichssicherheitshauptamt (RSHA) schließlich eine Verschmelzung parteilicher und staatlicher Ämter erfuhr. Die Brutalität und Menschenverachtung dieses Geheimdienstes, insbesondere gegen Ende des Krieges, war weithin bekannt. Ob freilich die Angst vor einer in der Volksmeinung „allwissenden und allmächtigen" Gestapo Hitlers Reich zusammengehalten hat, mag angesichts der Defizite in dem Polizeiapparat wie auch angesichts der notorischen Denunziationsbereitschaft der Bevölkerung zu fragen sein.

In jedem Fall wird man konstatieren müssen, dass bereits nach ein, zwei Jahren nationalsozialistischer Herrschaft gesellschaftliche Freiräume in Deutschland erheblich minimiert waren. Die Parteien waren nach ihrer raschen Auflösung im Juni/Juli 1933 ebenso verschwunden wie die ehemals so mächtigen Gewerkschaften, denen schon im Mai 1933 ein Ende bereitet worden ist.

Allein in der Privatwirtschaft mochte man sich zunächst noch einer gewissen unternehmerischen Freiheit wegen sicher fühlen, brauchte Hitler doch die Industrie, um scheinbar einen Wirtschaftsaufschwung, tatsächlich aber die deutsche Aufrüstung zu bewerkstelligen. Ein Beleg für die Interessenidentität der Wirtschaftsführer mit den Nationalsozialisten oder eher ein Beleg für die politische Unerfahrenheit der Unternehmer? Mit der Einführung des Vierjahresplanes 1936 und erst Recht mit dem Beginn des Krieges schwanden jedenfalls die Handlungsspielräume der Wirtschaftsführer rasant.

Eine begrenzte Freiheit beanspruchten auch noch die Kirchen. Die katholische Kirche versuchte ihren Freiraum durch das Konkordat vom

20. Juli 1933 zu sichern, einem höchst umstrittenen Vertrag, der in der Tradition jener völkerrechtlichen Vereinbarungen stand, mit denen die Päpste seit jeher die Rechte der Kirche zu wahren gesucht hatten. Dieser Versuch scheiterte, Vertragsverletzungen und Hetzkampagnen gegen katholische Priester und Ordensleute waren bald schon an der Tagesordnung. Dagegen wehrte sich Papst Pius XI. im März 1937 mit der berühmten Enzyklika „Mit brennender Sorge".

Die Situation der Evangelischen Kirche war noch ungleich schwieriger. Die Spaltung der evangelischen Christen in einen deutsch-christlichen Teil, der den am 27. September 1933 in Wittenberg gewählten nationalsozialistischen Reichsbischof Ludwig Müller anerkannte, und einen bekennenden Zweig, ausgehend von Martin Niemöllers Pfarrernotbund, der sich auf das Evangelium berief und an den Glaubenswahrheiten, die im Mai 1934 in Barmen formuliert worden waren, festhalten wollte, drohte die evangelische Christenheit in Deutschland zu zerreißen. Wieviel Anpassung und Kooperation einerseits und Widersetzlichkeit und Unangepasstheit andererseits diese Situation hervorgerufen hat, ist bis heute umstritten. Ob überhaupt die Begriffe „Kirchenkampf" und „Widerstand" die historische Situation zutreffend beschreiben, ist daher zunehmend gefragt worden.

Damit ist bereits ein weiterer Fragenkomplex angesprochen, der den Gegenstand eines weiteren Kapitels bildet: der Widerstand gegen die NS-Herrschaft. So deutlich in den letzten 60 Jahren unsere Kenntnis über Widerstandsgruppen und Einzelakteure gewachsen ist, so drängend ist die Frage nach den Kategorien und Kriterien solchen „Widerstandes" geworden und ebenso die Bedenken darüber, ob und in wieweit dieses Verhalten als „vorbildlich" angesehen werden kann. Zwar hat der politisch linke Widerstand gerade in den ersten rund drei Jahren der NS-Diktatur den politisch wohl bedeutendsten Gegenpol zur etablierten Diktatur dargestellt und auch danach noch einen hohen Blutzoll erbracht. Neuere Studien haben aber die Zersetzung der Arbeitermilieus deutlich aufzeigen können, auf denen dieser Widerstand fußte und sie haben auch die Rücksichtslosigkeit dokumentiert, mit der die kommunistische Führung ihre Anhänger in einen lebensgefährlichen und aussichtslosen Kampf befohlen hat. Ebenso wissen wir heute um das mutige Widerstehen zahlreicher katholischer wie evangelischer Pfarrer und Gläubiger, doch lässt sich kaum übersehen, dass Widerstand im engeren, politisch gemeinten Sinne zu keinem Zeitpunkt ein Anliegen der Kirchen war. Und auch der letzte Höhepunkt der Geschichte des deutschen Widerstands, das Attentat auf Adolf Hitler am 20. Juli 1944, erscheint uns heute offenbar ungleich weniger als „Aufstand des Gewissens", als der es noch unmittelbar nach dem Krieg bezeichnet worden ist. Denn viele der Attentäter waren in den nationalsozialistischen Unrechts- und Verbrechensstaat verstrickt oder teilten einzelne politische Positionen mit den Nationalsozialisten. Ihre Zukunftsvorstellungen nehmen sich oft wenig demokratisch aus. Allerdings fragt sich, ob mit solchen Überlegungen die Handlungsoptionen eines Widerständlers in der etablierten totalitären Diktatur wirklich hinlänglich erfasst werden können, ob nicht viel mehr ein Wort Vaclav Havels zu bedenken ist, der das Leben in einer Diktatur als das „Leben in der Lüge" bezeichnet hat.

Auf Lügen und Propaganda baute ja Hitlers ganzer Staat, sogar in der

Kriegführung. Der II. Weltkrieg war ein völkerrechtswidriger Eroberungs- und Vernichtungskrieg. Schon der Überfall auf Polen war mit zahllosen Verbrechen, insbesondere mit der Ermordung der polnischen Intelligenz verknüpft. In Russland fand diese Art der Kriegführung mit dem Wissen und z.T. auch der Billigung der Wehrmachtsführung ihren Höhepunkt. Parallel dazu aber war der Krieg auch ein militärisches Ereignis, das von Mythen und Legenden überwuchert war, deren wissenschaftliche Aufarbeitung im vierten Kapitel dieses Bandes wenigstens angeschnitten wird.

Zu diesen von der nationalsozialistischen Propaganda genutzten falschen Vorstellungen gehört wohl an erster Stelle die so genannte „Blitzkriegslegende": Nach dem erfolgreichen Überfall auf Polen im September 1939 war es ja in der Tat für fast alle Zeitgenossen überraschend, wie im Vergleich zum I. Weltkrieg rasch und problemlos die Wehrmacht einen militärischen Sieg nach dem anderen einfahren konnte. Kaum war Polen besiegt, wurden Dänemark und Norwegen bezwungen. Dass aber auch Frankreich, Belgien und die Niederlande 1940 so schnell niedergeworfen werden konnten, hatten auch Hitler und die Wehrmachtsführung nicht vorausgesehen. Sie rechneten mit einem viel langwierigeren Krieg. Trotzdem entstand die Vorstellung, Ursache dieses Siegeslaufes sei ein neues Kriegsführungskonzept, der „Blitzkrieg", den gar Hitler selbst erfunden habe. Erst im Juni 1941 beim Angriff auf Russland sollte sich dieses angeblich neue Konzept als Fehlschlag erweisen und den Untergang des Dritten Reiches einleiten. Es ist deshalb schon bald die Rede von einem „Präventivkrieg" gegen den gefährlichen sowjetischen Diktator Stalin gewesen, der Deutschland aufgezwungen worden sei, um dem gefährlichen russischen Angriff zuvorzukommen: eine Vorstellung, für die es freilich, so zeigen es die Diskussionen, wenig Tatsachenmaterial gibt.

So wie das Dritte Reich und sein inneres Gefüge also Gegenstand vielfältigster historischer Nachfragen geworden ist, so ist auch die Frage nach der Art und Weise, wie das NS-Regime und seine Verbrechen von den Deutschen „bewältigt" worden ist, bis heute höchst umstritten. Zunächst hatten ja die deutschen Behörden keine Möglichkeit, sich dieser Verbrechen und ihrer Aufarbeitung anzunehmen. Es war der internationale Militärgerichtshof in Nürnberg, der seine Zuständigkeit entfaltete, dann aber auch die zahlreichen militärischen und zivilen Gerichte der Siegernationen, die Verbrechen von Deutschen in ihren Staaten und gegen ihre Staatsbürger aburteilten. Erst durch das „Gesetz zur Befreiung von Nationalsozialismus und Militarismus" vom 5. März 1946 bekamen deutsche Behörden Autorität zur „Bewältigung" der Diktatur zugestanden. Doch die im Rahmen der Entnazifizierung abgeurteilten 1654 „Hauptschuldigen" in der amerikanischen Besatzungszone etwa, erscheinen nicht gerade als ein Ausweis einsichtiger „Vergangenheitsbewältigung". Ähnlich mag man die Bemühungen um eine „Wiedergutmachung" des nationalsozialistischen Unrechts verstehen, die zunächst mit erheblichem Druck der Alliierten in Gang gebracht werden mussten. Immerhin aber kam 1952 das Wiedergutmachungsabkommen mit Israel zustande und 1957 wurde ein Entschädigungsgesetz erlassen, in dessen Folge bis 1986 insgesamt 75 Milliarden DM ausgezahlt worden sind. Eine ambivalente Bilanz also, die sich ebenso für das Gebiet der gesellschaftlichen Auseinandersetzung ziehen lässt. Kein

Wunder, dass eine solch schwierige Sachlage sehr unterschiedliche Interpretationen des historischen Geschehens bedingt hat, deren wichtigste Argumente im letzten Kapitel dieses Bandes vorgestellt werden.

Faschismustheorie

In diesem „Programm" fehlen zweifelsohne einige Kontroversen, die aufgrund der vorgenannten Auswahlkriterien keine Berücksichtigung erfahren haben, aber in einer Reihe anderer Veröffentlichungen bereits in ausführlicher Weise erläutert worden sind. Der Verzicht auf eine neuerliche Darstellung dieser Positionen fällt daher umso leichter.

An erster Stelle wären hier wohl die verschiedenen zum Teil schon zeitgenössischen, teils erst in jüngerer Zeit variierten grundsätzlichen Deutungsversuche des Nationalsozialismus zu nennen, die nahezu in jeder Darstellung über Kontroversen zum Nationalsozialismus zu finden sind und fast immer das einleitende Kapitel darstellen. Im Grunde stellen Sie aber keine eigentlichen Kontroversen im oben genannten Sinne dar, vielmehr sind sie politisch-weltanschaulich abgeleitete Deutungsmuster, die konkurrierend nebeneinander stehen.

Das zeigt sich schon bei der orthodox-marxistischen Faschismustheorie (48), die als der älteste Erklärungsversuch des Nationalsozialismus gelten kann. Sie sieht im Nationalsozialismus nur eine Spielart der europäischen Faschismen der Zwischenkriegszeit und betrachtet ihn als „Agent" im Dienste kapitalistischer Wirtschaftsinteressen, traditioneller Eliten und Reaktionäre, die sich mit seiner Hilfe des Ansturms der kommunistischen Ideologie zu erwehren suchten. Weit über ihren Entstehungszusammenhang hinaus hat diese Theorie in den Ostblockstaaten, insbesondere auch der DDR, die historische Forschung beeinflusst und in den 1960er Jahren auch im Westen revisionistische Interpretationsansätze inspiriert, wie unten im Zusammenhang mit Kontroversen über die Wirtschaft im Dritten Reich näher ausgeführt wird. Zahlreiche Spielarten dieser Grundform haben sich im Laufe der Zeit entwickelt, so unter anderem die auf Sinowjew und Stalin zurückgehende Sozialfaschismustheorie, mit der die Sozialdemokratie in völliger Verkennung der totalitär-diktatorischen Grundlagen des Nationalsozialismus den europäischen Faschismen zugerechnet wurde – mit den bekannten katastrophalen Folgen für den Zusammenhalt der sozialistisch geprägten Arbeiterklasse. Allen Ausdifferenzierungen der Faschismustheorie eigen blieb der Blick auf die vorausgesetzte enge Abhängigkeit der politischen Entwicklung von den Interessen des „Finanzkapitals".

Totalitarismustheorie

Anders als die marxistische (aber auch andere nichtmarxistische) Faschismustheorien sieht die ebenso bereits zeitgenössisch entworfene Totalitarismustheorie den Nationalsozialismus nicht als Gegenbewegung zum Kommunismus, sondern vielmehr als eine völlig neue auf totalitäre Erfassung der Gesellschaft ausgerichtete, antidemokratische und antiparlamentarische Bewegung – in dieser Stoßrichtung daher auch dem Kommunismus wesensverwandt. In den 1950er und 1960er Jahren wurde diese Vorstellung von Hannah Arendt und Carl J. Friedrich zu einer Theorie ausgebaut, die aus der Zeiterfahrung des Kalten Kriegs verschärfende Impulse erfuhr und die Ähnlichkeiten zwischen Nationalsozialismus und Kommunismus deutlich schärfer akzentuierte. Demzufolge waren Ideologie, Einheitspartei, terroristische Geheimpolizei, Nachrichten- und Waffenmonopol sowie eine zentral gelenkte Wirtschaft die Kennzeichen solch totalitärer Regime. Die Totalitarismustheorie hat, obwohl sie ihren Kritikern lange Zeit als ein Propagandainstrument des Kalten Kriegs galt, in den letzten Jahren, besonders aber seit dem Zusammenbruch des kommunistischen Osteuropa, wieder an Akzeptanz gewonnen.

NS als „politische Religion"

Eng verbunden mit der Totalitarismustheorie ist der von Eric Voegelin bereits 1938, nur wenig später dann auch von Raymond Aron unternommene Versuch, den Nationalsozialismus nicht anders als den Kommunismus als „politische Religion" zu begreifen. Ein Versuch, der in den 1990er Jahren von Hans Maier aufgegriffen wurde. Diese Interpretation betont die überall auftretenden religiösen Momente totalitärer Diktaturen und das messianische Sendungsbewusstsein der Diktatoren. Dagegen ist eingewandt worden, dass weder Hitler noch Stalin religiös waren und der ehrwürdige Begriff der „Religion" sich nicht als Deutungskategorie für Totalitarismen eigne. Beides sind zweifelsohne bedenkenswerte, aber auch zu entkräftende Einwände (30, S. 364f).

Auf all diese grundsätzlichen und schon alten Interpretationsrichtungen kann hier ebenso wenig detailliert eingegangen werden wie auf neuere und abgeleitete Spielarten dieser Erklärungsversuche. Zu denken wäre etwa an den von Ernst Nolte vertretenen „phänomenologisch-ideengeschichtlichen" Ansatz oder Wolfgang J. Mommsens als „strukturell-funktional" zu bezeichnenden Vorschlag.

Modernisierungstheorie

Darüber hinaus wäre auch an die immer wieder mit einem ganz unterschiedlichen Verständnis des Begriffs „modern" diskutierten modernisierungstheoretischen Ansätze zu erinnern. Hierbei wird davon ausgegangen, dass die Zeitgeschichte, und darin eingeschlossen auch der Nationalsozialismus, am besten unter Modernisierungsgesichtspunkten zu interpretieren wäre, die in einer radikalen Verdrängung der traditionellen Gesellschaftsgefüge, in verstärkter Industrialisierung, Verstädterung und vor allem Verweltlichung und Rationalisierung bestünden. Und in der Tat fällt es gar nicht schwer, intendierte Modernisierungsschübe in der Geschichte des Nationalsozialismus zu identifizieren (zum Beispiel in der Propagandatechnik, in der Wirtschaftsführung und Produktion, insbesondere während des Krieges). Doch gleichzeitig ist die Dominanz archaischer, geradezu atavistischer Herrschaftsstile so unübersehbar, dass der Nationalsozialismus ebenso gut als „Antimodernisierungsbewegung" oder gar als „Revolution gegen die Moderne" bezeichnet werden könnte. Will man nicht schon aus diesem Grunde das Konzept der Modernisierung für untauglich zur Erklärung des Nationalsozialismus bezeichnen, so setzt sich die Sicht auf die Ambivalenz des Nationalsozialismus hinsichtlich des Modernisierungspostulates offenbar mehr und mehr durch.

Sonderwegsdiskussion

Nicht berücksichtigt sind in der nachfolgenden Darstellung auch jene zumeist innerwissenschaftlich geführten Diskussionen um den Standort des Dritten Reiches in der deutschen Geschichte, um Fragen nach Kontinuitäten oder Diskontinuitäten. Solche Diskussionen nahmen ihren Ausgang bezeichnenderweise schon bald nach dem Ende der Hitlerdiktatur, als sich mit Macht, und durch die Politik der Besatzungsmächte verstärkt, die drängende Frage erhob, wie denn jener Rückschritt in die Barbarei angesichts der so vielfach gerühmten und im Ausland über so lange Zeit beneideten politisch-kulturellen Leistungen Deutschlands zu erklären sei: ein simpler

„Betriebsunfall" oder gar etwas, das seit langer Zeit in der deutschen Geschichte angelegt war, vielleicht sogar ein „Sonderweg", der zwangsläufig zu jener Katastrophe hatte führen müssen? Anfang der 1950er Jahre zum Beispiel propagierte der französische Deutschlandkenner Edmond Vermeil, dass der Nationalsozialismus seine Wurzeln in der obrigkeitsstaatlichen und imperialistischen Tradition Deutschlands habe, die bis in den Reichsgedanken des Mittelalters zurückzuverfolgen sei. Das entsprach dem französischen Verständnis des Nationalsozialismus, das im Preußentum die eigentliche Ursache von Hitlers Aufstieg sah und deshalb in seiner Besatzungszone neben der Entnazifizierung vor allem eine „Entpreußung" betrieb. Solche und ähnliche Hypothesen haben bis heute immer wieder einmal Konjunktur, weil sie als Gedankenspiel und wegen mancher gar nicht zu übersehender Parallelen reizvoll sind. So ist beispielsweise auch eine direkte Linie von Luther über Bismarck zu Hitler gezogen worden oder die Gründung des kleindeutschen Reiches 1871 im Zusammenwirken mit einem gleichsam „urpreußischen" Militarismus und Kadavergehorsam für das Entstehen des Dritten Reiches verantwortlich gemacht worden (eine irrationale, auf nationalistischen Vorurteilen beruhende Ausprägung dieser Denkweise wird nach dem britischen Unterstaatssekretär Lord Robert Vansittart auch als „Vansittartismus" bezeichnet). All diese Kombinationen stellen aber mehr Reflexionen über den Gang der deutschen Geschichte insgesamt dar und können daher in unserem Zusammenhang zurücktreten.

„Historikerstreit"

Im weiteren Sinne wäre in solche Überlegungen auch der so genannte „Historikerstreit" einzuordnen, der 1986 von dem Frankfurter Sozialphilosophen J. Habermas ausgehend über einige Monate hinweg größere öffentliche Aufmerksamkeit erregt hat. Denn es ging bei dieser wissenschaftlich eigentlich unfruchtbaren Auseinandersetzung um die Befürchtung, dass die von Broszat geforderte Historisierung des Nationalsozialismus und die zunehmende Betrachtung des Nationalsozialismus im Kontinuum der deutschen Geschichte wie auch im Vergleich mit anderen totalitären Regimen insgesamt die Exzeptionalität des Nationalsozialismus und seiner Verbrechen nivellieren könnte, mithin „apologetische Tendenzen" beinhalte (vgl. dazu 41). Die hochgradig politisch-polemische Debatte, die Immanuel Geiss als „Hysterikerstreit" bezeichnet hat, hinterließ kaum einen wissenschaftlich relevanten Ertrag und wird daher im Folgenden auch nicht weiter aufgegriffen. Nach Lutz Niethammer war der Streit im Übrigen auch keine „Kontroverse", weil „es keinen historisch bearbeitbaren Gegenstand gab, in dessen Behandlung unterschiedliche Erkenntnisinteressen hätten einfließen können" (34, S. 79).

NS-Außenpolitik

Schließlich ist darauf hinzuweisen, dass auch Kontroversen um die nationalsozialistische Außenpolitik wegen des Blicks auf das „innere Gefüge" des Dritten Reiches nicht zum Gegenstand einer eigenen Betrachtung gemacht worden sind. Gleichwohl finden sich viele strittige Positionen in jenen Kapiteln wider, die Themen mit außenpolitischen Belangen behandeln: so etwa im Kapitel über den Holocaust oder auch über die Wehrmacht und die Kriegführung. Wer gleichwohl konzise Überblicke gerade zu diesem Thema sucht, dem seien die entsprechenden Kapitel bei Kershaw oder die unübertroffene Darstellung Hildebrands empfohlen (23, Kap. 6; 18, Kap. 5).

III. Forschungsprobleme und Kontroversen

1. Adolf Hitler: Starker oder schwacher Diktator?

Dass es um die Rolle und Bedeutung Adolf Hitlers im Dritten Reich zu einer historischen Kontroverse kommen konnte, erscheint auf den ersten Blick geradezu unverständlich. Wo immer man zwischen 1933 und 1945 in Deutschland hinsah, der Führer war omnipräsent. Keine Entscheidung von Gewicht, keine große Selbstinszenierung des Nationalsozialismus, kein Plan für die zukünftige Gestaltung Deutschlands wäre doch ohne Hitler denkbar gewesen!

Auch viele Zeitgenossen haben aus dem eigenen Erleben der übermächtigen Rolle Hitlers im Nationalsozialismus verständnislos auf die historische Debatte über einen (vermeintlich) doch so klaren Sachverhalt geblickt. Und in der Tat bedarf es auch einer zugespitzten Interpretation der politischen Zustände des Dritten Reiches, um, wie Hans Mommsen es auf einem der Höhepunkte der Auseinandersetzung getan hat, Hitler als einen „in mancher Hinsicht schwachen Diktator" (87, S. 702) zu bezeichnen.

Polykratie im Dritten Reich

Allerdings ist die Beobachtung, dass das „innere Gefüge" des Dritten Reiches nicht so recht zu dem nach außen getragenen Bild des straffen Führerabsolutismus passte, durchaus alt. Schon dem aus NS-Deutschland emigrierten jüdischen Politologen Ernst Fraenkel war bei der Analyse der innen-, speziell justizpolitischen Entwicklung Deutschlands in den 30er-Jahren (65) aufgefallen, dass sich der traditionelle Gesetzesstaat in Deutschland unter Hitlers Führung zunehmend auflöste, und zwar zugunsten eines um sich greifenden, von Führer und Partei gelenkten Maßnahmenstaates. Dies produziere, so Fraenkel, tendenziell ein nach politischer Opportunität reagierendes Führungschaos. Ein weiterer emigrierter deutsch-jüdischer Wissenschaftler, Franz Neumann, war noch weiter gegangen und hatte 1944 Deutschland unter Hitlers Führung als ein System von vier konkurrierenden Machtzentren, der Partei, der Bürokratie, der Wehrmacht und der Industrie analysiert, das in einer „organisierten Anarchie" geendet sei und nur durch eine „charismatische Führergewalt" zusammengehalten werde (90, S. 22, 543). In der Nachkriegszeit waren Studien wie die von Hannah Arendt (51, S. 618), von Hugh Trevor-Roper (45) oder auch von Gerhard Schulz (56) erschienen, die zwar Hitler als den Dreh- und Angelpunkt des Dritten Reiches sahen, gleichwohl nicht einseitig von einer reinen Monokratie im Nationalsozialismus sprechen wollten. Nachhaltigste Wirkung erzielte Karl Dietrich Brachers Werk über das Ende der Weimarer Republik in den 50er Jahren (57; 58), das die polykratische Komponente im NS-Herrschaftssystem breit berücksichtigte.

In den 1970er Jahren entstand nun aber aus dieser von einer jüngeren Historikergeneration als unbefriedigend und widersprüchlich empfundenen Deutungslage ein scharfer wissenschaftlicher Meinungsstreit. Zu diesem mag beigetragen haben, dass sich die bis dahin gängigen Hitlerbiographien auch zu keiner wirklich überzeugenden Interpretation der Rolle des Führers hatten vorarbeiten können. Während etwa A. Bullock Hitler mehr als prinzipienlosen Opportunisten beschrieben hatte, dem es nur um die Machterhaltung ging (63, S. 37), zeichnete J. Fest 1973 den „Führer" doch mehr als ein geistig beschränktes, von seiner Zeit hochgespültes Gewächs, das gleichwohl mit seinem im Männerheim ausgebildeten sozialdarwinistischen Instinkt die Zügel in der Hand behalten habe (64). Und der Amerikaner Rudolph Binion suchte gar die Verbrechen des Nationalsozialismus mit einer psychosozialen Studie zu erklären, die Hitlers Psychose über die Falschbehandlung des Brustkrebses seiner Mutter durch einen jüdischen Arzt und mancherlei seelische Erschütterungen im Pasewalker Lazarett, in dem er 1918 mit einer Gasvergiftung gelegen hatte, in den Vordergrund stellte (54) .

„Revisionistische" Interpretation

„Ich kann einfach nicht glauben, dass es ausreicht, einer jüngeren Generation die Tatsache der Ermordung von 5½ Millionen Juden mit Hitlers fanatischem Antisemitismus und seiner wie immer begründeten politischen Durchsetzungskraft zu erklären" (86, S. 67) – so suchte Hans Mommsen sehr persönlich den Beweggrund seiner kritischen Neuinterpretation verständlich zu machen. Nach einigen vorlaufenden Auseinandersetzungen wurden die gegensätzlichen Positionen in aller Deutlichkeit und mit nicht unerheblicher Polemik bei einer Tagung des Deutschen Historischen Instituts London in Cumberland Lodge bei Windsor 1979 vorgetragen. Dabei profilierten sich Hans Mommsen auf der einen und Klaus Hildebrand auf der anderen Seite als die gewichtigsten Wortführer der differierenden Interpretationsrichtungen, so dass es angängig erscheint, die Kontroverse anhand der von diesen beiden herausragenden Historikern vorgebrachten Argumentationslinien zu verdeutlichen. Selbstverständlich aber sind noch eine Reihe weiterer gewichtiger Mitdiskutanten aufgetreten, die der englische Historiker Mason dann reichlich verallgemeinernd in zwei Lager eingeteilt hat: Auf der einen Seite stünden die „Programmologen" oder „Traditionalisten", später auch „Intentionalisten" genannt, die die bislang gültige Interpretationsrichtung verträten und die Rolle Hitlers im Dritten Reich als letztlich entscheidend beurteilten. Auf der anderen Seite die „Revisionisten", „Strukturalisten", „Funktionalisten", die diese bisherige Sicht einer Revision unterziehen wollten, die von den strukturellen Gegebenheiten als mächtigstem Wirkfaktor ausgingen und unter Hintansetzung Hitlers als Person das Funktionieren des Dritten Reiches erklärten (70).

Mommsen ging davon aus, dass schon Hitlers eigene Partei alles andere als ein wohlgeordneter politischer Verband war. Ein wirkliches Programm hatte sie ebenso wenig wie geordnete innere Strukturen. „Die NSDAP und die ihr angegliederten Verbände glichen [...] eher einer Vielzahl miteinander konkurrierender Klientelen als einer schlagkräftigen, bürokratisch durchorganisierten Herrschaftsapparatur" (87, S. 701). Was sich auf der Parteiebene über Jahre ausgebildet hatte, wurde 1933 auf den eroberten Staat übertragen: „Selten gelangte eine Partei so unvorbereitet zur politischen Macht wie die NSDAP am 30. Januar 1933" (83, S. 30) – so hatte Mommsen schon 1976 auf der Grundlage einschlägiger Vorarbeiten (55; 91) geurteilt. Es gab kein positives Ziel, allenfalls negative wie die Zerschlagung des Parlamentarismus und die notwendig darauf folgende Usurpation der Macht durch den Nationalsozialismus. Deshalb haftete, so Mommsen, „der Charakter des Vorläufigen und Unfertigen" dauerhaft dem nationalsozialistischen Staat an, „die Spannung zwischen überkommener Staatsverfassung und der sie überlagernden Herrschaftszonen der Parteieliten machte sein eigentliches Wesen aus" (83, S. 32). Dies wurde schon an ganz zentralen Führungsbereichen überdeutlich: Kabinettsbesprechungen wurden im nationalsozialistischen Deutschland immer seltener, bis sie 1938 ganz aufhörten. Der Staatsekretär, später Reichsminister der Reichskanzlei (1937) Hans Lammers, geriet, je länger je mehr, in den Hintergrund und musste mit dem Chef der Parteikanzlei, Martin Bormann, schließlich regelrecht feilschen, um wenigstens gelegentlich zum Führer vorgelassen zu werden. Reichsinnenminister Frick, Sprachrohr des bürokratischen Staatsaufbaus, konnte die geplante Verfassungsreform nicht durchsetzen und geriet mit seinen Vorstellungen immer mehr ins Abseits, bis er 1942 nach Böhmen abgeschoben wurde. Über die Polizei, genuine Aufgabe des Innenministers, hatte er ohnehin keine Gewalt, weil sie vom Reichsführer SS usurpiert worden war. Die von ihm intendierte große Reichsreform, über die schon in Weimar erfolglos gestritten worden war, weil sie die Ländergrenzen tangierte, scheiterte aus demselben Grund kläglich, obwohl doch jetzt im zentralistischen Führerstaat partikulare Interessen eigentlich gar keine Rolle mehr hätten spielen dürfen. Am Ende verbot der Führer 1935 einfach jede weitere Diskussion und verschob das Problem wie so oft in eine ungewisse Zukunft. Solches Scheitern wurde zum Programm, weil praktisch auf allen Ebenen Partei- und Staatsbeamte um Macht und Einfluss kämpften – kämpfen konnten, weil es keine regulierende Instanz gab, weil klare Festlegungen wie man sie von einem „starken Mann" erwarten sollte, im Staate Hitlers vermieden wurden. So wurde die Rivalität zwischen Bürgermeister beziehungsweise Landrat und NSDAP-Kreisleiter, zwischen Ministerpräsidenten beziehungsweise Reichskommissaren und NSDAP-Gauleitern, zwischen Polizei beziehungsweise Justiz und SS und so weiter notorisch. So sehr Hitler hartes und entschlossenes Durchgreifen propagierte, so wenig war er selbst auf dem Gebiet der Staatsverwaltung dazu in der Lage, scheute die Entscheidung, behandelte wichtigste Fragen dilatorisch. Es war bezeichnend, als eine im Umkreis der Parteikanzlei 1942 entstandene Denkschrift diesen Führungsstil als das Prinzip des „Wachsenlassens [...] bis der Stärkste sich durchgesetzt hat" beschrieb (85, S. 52). Rational war in alledem einzig die Beachtung der propagandistischen Wirkung aller Maßnahmen, so dass in der Regel der Anschein der Führungskraft Hitlers nach Außen gewahrt blieb. Vollends zerrüttet stellte sich nach Mommsen die Lage gegen Ende des Krieges dar, als der Führer die Realität gar nicht mehr wahrnehmen wollte und geradezu gespenstisch aus seinem unterirdischen Quartier Befehle ausgab an jene, die schon nicht mehr lebten oder gar überhaupt nie existiert hatten. Vor dem Hintergrund einer solch desaströsen Führungsschwäche und administrativen Unfähigkeit erschien Mommsen die NS-Herrschaft als „mit gleichsam innerer Notwendigkeit zur Selbstvernichtung" hintreibend.

Wie aber, so fragt sich angesichts eines solchen Befundes, konnte sich das Regime dann 12 Jahre lang an der Macht halten, sogar sechs Jahre davon einen Weltkrieg führen, der anfänglich glänzende militärische Erfolge brachte? Mommsens Antwort lautete: Hitler war nur „extremer Exponent einer durch den Wegfall aller institutionellen, rechtlichen und moralischen

Barrieren freigesetzten antihumanitären Impulskette" (85, S. 66), die ihre Wurzeln in den alten Eliten hatte, welche auch im Nationalsozialismus gesellschaftlich entscheidend blieben, mit dem Nationalsozialismus Antibolschewismus und Antisemitismus teilten, freilich zusätzlich wie die ganze Gesellschaft „kumulativ radikalisiert wurden" und damit eine zerstörerische Eigendynamik entwickelten. Der Nationalsozialismus ist, so diese Interpretation, also nicht eine von Hitler den Deutschen aufgezwungene, von einem allmächtigen Diktator gelenkte Ideologie, sondern fußte auf gesellschaftlichen Voraussetzungen, konkret den dominanten reaktionären Kräften, die seinen Erfolg letztlich erst möglich machten. So sah es auch Martin Broszat: die „Kollaboration zwischen den konservativen Gegnern der Demokratie und der nationalsozialistischen Massenbewegung", sie sei es gewesen, die Hitlers Herrschaft die eigentliche Dauer verliehen habe (61, S. 24).

Hatte Karl Dietrich Bracher Hitlers Stellung in diesem Führungschaos noch mit einem sozialdarwinistischen Kalkül Hitlers erklärt, durch das der Führer selbst zum arbiter supremus geworden sei, womit seine letztliche Entscheidungsgewalt noch eine Steigerung erfahren habe (58, S. 42), so wollte Mommsen für eine solche Annahme bei so wenig Rationalität und Effektivität in der Führung nun überhaupt keinen Beleg mehr sehen. Deshalb war und blieb für ihn Adolf Hitler am Ende eben doch nur und schlicht ein „schwacher Diktator".

„Intentionalistische" Interpretation

Gegen diese Sicht der Verhältnisse im NS-Staat hat sich vielfacher Widerspruch erhoben, der wohl am prononciertesten von Klaus Hildebrand vorgetragen wurde. Dabei fällt auf, dass Hildebrands Perspektive zunächst und vor allem von einer präzisen Analyse der nationalsozialistischen Außenpolitik bestimmt wurde. Die Außenpolitik sah der Diktator als wichtigsten und daher ihm alleine vorbehaltenen Politikbereich an. Und hier lässt sich, so Hildebrand, von Anfang an eine Art „Programm" feststellen, an dessen Erfüllung Hitler bis zum Ende arbeitete. Freilich darf „Programm" in Hildebrands Sinne nicht als ein exakter Plan mit wohl kalkulierten Ablaufmustern verstanden werden, sondern vielmehr als eine Art „Willens-Achse" (66, S. 13), als eine Ansammlung von Maximen, Projekten, Ideen, die zielstrebig verfolgt wurden unter Ausnutzung von eingetretenen Situationen und bewusst herbeigeführten Sachlagen. Hitlers außenpolitische Ziele waren im wesentlichen durch seinen rassistischen Antisemitismus und die Erlangung der Weltherrschaft für Deutschland im Zuge einer systematischen, stufenweisen Eroberung erst Europas, dann der Welt festgelegt. Auch das Scheitern dieser Idee war berücksichtigt: in diesem Falle sollte Deutschland als der erwiesenermaßen Schwächere untergehen. Dieses schon in „Mein Kampf" angelegte „Programm" suchte der Diktator, wie Klaus Hildebrand und mit ihm etwa auch Hillgruber (71) und Jacobsen (74) quellennah darzulegen verstanden, insbesondere in den Jahren 1939 bis 1942 allen Widrigkeiten zum Trotz zu exekutieren. In immer weitere Räume ausgreifend, begrenzte Erfolge vorschnell zu totalen Siegen erklärend, war er bestrebt, diese Weltherrschaftspläne unter rassistischen Prämissen zielgerichtet umzusetzen. Am Ende führte er damit aber eine Politik, die gerade nicht den Vorstellungen der traditionellen Elite entsprach, deren Kollaboration mit Hitler Hans Mommsen zum zentralen Erklärungsgrund der Geschichte des Dritten Reiches gemacht hatte (68, S. 90). Hitler erscheint damit doch wieder als „master in the Third Reich" (94 I, S. 11).

So charakteristisch und symptomatisch es ist, dass die gegensätzlichen Positionen in der Einschätzung der Rolle und Bedeutung Hitlers an den inneren Strukturen des Dritten Reiches einerseits und der Außenpolitik des Führers andererseits exemplifiziert wurden, so wenig blieben die konträren Denkschulen an diesem Punkt stehen, sondern waren bemüht, den jeweiligen Interpretationsansatz korrigierend auch auf den empirischen Befund der Gegenseite zu übertragen.

In dem Vorgehen, das Hildebrand als konsequent verfolgtes außenpolitisches „Programm" bezeichnete, vermochte Mommsen nichts weiter als ein reichlich konfuses, von situativen Notwendigkeiten, utopischen Vorstellungen und propagandistischem Gerede bestimmtes, in jedem Fall unstrukturiertes Handeln zu erkennen. Für dieses trug nicht der Diktator allein die Verantwortung, sondern auch das im Bereich der auswärtigen Politik und der Innenpolitik, im Kompetenzengerangel wirkende Personal. Der italienische Außenminister Graf Ciano hatte schon die deutsche Außenpolitik mit einem Hühnerhof verglichen, in dem es einfach zu viele Hähne gebe (66, S. 39). Als geradezu typisch erscheint in diesem Zusammenhang in vielen Argumentationsketten immer wieder der Anschluss Österreichs 1938, zu dem Hitler, unschlüssig und unsicher wie immer, von Göring habe gezwungen werden müssen. „Ziemlich gegen Hitlers Willen" habe Göring eine „politische Intervention" in eine „militärische Besetzung" umgewandelt (88, S. 86–97; 77; 79; neuerdings 53). Der außenpolitisch zielstrebig agierende Diktator also doch nur ein unsicherer, getriebener „Durchführer"?

Und Hitlers ferneren Zielen, besonders der angestrebten Weltherrschaft, wollte Mommsen schlicht „keinerlei Realitätsgehalt" beimessen (83, S. 45). Vor allem aber lehnte er es ab, Hitler jene Rationalität zuzusprechen, die zwingend notwendig wäre, wenn man von einem zielgerichteten „programmatischen" Handeln im Sinne Hildebrands in der Verfolgung der außenpolitischen Ziele ausgehe. Am Ende, so Mommsen, müsse man, wenn man Hildebrands Auffassungen folgen wolle, dann Hitler sogar noch in gewisser Weise – horribile dictu – „historische Größe" attestieren, womöglich den Begriff Nationalsozialismus durch „Hitlerismus" ersetzen (86, S. 65). Nach Martin Broszat war – in Fortführung dieser Position – schließlich Hitlers Außenpolitik sowieso nur „metaphorisch", uneigentlich auf die innenpolitische Wirkung und jedenfalls nicht auf Verwirklichung angelegt (62, S. 392 ff.).

Umgekehrt betonten Hildebrand und Vertreter seiner Position, wie Sebastian Haffner, nun noch prononcierter die ältere Ansicht Brachers zur Herrschaftsrealität im Dritten Reich: Hitler habe, so formulierte Haffner, in der Innenpolitik absichtlich einen Zustand herbeigeführt, „in dem die verschiedenen eigenständigen Machtträger unabgegrenzt, miteinander konkurrierend und einander überschneidend, nebeneinander und gegeneinander standen, und nur er selbst an der Spitze von allen [...] Denn er hatte das vollkommen richtige Gefühl, dass [...] absolute Herrschaft nicht in einem intakten Staatswesen möglich ist, sondern nur in einem gebändigten Chaos. Deswegen ersetzte er von Anfang an den Staat durch ein Chaos –

und man muss ihm zugestehen, dass er es solange er lebte, zu bändigen verstand" (67, S. 58f.) Darüber hinaus wurden Ausmaß und Bedeutung des von Mommsen konstatierten polykratischen Chaos in Frage gestellt und relativiert, existierten Kompetenzüberschneidungen und sich widersprechende Regierungssysteme doch auch unter anderen politischen Voraussetzungen. Schon 1912 zum Beispiel hatte sich der britische Lord Haldane bei seiner berühmten Mission bestürzt über das „Chaos im gleichen Schritt und Tritt" in der Regierungsmaschinerie des preußisch-deutschen Konstitutionalismus (70, S. 290) geäußert. Ungelöste Konflikte und vertagte Entscheidungen müssen, so ein weiteres Argument, keineswegs als Führungsschwäche interpretiert werden, sie mögen auch dem Desinteresse des an „Wichtigerem" interessierten Diktators geschuldet sein, für dessen Regierungsstil dies eben signifikant war, ohne dass dies wirklich existentielle Bedeutung bekommen hätte. Entscheidend wird vor diesem Hintergrund die Frage, ob und wie solche Konfusion eingedämmt und produktiv umgelenkt werden kann, womit dann die Frage nach der Rolle des Diktators neu dimensioniert im Raum steht.

Eberhard Jäckel kommt in diesem Zusammenhang das Verdienst zu, durch eine sehr präzise Analyse der Rahmenbedingungen und der politischen Optionen in der Machtergreifungsphase die Rolle Hitlers faktennah reflektiert zu haben. Ausgehend von der Überlegung, dass Hitler seine Ernennung zum Reichskanzler einerseits seiner nationalsozialistischen Anhängerschaft, die aber nicht die Mehrheit der Stimmen repräsentierte, und andererseits seinen konservativen Partnern, die aber in vielfachem Gegensatz zu seinen Anhängern standen, verdankte, konstatiert Jäckel eine im Grunde ausgesprochen problematische Regierungssituation am 30. Januar 1933. „Wer eine derartige Regierung führt, die aus zwei gegensätzlichen Gruppierungen besteht, ist in Gefahr, eine von ihnen oder sogar beide zu enttäuschen und so ihre Unterstützung zu verlieren. Um das zu vermeiden, muss er sie beide befriedigen, und da das vollständig nicht möglich ist, muss er zwischen ihnen lavieren und sie gegeneinander ausspielen. Das erfordert eine besondere Regierungskunst und hat, mit Erfolg betrieben, eine besondere Regierungsform zur Folge, die zu einer mehr oder minder großen Unabhängigkeit des Herrschers von beiden Gruppierungen führt" (72, S. 40). Dass Hitler eben diese „Regierungskunst" zu entwickeln im Stande war, stellt Jäckel sodann in einem prononcierten Überblick über den Aufbau der Hitler-Diktatur dar, der ihn als einen geschickten Taktierer erweist. Das von Mommsen konstatierte Führungschaos bestreitet auch Jäckel nicht, gleichwohl hebt er den scheinbaren Gegensatz anders als Haffner oder Bracher in einer einfachen, eingängigen Erklärung auf: Die „Konkurrenz jedenfalls ist ein Wesensmerkmal von Monokratie, und insofern sie eine weit gehende Eigenmächtigkeit der Ämter zur Folge hat, kann man sie auch Polykratie nennen. Nur darf man nicht verkennen, dass Polykratie eine notwendige Bedingung von Monokratie ist. Ein Monokrat kommt auf polykratischer Basis an die Macht, indem er von konkurrierenden Gruppen getragen wird, und er bleibt mit polykratischen Methoden an der Macht, indem er sich auf die Konkurrenz der Gruppen und Ämter stützt. Die entscheidende Frage ist nur, ob sie ihm den Willen aufzwingen oder er seinen durchsetzt" (72, S. 64).

Vor diesem Hintergrund konnte Hildebrand im Blick auf die Innen- wie die Außenpolitik seine interpretatorische Grundlinie zusammenfassen: „Im Nebeneinander von monokratischen und polykratischen Elementen im nationalsozialistischen Staat offene Gegensätzlichkeiten und nahezu Unvereinbares zu entdecken und zu beschreiben, kann nicht darüber hinwegtäuschen, dass die Existenz eines Kompetenzenchaos im nationalsozialistischen Regime nichts besagt ‚gegen den definitiven und letztlich auch konsequenten Willen Hitlers und seiner Politik' im Banne ihrer ‚Endziele'" (69, S. 77). Und Karl Dietrich Bracher warnte gar davor, dass die Überbetonung der polykratischen Grundstrukturen zu einer Verharmlosung des Nationalsozialismus beitragen könne: „Die Geschichte des Nationalsozialismus ist die Geschichte seiner Unterschätzung" (59, S. 62).

Diese Kontroverse um die Rolle und Bedeutung Hitlers im nationalsozialistischen Deutschland hat fruchtbar auf die historische Forschung gewirkt. Seit ihrem Entstehen sind immer mehr, immer präzisere Studien entstanden, die Mommsens oder Hildebrands Auffassungen mit empirischem Material zu verifizieren oder zu falsifizieren versucht haben. Allein die DDR-Historiographie hat sich wegen ihrer Verhaftung in der starren marxistischen Geschichtsdoktrin kaum daran beteiligt und sich einmal mehr damit selbst ins Abseits der wissenschaftlichen Diskussion gestellt (eine der wenigen Ausnahmen: 160).

Rebentischs Position

Besondere Bedeutung haben in der weiteren Diskussion die Forschungen Dieter Rebentischs erlangt, der aus der geschilderten Argumentation den logischen Schluss gezogen hat, die Herrschaftsführung im Führerstaat genauer als dies bislang in akzidentiellen Einzelbefunden der Fall war, zu untersuchen. Wie wurde denn eigentlich in dem gar nicht zu bestreitenden Kompetenzenchaos und Führungsgerangel tagtäglich „regiert"? Denn obwohl für den Nationalsozialismus „weder eine planmäßige, rational kalkulierende Vorausberechnung des verfassungspolitischen Handelns noch eine systematisch konzipierte Schrittfolge der verschiedenen Maßnahmen zu konstatieren" ist, lässt sich „eine ideologisch motivierte Zielstrebigkeit zur Vermehrung und Vollendung der Führerherrschaft und eine generelle, von radikalisierenden Schüben zeitweise verschärfte Tendenz zur Durchsetzung und Verwirklichung weltanschaulicher Programmpunkte des Nationalsozialismus" sehr wohl feststellen. Führungsstrukturen und Unterführer der NSDAP, die staatliche Verwaltung, Entscheidungsabläufe und dergleichen mehr kamen nun ins Blickfeld und es zeigte sich, dass „‚Hitlers Weltanschauung' […] eben nicht allein die Weltanschauung Hitlers, sondern ein bei den Gauleitern, Kreisleitern und Ortsgruppenleitern in immer kleineren Abbildern reproduziertes Bekenntnis" war. Das alte Argument, es habe in Hitlers Interesse gelegen, Rivalitäten zu fördern, Entscheidungen aufzuschieben, um am Ende selbst seine Entscheidungsgewalt für die Dinge, die ihn interessierten, zu festigen, erfuhr erneut seine Bestätigung. Vor allem aber wurde ein stark auf die Personalisierung der Politik zielender Führungsstil Hitlers herausgearbeitet – „Verwaltung contra Menschenführung" (92) –, der zum einen partikulare, durchaus auch sich widersprechende Entscheidungen der Unterführer zuließ, zum anderen bewusst das Heft des Handelns nie aus der Hand gab, wo zentral wichtige Belange tangiert wurden. „In gewisser Weise war die polykratische Desorganisation des Reichsverwaltungssystems geradezu eine Voraussetzung für die führerstaatliche Autokratie Hitlers, weil ein mächtiger Staatsappart mit institutionalisierten Sachkompetenzen die Führungsentscheidungen stärker präjudiziert und rationalisiert hätte, als es mit Hitlers ideologischen Maximen vereinbar war.[...] Die Polykratie war demnach die spezifische Herrschaftsmethode einer irrational gesteuerten ideologischen Bewegung, die einen radikalen Krieg führte gegen Staat und Gesellschaft. Der nationalsozialistische Führerstaat war demnach auch keine bloße Fortsetzung des Obrigkeitsstaates oder eine besonders brutale Variante des autoritären Verfassungsstaates, er war vielmehr ein auf Hitlers Willkürherrschaft zentrierter, atavistischer Personenverband, nichts anderes als ‚Hitlers Regime, Hitlers Politik, Hitlers Sieg und Hitlers Niederlage', in jedem Falle aber Hitlers eigene Schöpfung und insofern mehr als nur ein Fall totalitärer Herrschaft" (93, S. 552 f.).

Rebentischs Studie, deren Qualität auch Hans Mommsen nicht bestritt, wohl aber deren Schlussfolgerungen für das Hitlerbild (84), hat sehr anregend gewirkt und eine Vielzahl von Arbeiten vor allem über nationalsozialistische Funktionsträger (95; 89, S. 398; 60, S. 63; 78, S. 178; 80, S. 418; 76, S. 325) und über die regionalen NS-Eliten (82) initiiert. Durch solche Arbeiten ist der polykratische Befund erst in der notwendigen empirischen Dichte herausgearbeitet worden, ist die wild wuchernde Kompetenz- und Autoritätssucht, ja sogar Korruption (52) bis in die untersten Staats- und Verwaltungsebenen deutlich geworden, die als konstitutives Element des NS-Staates gleichwohl nie die entscheidende Autorität Hitlers in Frage gestellt hat. Viele aussagekräftige Einzelfälle und Ereignisse sind auf diese Weise bekannt geworden und haben das Funktionieren des NS-Staates besser „verstehbar" gemacht: So auch zum Beispiel der des Heilbronner Kreisleiters Richard Drauz. Der war ein Frauenheld und Trinker, ein Schläger, Betrüger und schließlich auch ein Mörder, kurzum in gar keiner Hinsicht ein Mann, der dem propagierten Idealbild des NS-Parteifunktionärs entsprochen hätte. Drauz regierte als „kleiner König" in Heilbronn, er bootete parteiinterne Gegner mit pefidesten Mitteln aus, er verstieß gegen Weisungen seiner Vorgesetzten, er setzte seine eigenen politischen Interessen rücksichtslos durch und war gegen jede Kritik von oben äußerst resistent. Er trug also nicht unwesentlich zum polykratischen Führungschaos in seinem Wirkungsbereich bei. Aber eines war ihm heilig: sein Führer Adolf Hitler. „Wenn für mich der Adolf Hitler sagt, das Wasser geht bergauf, dann geht's für mich bergauf", belehrte er seine Frau, die der Ansicht war, dass ihr Mann keine politische Überzeugung, sondern Hitler gegenüber nur Kadavergehorsam gekannt habe (Schlösser in 75, S. 155).

Nicht zu vergessen ist in diesem Zusammenhang schließlich auch die durch Rebentischs Perspektive angestoßene erneute Suche nach einschlägigem Quellenmaterial und dessen Edition, durch das sich Hitlers Führungskraft oder -schwäche erweisen ließe. Hierfür stehen beispielsweise die Arbeiten von Martin Moll (31; 81).

Kershaws Position

Auch Ian Kershaw hat die Interpretationsgegensätze durch eine genaue Analyse der Herrschaftsführung im Nationalsozialismus zu überwinden gesucht und dazu in bestechender Einfachheit die notwendigen Schritte zur Klärung der Kontroverse benannt. Wenn man, so Kershaw, den Nachweis führen wollte, Hitler sei ein „schwacher Diktator“ gewesen, so sei dies nur möglich, wenn sich erweisen ließe, dass der Diktator entweder 1) sich grundsätzlich als entscheidungsschwach beziehungsweise gar -unwillig gezeigt habe oder 2) wenn seine Entscheidungen von Untergebenen missachtet worden wären oder 3) wenn sein Entscheidungsspielraum von den strukturellen Rahmenbedingungen her eng begrenzt gewesen wäre. Für keine dieser Annahmen findet Kershaw indessen wirklich schlagkräftige Belege, im Gegenteil. Gleichwohl will er dieses Ergebnis keineswegs als Beweis für die Richtigkeit der Thesen der „Programmologen“ verstanden wissen. Vielmehr erklärt er die seiner Ansicht nach festzustellende Gleichzeitigkeit polykratischer wie monokratischer Herrschaft im Dritten Reich aus Hitlers Herrschaftsform, der „charismatischen“ Führerautorität. Dieses charismatische Führertum „leitete sich nur teilweise von Hitler selbst ab. In größerem Maße war [es] ein Produkt der Gesellschaft – ein Ergebnis der gesellschaftlichen Erwartungen und Motivationen, die Hitlers Anhänger auf ihn übertrugen.“ (24, S. 23). Dies bedeutete konkret, dass der Führer sich bewusst aus den Niederungen des politischen Alltags heraushalten musste, eher selten selbst die Dinge entschied, das Alltagsgeschäft den Nachgeordneten überließ, durch deren Rivalität das polykratische Gegeneinander erwuchs, letztlich dann die ganze Gesellschaft auch „kumulativ radikalisierte“. Am Ende stellte er sich auf die Seite des sozialdarwinistisch betrachtet Stärkeren, achtete vor allem stets darauf, dass der Mythos des starken und weisen Führers im Volk aufrechterhalten blieb. Aber die dadurch bedingte „Notwendigkeit, immer größere Meisterleistungen zu vollbringen, um die Massen an sich zu binden und ein Abflauen der ‚Vitalität‘ des Regimes hin zur Stagnation, Ernüchterung und möglichem Zusammenbruch zu verhindern“ förderte letztlich die Selbstzerstörungstendenzen des Regimes. Hier steht Kershaw der Interpretation Mommsens wieder sehr nahe (23, S. 137).

Kershaws Analyse zeigt: Ein Ende der Diskussion ist keineswegs, wie Eberhard Jäckel in einer Rezension über Rebentischs Studie einmal gemeint hat, mit „einem Schlag“ erfolgt (73, S. 785) und auch H.-U. Thamers „Kompromiss“-Formel, das Dritte Reich „besaß eine starke monokratische Spitze und gleichzeitig polykratische Machtstrukturen. Das eine bedingte das andere“ (44, S. 73), die zu Recht viel Zustimmung gefunden und die Debatte ganz wesentlich entschärft hat, wird daran wohl kaum wirklich etwas ändern können. Und das hat gute Gründe.

Fortbestehende methodische Differenzen

Denn betrachtet man die Auseinandersetzung genauer, so wird deutlich, dass der Frage, welche Rolle Hitler im Dritten Reich gespielt hat, zwar gelegentlich auch differierende moralische und politische Einstellungen, wie Kershaw (23, S. 113) meint, weit mehr aber eine ganze Palette völlig gegensätzlicher theoretischer, methodischer und gesellschaftspolitischer Grundüberzeugungen zugrunde liegen.

Zunächst spiegelt sich in der Kontroverse um Hitler als starken oder schwachen Diktator ein Dissens über die methodischen Zugänge wider: Während Hildebrand dem biographischen Ansatz eine hohe Erklärungskraft gerade für die Zeit des Nationalsozialismus konzediert, lehnt Mommsen eben das vehement ab: „Ich sträube mich dagegen, die Ursachen [...] in irgendwelchen überragenden persönlichen Qualifikationen Hitlers zu erblicken [...] Ich bin überzeugt, dass das Genre der klassischen Biographie gegenüber einer Person wie Hitler notwendig versagt" (86, S. 67).

Sein Zugang ist die Strukturgeschichte, die zweifellos komplexere, daher schwerer zu verstehende Erklärungsmuster liefert, nach Mommsen aber eben auch präziser analysiert. Sie entgeht, und dies schwingt deutlich in allen Argumentationen mit, zudem der Gefahr, Hitler als den Alleinverantwortlichen für die deutsche Katastrophe der Jahre 1933–1945 zu definieren, sondern berücksichtigt auch die Mitwirkung der Vielen, vor allem der alten Eliten, ohne deren Kollaboration seiner Meinung nach die Exekution der NS-Verbrechen gar nicht denkbar gewesen wäre.

Die „Programmologen" setzen dem klar herausgearbeitete ereignisgeschichtliche Abläufe entgegen, um aus dem faktischen Geschehen der Zeit heraus das Funktionieren des NS-Staates zu erklären. Strukturelle und sozialgeschichtliche Theoreme sind ihnen verdächtig, der stets anders gedachten, nach vergangenen Mechanismen funktionierenden Zeit übergestülpt.

Und schließlich liegt der Kontroverse auch die Anlehnung an differierende, lange vor der Kontroverse entwickelte Deutungstraditionen zugrunde. Während Mommsen sich der Faschismustheorie bedient, die den Nationalsozialismus als eine Spielart der europäischen Faschismen ansieht und ihn als ein gesellschaftliches, ökonomisches und systemgebundenes Durchgangsstadium versteht, erscheint Hildebrand die Totalitarismustheorie, die den Aufbau eines totalen gleichgeschalteten Staates als Ziel, nicht als historische Wirklichkeit, und zwar in großer Ähnlichkeit zur kommunistischen Diktatur in der Sowjetunion als das Kennzeichen des Nationalsozialismus versteht, als die geeignetere Grundlage für das Verständnis auch des Diktators.

Vor diesem Hintergrund ist es höchst unwahrscheinlich, dass der Streit um den starken und schwachen Diktator eine wirklich befriedigende Lösung finden *kann*. Er durchzieht vielmehr auch fast alle anderen Kontroversen um den NS-Staat und taucht in unterschiedlichen Gewändern immer wieder auf. Das wird ganz besonders in der folgenden Kontroverse um das bedrückendste Kapitel der NS-Geschichte, den Holocaust, deutlich.

2. Der Holocaust: Plan oder Entwicklung?

Das Dritte Reich hatte viele abstoßende Gesichter. Aber das mit Abstand schrecklichste war die stufenweise Diskriminierung, Verfolgung und schließlich Ermordung der europäischen Juden. Weil sich dieser Vorgang eigentlich jeder rationalen Erklärung entzieht, hat Dan Diner ihn einmal und wohl zu Recht als „Niemandsland des Verstehens" bezeichnet (123, S. 73). Es ist daher kaum verwunderlich, dass die Frage nach den Ursachen, nach den Verantwortlichen und Rahmenbedingungen für diesen unvergleichlichen Kulturbruch etwa seit den 1960er Jahren im Zentrum der geschichtswissenschaftlichen Diskussion um das Dritte Reich steht. Dies gilt jedenfalls für die westdeutsche, westeuropäische, israelische und amerikanische Geschichtsforschung, denen die wesentlichen Impulse zu verdanken sind. Die DDR-Historiographie hat auf diesem Gebiet, ähnlich wie bei der zentralen Frage um die Rolle Hitlers, abgesehen von ideologiegeleiteten Pauschalurteilen kaum Wesentliches beitragen können (23, S. 151; 150, S. 198; 160, S. 181 ff.).

Ebenso wenig kann verwundern, dass gerade bei diesem Thema und angesichts der Dimension des Verbrechens die ohnehin immer mitschwingende moralische Grundeinstellung der Diskutanten eine besonders deutliche Rolle spielt. Ganz offen hat dies die israelische Wissenschaftlerin Lucy Dawidowicz (121, S. 22) bekannt: „This is not a value-free book. The very subject matter of the Final Solution precludes neutrality. In writing about a nation that transgressed the commandment ‚Thou shalt not murder', it is impossible to be what Charles Beard characterized as a ‚neutral mirror'".

a) Der „Führerbefehl"

Natürlich stand der „programmologische" Verweis auf Hitler, seinen fanatischen, geradezu krankhaften Antisemitismus auch hier am Anfang der Debatte und beinahe könnte man sagen auch wieder an deren derzeitigem, vorläufigen Ende. Denn dass der Holocaust ohne Hitler nicht denkbar ist, dürfte mittlerweile unter den führenden Holocaustforschern nach den teilweise hochkomplexen Debatten unstrittig sein (163, S. 20), allerdings mit jener vieldeutigen Differenzierung, die Christopher Browning erst jüngst auf eine griffige Formel gebracht hat: „Wer erfahren will, was Hitler dachte, muss sich ansehen, was Himmler tat." (116, S. 606).

Hitlers Judenhass

Der Ausgangspunkt der Überlegungen war, dass der „Führer" der NS-Bewegung schon in „Mein Kampf" festgestellt hatte, dass im Ersten Weltkrieg vielleicht einer Million Deutschen das Leben gerettet worden wäre, hätte man nur rechtzeitig zwölf- bis fünfzehntausend Juden „unter Giftgas gehalten".[1] Durchgängig und bis in die letzten Minuten des Dritten Reiches hinein (vgl. Hitlers „Politisches Testament" vom April 1945) ist sein fanatischer Judenhass nachweisbar, notorisch seine eruptiv ausgestoßenen wilden, manchmal kryptisch formulierten Drohungen und Untergangsprophezeiungen gegen das „Weltjudentum". Was liegt da näher, als die Frage nach der „Endlösung" mit dem direkten Willen des „Führers" schnell und ohne Erklärungsreste zu beantworten? Ein „gerader Weg", wie Gerald Fleming meint (125, S. 13), führe von Hitlers Radauantisemitismus der Linzer Jahre Anfang des Jahrhunderts zu den ersten Massenerschießungen im November 1941 und der Rampe von Auschwitz.

Ganz so einfach jedoch scheint das Problem nicht lösbar. Wer glaubt, mit frühen Belegen für Hitlers Judenfeindschaft oder allfälligen einschlägigen Reichstagsreden des „Führers" sei das Geschehen von Auschwitz bereits vorgezeichnet, greift – möglicherweise – viel zu kurz. Denn es fehlt an der für diese Argumentation entscheidenden Quelle: Ein direkter, schriftlicher, eindeutiger, unmissverständlicher Befehl des „Führers" zur Vernichtung der europäischen Juden konnte bis heute nicht aufgefunden

[1] Hitler, Adolf: Mein Kampf, München 1933, S. 772.

werden. Und selbst wenn man davon ausgeht, dass ein solcher Befehl nur mündlich erteilt wurde, was angesichts der Folgenschwere auf den ersten Blick erstaunlich erscheinen mag, dann ist auch die Antwort auf die Frage, wann dies der Fall gewesen sein könnte, kaum mit der wünschenswerten historischen Genauigkeit zu geben. Die Holocausthistoriker können diese Frage aus den vorhandenen schriftlichen Quellen immer nur indirekt und mit mehr oder minder großer Wahrscheinlichkeit beantworten und benennen dabei Zeitpunkte, die um mehr als zwei Jahre differieren. Aus der Vielzahl der Datierungsvorschläge nur einige Beispiele:

Datierung der „Endlösung"

Andreas Hillgruber ging davon aus (139, S. 221), dass ein Befehl Hitlers zur Vernichtung der Juden zunächst nur im Rahmen des Überfalls auf die UdSSR und bezogen auf die in Russland lebenden Juden erteilt wurde. Erst später sei dann die Vernichtung des gesamten europäischen Judentums ins Auge gefasst und auch tatsächlich versucht worden. Dies ist in der Forschung oft aufgegriffen und dahingehend spezifiziert worden, dass im Juli oder August 1941 der Mord an den sowjetischen Juden, im September oder Oktober 1941 dann die Vernichtung der europäischen Juden beschlossen worden sei. Ebenso oft ist diese ja auch ungenaue Datierung wieder in Zweifel gezogen worden.

Vergleichsweise früh sieht Eberhard Jäckel zentral wichtige Festlegungen für die so genannte „Endlösung". Bereits am 7. Oktober 1939 erhielt Heinrich Himmler den Auftrag von Hitler zur „Festigung des deutschen Volkstums" in Polen, in dem von der „Ausschaltung des schädigenden Einflusses von solchen volksfremden Bevölkerungsteilen, die eine Gefahr für das Reich und die deutsche Volksgemeinschaft bedeuten" die Rede war. Zwar spricht vieles dafür, dass hierbei zunächst an Deportation und Ghettoisierung gedacht war, doch hält Jäckel es durchaus für möglich, dass „mit ‚Ausschaltung' überhaupt schon die Vernichtung gemeint war"(72, S. 97). Wenn man dieser Interpretation nicht folgen will, so ergibt sich Jäckel zufolge nach einer allerdings einigermaßen unsicheren Quelle aber eine noch größere Wahrscheinlichkeit dafür, dass unmittelbar nach dem Frankreichfeldzug Himmler, der des Führers Willen bis dahin einfach nicht richtig verstanden habe, nun direkt den Auftrag erhielt, die europäischen Juden zu eliminieren. So jedenfalls berichtete es Himmlers Masseur, Felix Kersten, der dies vom „Reichsführer SS" mehrfach erfahren haben wollte (72, S. 99).

Nach außen wurde gleichwohl zu dieser Zeit immer noch die Deportation der Juden als das eigentliche Ziel verkündet, die freilich schon mit der Bildung von Ghettos einherging, in denen Tausende von Menschen zu Tode kommen sollten. Im Sommer 1940 wurde Auswanderung und Konzentration der europäischen Juden auf Madagaskar erwogen, ein Plan, der gleichfalls bereits den Tod tausender Menschen einkalkulierte und bis ins Jahr 1942 ventiliert wurde. Auffällig ist zudem, dass im Winter 1939/40 bereits die ersten Vergasungsversuche an den Opfern der nationalsozialistischen Euthanasieaktion durchgeführt wurden: Die hier angewandten Tötungsmittel wie auch das Tötungspersonal fanden sich wenig später bei der Umsetzung der Vernichtung der Juden wieder – ein weiterer wichtiger Hinweis auf die früh entwickelte Absicht der Ermordung (168, S. 4).

Sehr viel dichter und konkreter werden die Hinweise auf eine umfassende Ermordung der Juden schließlich im unmittelbaren Vorfeld des Angriffs auf Russland. In einer Sportpalastrede am 30. Januar 1941 sprach Hitler zum wiederholten Mal davon, „das gesamte Judentum in Europa [habe] seine Rolle in Europa ausgespielt", wenn es zu einem allgemeinen, einem Weltkrieg komme. In den „Richtlinien auf Sondergebieten zur Weisung Nr. 21 (Fall Barbarossa)" vom 13. März 1941 hieß es dann, dass, sobald das Operationsgebiet der Wehrmacht eine ausreichende Tiefe erreicht habe, die rückwärtigen Gebiete in „die politische Verwaltung" von Reichskommissaren übergingen, die ihre Befehle vom Führer empfangen sollten. Und weiter: „Im Operationsgebiet des Heeres erhält der Reichsführer SS zur Vorbereitung der politischen Verwaltung Sonderaufgaben im Auftrage des Führers, die sich aus dem endgültig auszutragenden Kampf zweier entgegengesetzter politischer Systeme ergeben. Im Rahmen dieser Aufgaben handelt der Reichsführer SS selbständig und in eigener Verantwortung." Am 4. April hieß es in einem an Heydrich gesandten Entwurf für eine Vereinbarung zwischen Wehrmacht und RSHA: „Die Sonderkommandos sind berechtigt, im Rahmen ihres Auftrages in eigener Verantwortung gegenüber der Zivilbevölkerung Exekutivmaßnahmen zu treffen". Was aber war mit „Sonderaufgaben" und „Exekutivmaßnahmen" konkret gemeint und seit wann stand der Entschluss fest, dass dies nicht nur eventuell, sondern dezidiert die Ermordung einer unüberschaubaren Zahl jüdischer Menschen bedeutete (149, S. 119)?

Eindeutige schriftliche Aufzeichnungen hierüber existieren nicht, weil wohl bei diesen Entscheidungen, die innerhalb der NS-Führung getroffen wurden, absichtlich der Verwaltungsweg umgangen wurde und von Hitler lediglich mündliche Weisungen an seine Getreuen erteilt worden sind. Immerhin ergeben sich nach der Darstellung Raul Hilbergs Anhaltspunkte für den Zeitraum, in dem dies erfolgt sein muss. Am 17. Juni 1941 empfing der Chef des RSHA Heydrich nämlich die Chefs der für die Durchführung der „Sonderaufgaben" vorgesehenen Einsatzgruppen in Berlin und führte diesen gegenüber, wie sich aus späteren Schriftstücken ergibt, aus, was sie in Russland tun sollten. Heydrichs originale Darlegungen bei diesem Treffen sind allerdings ebenso wenig überliefert wie das, was wenig später bei der befohlenen Zusammenkunft der Einsatzgruppenchefs in der Polizeiakademie Pretzsch stattfand (137, S. 206, 209). Sollte man sich daher möglichst nicht auf diese Vorgänge stützen, deren Kenntnis wir überwiegend den Nachkriegsverhören der beteiligten Täter verdanken, die sich aber oft widersprachen und sich gegenseitig mit ihren Aussagen zu schützen suchten (23, S. 185; 156, S. 118)? Aber um was es ging, muss den Beteiligten doch klar gewesen sein, denn der Chef der Einsatzgruppe A, Walter Stahlecker, ließ bereits am 24. Juni in dem litauischen Grenzort Garsden jüdische Frauen und Kinder erschießen. Doch auch dieses scheinbar viel sagende Ereignis ist durch eine akribische Quellenkritik wieder in Frage gestellt worden (153, S. 328f.).

Vielleicht aber ist nur wenig später der Entschluss gefallen, die „Judenfrage" in diesem Sinne in ganz Europa zu lösen, denn am 31. Juli 1941 suchte Heydrich merkwürdigerweise nicht Himmler, sondern Göring auf und ließ sich von diesem einen Auftrag erteilen, „alle erforderlichen Vorbereitungen in organisatorischer, sachlicher und materieller Hinsicht zu treffen für eine Gesamtlösung der Judenfrage im deutschen Einflussgebiet in Europa." Ab diesem Zeitpunkt werden die Belege immer dichter und eindeutiger, so dass auch die Zustimmung der meisten Wissenschaftler für die Festlegung des entscheidenden Termins wächst: Richard Breitman sieht in einer Kalendereintragung Himmlers vom 26. August 1941 einen Beweis für einen von Heydrich nunmehr ausgearbeiteten Plan zur Vernichtung von Millionen von Juden durch Gas, nachdem entsprechende Tötungskapazitäten durch den Abbruch des Euthanasieprogramms jetzt zur Verfügung standen (60, S. 262, 272). Aus dem September 1941 haben sich etliche Belege erhalten, die die massenhaften Tötungsaktionen immer mehr als das vom Führer gewünschte Ziel definieren. Zu dieser Zeit (September 1941), so meint Burrin (119, S. 175), sei der entscheidende „Sprung" zur „Endlösung" erfolgt.

Für September/Oktober 1941 lässt sich auch der Entschluss in der Führungsspitze des NS-Staates nachweisen, nunmehr aus ganz Europa Juden in den Osten zu deportieren. Doch damit sei, so Longerich in Abgrenzung zu anderen Meinungen, die Verknüpfung mit der „Tötungstechnologie zu einem Programm systematischer Vernichtung" noch nicht erfolgt. Dies sei erst ab dem Frühjahr 1942 zu beobachten (153, S. 440).

Gleichwohl: Der Vernichtungskrieg gegen die Juden nahm nun definitiv europäische Ausmaße an, so dass Christopher Browning dementgegen in dieser Zeit Hitlers definitive „Billigung" der Endlösung sieht, die dieser im Sommer beschlossen habe (118, S. 97; 116, S. 608). Dafür spricht auch, dass bereits im November 1941 die berüchtigte Wannseekonferenz über das Schicksal der europäischen Juden geplant wurde, die dann freilich erst am 20. Januar 1942 stattfand. War sie eine organisatorische Verlängerung des bereits laufenden Vorgangs in die Zukunft (168, S. 8), war sie „bedeutender Schlussakt im Prozess der Verwandlung des Massenmords in den Genozid" (165, S. 14) oder war während der Vorbereitung der Konferenz, genauer noch am 12. Dezember 1941, als Hitler 50 Reichs- und Gauleiter empfing und diesen die Vernichtung des Judentums als Ziel des nun begonnenen Weltkrieges vorstellte der eigentliche Wendepunkt eingetreten (127, S. 124)?

Oder ist vielleicht gar eine Besprechung Himmlers mit Hitler im Führerhauptquartier am 18. Dezember 1941, auf die der erst kürzlich aufgefundene Dienstkalender Heinrich Himmlers in ungenauen Andeutungen („Judenfrage. Als Partisanen auszurotten") aufmerksam gemacht hat, als das entscheidende Datum anzusehen? (179, S. 294 Anm. 60).

b) Situative Radikalisierungen

Die Diskussion um die Entschlussbildung zur „Endlösung", das dürfte schon bei dieser noch keineswegs vollständigen Aufzählung der Datierungsvorschläge deutlich sein, ist außerordentlich widersprüchlich und wird angesichts der schwierigen Quellenlage immer wieder von quellenkritischen Argumenten neu genährt. Wenn so ein direkter Befehl Hitlers zur Vernichtung der europäischen Juden nicht nachweisbar und die Datierung auch des Entschlusses zu jenem beispiellosen Vernichtungsfeldzug gegen die Juden kaum exakt zu leisten ist , liegt schon von daher der Gedanke nahe, die zentrale Stellung Hitlers in dem Prozess zu hinterfragen. Vielleicht findet man keinen „Führerbefehl“ zur Judenvernichtung, weil es einfach keinen gab, weil ganz andere Mechanismen als der Führerwille diese grausame Realität ins Werk gesetzt haben? Womöglich konstruiert der Historiker eine falsche Teleologie, indem er im Wissen um Auschwitz rückschauend einschlägige Äußerungen als Hinführungen zur „Endlösung“ interpretiert, die in ihrer Zeit durchaus anders gemeint waren (23, S. 164)?

„Revisionistische“ Deutung der „Endlösung“

Auch dieser Gedankenführung hat sich die historische Forschung seit den 1970er Jahren stufenweise und mit unterschiedlichen Argumentationsketten genähert. Dabei hat zweifellos die von rechtsradikalen Denkern wie David Irving vorschnell aufgestellte und gründlich widerlegte Behauptung, die oben dargestellte Forschungslage belege, dass Hitler bis Oktober 1943 gar nichts von der Judenverfolgung gewusst habe (142, S. 384f.), die wissenschaftlichen Bemühungen intensiviert.

Schon R. Hilberg hatte in seiner 1961 erschienenen Gesamtdarstellung des Holocaust (137) auf die vielen Helfer im Prozess der Judenvernichtung verwiesen. In den Anfang der 1970er Jahre erschienenen Studien von Uwe Dietrich Adam (97) und Karl A. Schleunes (170) wurde nun die Sprunghaftigkeit, das dauerndem Wechsel Unterworfene innerhalb der nationalsozialistischen Judenpolitik deutlich. Eher unwillig hatte sich Hitler nämlich nach der Machtergreifung gesetzlichen Regelungen der „Judenfrage“ zugewandt. Nach dem gescheiterten Judenboykott 1933, einer „impasse“, wie Schleunes meint, war Hitler „willing – though reluctantly so – to make the retreat“ (170, S. 92). Die berühmten Nürnberger Gesetze seien nicht etwa Ausfluss eines besonderen Diskriminierungseifers Hitlers gewesen, sondern vielmehr auf Druck der Parteibasis sprichwörtlich in letzter Minute zusammengeschrieben worden, und der „Führer“ habe dabei eher mildere Gesetzesvarianten ausgewählt. Ähnliches ließe sich auch für die berühmte von Goebbels zum Zwecke eigener Profilierung inszenierte so genannte „Reichskristallnacht“ sagen (97, S. 114ff., 204ff.).

Vor diesem Hintergrund entwickelten Ende der 1970er und Anfang der 1980er Jahre Martin Broszat und Hans Mommsen ihre der intentionalistischen Sicht diametral entgegenstehende Deutung der Entstehung der „Endlösung“. Für Mommsen stand nach dem bis dato erreichten Forschungsstand fest, „dass es einen förmlichen Befehl Hitlers zur ‚Endlösung‘ der ‚europäischen Judenfrage‘ nicht gegeben hat“. Auch die „Vorstellung, die ‚Endlösung‘ sei im kleinsten Rahmen, im verschworenen Orden der SS, ja noch im wesentlich kleineren Kreise der aus den Totenkopfverbänden gezogenen Wachmannschaft vor sich gegangen“, hält er für unzutreffend. „Nur durch die Mitwirkung relativ breiter Gruppen unter den Funktionsträgern des ‚Dritten Reiches‘“ sei das Vernichtungsprogramm möglich geworden, nur durch eine „perfekte Improvisation, die jeweils aus früheren Planungsstufen hervorging und diese eskalierte“, nur „in dem Zwielicht unklarer Befehlsgebung und ideologischer Fanatisierung konnte die utopische Zielsetzung der Ausrottung des Judentums zu einem real in Angriff genommenen Gegenwartsproblem werden, das allen entgegenstehenden Interessen zum Trotz eine eigene Dynamik entfaltete“. Nicht nur Hitler, sondern viele „normale Individuen" also seien unter den Bedingungen eines erzeugten „permanenten Ausnahmezustandes, der Auflösung der rechtlichen und institutionellen Strukturen und der öffentlichen Rechtfertigung verbrecherischen Handelns als nationaler Tat" für die Entstehung und Umsetzung der „Endlösung" verantwortlich zu machen (157, S. 383, 385, 394, 418, 420).

Auch Martin Broszat war vor Mommsen bereits davon ausgegangen, „dass die physische Liquidierung der Juden nicht durch einen einmaligen Akt der Entscheidung, vielmehr stück- und schubweise in Gang gesetzt" worden war (114, S. 747). Seiner Analyse zufolge war sie allerdings in erster Linie das Ergebnis von Zusagen an Gauleiter und Generalgouverneur, deren Gebiete durch Deportationen „judenrein" zu machen. Doch diese Versprechen ließen sich in der zugespitzten Kriegssituation des Sommers 1941 nicht mehr halten und verlangten nach einer anderen Lösung. „Die Judenvernichtung entstand, so scheint es, nicht nur aus vorgegebenem Vernichtungswillen, sondern auch als ‚Ausweg' aus einer Sackgasse, in die man sich selbst manövriert hatte. Einmal begonnen und institutionalisiert, erhielt die Liquidierungspraxis jedoch dominierendes Gewicht und führte schließlich faktisch zu einem umfassenden ‚Programm'" (114, S. 752f.). Auch hier also wurde, ohne Hitlers treibende Kraft zu übersehen, einer Hitler-zentrierten Erklärung der Rücken gekehrt, die „Endlösung" aber nicht so sehr einer „kumulativen Radikalisierung", sondern vielmehr situativen Bedingnissen zugeschrieben.

Diskussion der „revisionistischen" Sicht

Dass die Vertreter der intentionalistischen Richtung diese Ansätze nicht gutheißen konnten, ist kaum verwunderlich. Unter Rückbezug auf die Verhörprotokolle im Jerusalemer Eichmannprozess, in dessen Verlauf von dem Angeklagten stets ein Vernichtungsbefehl Hitlers bezeugt wurde, formulierte Walter Hofer die wohl deutlichste Ablehnung: „Angesichts solcher Aussagen einer Schlüsselfigur der NS-Vernichtungspolitik, denen ebensolche von anderen Missetätern angefügt werden könnten, ist es schlechterdings unerfindlich, wie die Behauptung aufgestellt werden kann, die Rassenpolitik des Nationalsozialismus sei nicht die Verwirklichung der Weltanschauung Hitlers gewesen." Unter Bezugnahme auf Rolf Hochhuth hält Hofer sogar jede Auseinandersetzung über Hitlers Rolle bei der Judenverfolgung für „eine absurde Diskussion" (141, S. 14, 16).

Es war aber nicht nur Hofer, der unter Bezugnahme auf eine sehr problematische, weil möglicherweise in apologetischer Absicht entstandene Aussage, diese neue Sichtweise des Holocaust angriff. Auch Christopher Browning machte auf Schwächen der Argumentation aufmerksam. Zunächst, so Browning, erlaube das Fehlen eines schriftlichen Führerbefehls nicht, zugleich auch von der Nichtexistenz einer mündlichen Weisung auszugehen. Diese aber müsse wohl vorgelegen haben, wenn man an die Erschießungen denke, die direkt nach dem Einmarsch in Russland erfolgten. Erschießungen, die eine Eskalation in der Judenverfolgung darstellten und die eben vor und nicht nach der von Broszat erwähnten Zuspitzung der militärischen Lage stattgefunden hatten, welche diesem zufolge erst Auslöser einer Änderung in der Judenpolitik war. Während Broszat von einem Zusammenhang zwischen einer sich verschlechternden Kriegslage und der Radikalisierung der nationalsozialistischen Judenpolitik ausgeht, sieht

Brownig diesen Zusammenhang also genau umgekehrt: Die Radikalisierung fand in einer Zeit günstiger militärischer Aussichten statt. So erscheinen wichtige Prämissen der Broszat'schen Diskussion nicht mehr stimmig, die Frage nach der Genesis der Endlösung nach wie vor offen (118, S. 105; vgl. auch 115, S. 104).

Mit Broszats Blick auf die Abhängigkeit der Judenvernichtung von allgemein- oder militärpolitischen Situationen war ein Tor für weitere situativ argumentierende Interpretationen geöffnet, die schon bald folgten und auch noch bis heute viele jüngere Arbeiten bestimmen. Sebastian Haffner war einer der ersten, der bereits 1978 diese Perspektive wählte. Hitler ist für ihn die Ausschlag gebende Figur der Judenvernichtung, doch sieht er seine Politik in starker Abhängigkeit von der Haltung Amerikas im Kriege. Als die Hoffnungen auf einen schnellen Sieg in Russland im Dezember 1941 begraben werden mussten, habe Hitler auch in der Judenpolitik „eiskalt" und „blitzschnell" umgeschaltet: „Wenn er in Russland nicht mehr siegen konnte, dann gab es – so Hitlers Folgerung – auch keine Friedensmöglichkeit mit England mehr. Dann konnte er auch gleich Amerika den Krieg erklären, was ihm nach Roosevelts so lange unbeantworteten Provokationen eine offensichtliche Genugtuung gewährte. Und dann konnte er sich auch die noch größere Genugtuung gönnen, nunmehr die ‚Endlösung der Judenfrage' für ganz Europa anzuordnen, denn auf die Wirkung des Verbrechens in England und Amerika brauchte er nun keine Rücksicht mehr zu nehmen" (67, S. 179).

Diese Interpretation ist neuerdings von Leendert Johan Hartog (131) aufgegriffen und von Tobias Jersak mit Blick auf die Atlantik-Charta als dem für Hitlers Entscheidungen in der Judenpolitik ausschlaggebenden Moment variiert worden (143). Die Wende im Kriegsgeschehen 1941 behält demgegenüber Arno J. Mayer (154) im Auge.

c) Die „Endlösung" als Teil einer technokratischen Sozialplanung

Die Position Götz Alys und Susanne Heims

Eine völlig andere Perspektive zur Erklärung des Judenmordes haben in den 1990er Jahren Susanne Heim und Götz Aly entwickelt. Ihrer Ansicht nach ist der Holocaust ganz anders als von den meisten Autoren beschrieben, keineswegs ein völlig irrationales Vorhaben gewesen. Durch die Verengung des Blicks auf die Tötung der Juden und Hitlers fanatischen Antisemitismus habe man übersehen, dass dieses unheimliche Geschehen an sich nur Teil einer umfassenden in kühler Rationalität entwickelten gigantischen Sozialplanung europäischen Ausmaßes gewesen sei. Verantwortlich dafür seien deutsche Intellektuelle, vor allem Wirtschaftswissenschaftler, gewesen, die schon vor der nationalsozialistischen Machtergreifung solch umfassende Ideen entwickelt hätten. Die nationalsozialistischen Führer hätten sich dann dieser „Politikberatung" bedient und die Umsetzung solch kühner Pläne forciert.

Schon zwei Tage nach der so genannten „Reichskristallnacht", am 12. November 1938, sei Göring in seiner Eigenschaft als Beauftragter für den Vierjahresplan mit Goebbels, Heydrich und einer Schar von Wirtschaftsfachleuten zu „einer Sitzung von entscheidender Bedeutung" zusammengekommen, bei der er die Lösung der Judenfrage als ein „in der Hauptsache [...] wirtschaftliches Problem" bezeichnet habe. Die darauf folgenden Maßnahmen standen nach Heim/Aly im Zusammenhang mit einem von Wirtschaftsfachleuten entworfenen Plan, der den Deutschen in Europa die ökonomische Besserstellung sichern sollte. Das gilt auch für die Maßnahmen im Gefolge des Polenfeldzuges, der zweiten Phase dieses Programms, weil nach Ansicht damaliger Fachleute jeder zweite Pole in der Landwirtschaft nichts als „toter Ballast" gewesen sei, eine Überbevölkerung mithin geherrscht habe, die zum Wohle der Deutschen hätte abgebaut werden müssen. In der Planung des Krieges gegen Russland sei sodann in einer dritten Steigerungsphase unter dem Blickwinkel der Ernährungssituation Deutschlands, das sich damals nur zu 87% aus der eigenen Landwirtschaft habe versorgen können, der Hungertod von 30 Millionen Russen einkalkuliert worden. Im Rahmen der von den Fachleuten formulierten ergänzenden siedlungspolitischen Zielsetzungen im Generalplan Ost sei schließlich „die ‚Lösung der Judenfrage' (in ihrem Planungsgebiet lebten etwa fünf Millionen Juden) nur ein Teil ihrer ‚großen Aufgabe'" gewesen. „So gesehen ist die Vernichtung der europäischen Juden der unter Kriegsbedingungen vorgezogene und am weitestgehend (sic!) realisierte Teil weit größerer Vernichtungspläne", resümieren die Autoren (100, S. 18f.).

Diskussion der Thesen Alys und Heims

Diese kühne, auf den ersten Blick gerade wegen ihrer Verschränkung mit anderen Menschheitsverbrechen in Russland interessante These hat die wissenschaftliche Diskussion sehr angeregt und zu teilweise heftigen Repliken geführt. Es kann angesichts der vorangegangenen Auseinandersetzungen nicht verwundern, dass zunächst die Geringachtung des rassenpolitischen beziehungsweise antisemitischen Motivs und die deutliche Betonung der ökonomischen Interessen den größten Anstoß erregt haben. Weit darüber hinaus bezweifelte Dan Diner aber auch die Tatsächlichkeit der postulierten ökonomischen Nutzerwägungen: Welche ökonomisch sinnvolle Planung sollte etwa der im Juni 1944 noch erfolgten Deportation von 2200 Juden von der Insel Rhodos in das über 2000 km entfernte Auschwitz unter Zurücklassung wertvollen, schweren militärischen Gerätes zugrunde gelegen haben? „Waren Entrechtung, Austreibung und Vernichtung der Juden in der Tat ökonomischen Nutzerwägungen unterworfen, gar gesellschaftlich notwendig – oder wurde nicht umgekehrt die politisch und ideologisch motivierte Ausgrenzung und spätere Vernichtung mittels bloß nachgereichter wirtschaftlicher Motive rationalisiert" (124, S. 363, 369; 102)? Genau diese methodische Kritik führte auch Hermann Graml an, der eine massive Fehlinterpretation – sozusagen die Verwechselung von Ursache und Wirkung – der von Heim/Aly genutzten Quellen sieht. „Wir haben es, jedenfalls in vielen Fällen, mit der – oft verzweifelten – Selbstrechtfertigung in ihrem Gewissen immerhin verstörter Bürokraten zu tun, die sich einzureden suchten, die ‚Entjudung' der Wirtschaft müsse wenigstens mit einem wirtschaftlichen Nutzen verbunden und von Korruption freigehalten werden." Zudem sei die von Heim/Aly unterstellte planerische Rationalität das genaue Gegenteil der von der Forschung erwiesenen chaotischen Staatsführung. Hitler habe sich, wie vielfach erwiesen, gerade nicht auf Politikberatung und genaue Planungen eingelassen: „Hitlers Verhältnis zu Fachleuten und rationaler Beratung ist im Grunde schon daran zu erkennen, dass er einen hohlköpfigen Dilettanten wie Ribbentrop zu seinem Außenminister und einen servilen Ja-Sager wie Keitel zum Chef des Oberkommandos der Wehrmacht (OKW) machte" (129, S. 290, 293).

Diese gewichtigen Gegenargumente haben die Position Alys, der seine These in der Folgezeit auch modifiziert hat (101), ihren Sensationscharakter genommen. Gleichwohl ist sie von Bedeutung, zum einen als Beleg für die Zeitbedingtheit auch der Holocaust-Interpretationen, vergleicht Aly doch in kulturkritischer Attitüde die planerischen Aktivitäten im Dritten Reich mit der heutigen Planungssituation in der EU (Nachweise 124, S. 379). Zum anderen ist die von ihm angestoßene Ausweitung des Blickes auf das gesamte verbrecherische sozialplanerische Programm ein fester Bestandteil der Diskussion geworden.

Diese Multiperspektivität scheint überhaupt das wesentlichste Ergebnis der oben dargestellten Kontroversen zu sein. Die neueste Forschungsliteratur sieht denn auch in einer Synthese der vorgenannten Blickwinkel und einer regional differenzierten Sicht den höchsten Erklärungswert für das eigentlich unerklärbare Verbrechen (so zum Beispiel 161; 167; 122; 159).

d) Eine beinahe nicht stattgefundene Kontroverse: die Deutschen und der Holocaust

Quellenproblematik

Angesichts des geschilderten Führerwillens, der planerischen Mitwirkung so vieler, nicht nur im Führungsapparat des NS-Staates sowie situativer Bedingtheiten kommt der Frage, wie sich denn eigentlich die ganz normale deutsche Bevölkerung zu diesen Verbrechen stellte, zentrale Bedeutung zu – eine Bedeutung, die normalerweise zu kontroversen Positionen anregen müsste. Doch dies geschah über viele Jahre hinweg in einem den übrigen hier geschilderten Kontroversen vergleichbaren Ausmaß nicht. Zwar entstanden auch zu diesem Thema, verstärkt seit dem Ende der 1980er Jahre, Arbeiten, die durchaus unterschiedliche Ansätze wählten und zu uneinheitlichen Ergebnissen führten, doch standen die vorsichtig formulierten Ansichten eher unvermittelt nebeneinander, war Kritik eher leise und vorsichtig. Und dafür gibt es gute Gründe: Zum einen lässt sich gewiss eine öffentliche Verdrängung dieses heiklen Themas konstatieren. Zum anderen und viel wichtiger noch für den Historiker aber stellt die Quellenlage ein kaum zu überwindendes Problem dar (110, S. 44). Wie nämlich sollte man das Wissen und die Einstellung von Millionen Deutschen historisch hinreichend genau ergründen, welche Quelle könnte den notwendigen Beleg für solche Aussagen überhaupt liefern? Den wissenschaftlich arbeitenden Historiker muss dieses Problem zu größter Vorsicht mahnen, es wird ihn zu differenzierten, sektoral begrenzten Untersuchungen führen – in der Hoffnung, zu einem späteren Zeitpunkt eine Synthese wagen zu können.

Goldhagens „Willige Vollstrecker"

Dies jedoch wollte ein junger amerikanischer Historiker, Daniel Goldhagen, offensichtlich nicht abwarten, sondern der interessierten Öffentlichkeit möglichst rasch eine einfache, nachvollziehbare Lösung bieten. Indem er sich leichtfüßig von der historischen Differenzierung und damit von der historiographischen Genauigkeit verabschiedete und die „Verallgemeinerung" als „ganz wesentlich für unser Denken" postulierte, konnte er unschwer „die große Bereitschaft der meisten gewöhnlichen Deutschen, die rabiate Verfolgung der Juden in den dreißiger Jahren zunächst zu tolerieren, zu unterstützen, oft sogar tätig daran mitzuwirken und sich schließlich [...] auch an der Ermordung der Juden zu beteiligen" (14, S. 9) konstatieren und hatte damit eine publikumswirksame eingängige Antwort auf die in fast jeder deutschen Familie irgendwann einmal gestellte Frage „Wie konnte das geschehen?" geliefert. Vor Fotografien brutalster Mordszenerien behauptete er provokant: „Was diese ganz gewöhnlichen Deutschen taten, war auch von anderen ganz gewöhnlichen Deutschen zu erwarten" (14, S. 471). Auch wenn er selbst sich *in Diskussionen* bemühte, differenzierter als in einschlägigen Formulierungen seines Buches zu argumentieren, beweist doch die aufgeregte öffentliche Diskussion und Goldhagens Auftreten, dass erreicht wurde, was eigentlich beabsichtigt war: Nicht von ungefähr titelte „Der Spiegel" „Ein Volk von Dämonen?", „Neuer Streit um Kollektivschuld. Die Deutschen: Hitlers willige Mordgesellen?" (23, S. 383). Sehr zu Recht hat Norbert Frei deshalb davon gesprochen, dass „Hitlers willige Vollstrecker" „nicht eigentlich ein Buch, sondern ein Ereignis war" (126, S. 147). Goldhagens grobe Argumentation, deren Nachzeichnung wegen ihrer mittlerweile deutlich sichtbaren Bedeutungslosigkeit nicht lohnt (112, S. 766), war von den bekannten Fachleuten schnell widerlegt (am sachlichsten 162), doch die bemerkenswerte öffentliche Resonanz seiner Thesen in der Enkelgeneration der Täter und Opfer beeindruckte auch die ernst zu nehmenden Gelehrten (171; 133).

„Wehrmachtsausstellung"

Dies umso mehr, als ein annähernd zeitgleicher Versuch des Hamburger Instituts für Sozialforschung, die tiefe Verstrickung der Wehrmacht und vieler einfacher Soldaten in die nationalsozialistischen Kriegs- und Menschheitsverbrechen (132) zu dokumentieren, in die gleiche Richtung ging und ähnliche Publikumserfolge zeitigte. Schon Andreas Hillgruber hatte die gar nicht zu bestreitende, auch vom Nürnberger Kriegsverbrechertribunal festgestellte tiefe Verstrickung der Wehrmacht in die „Endlösung" betont (140, S. 259) und in vielen anderen militärgeschichtlichen Arbeiten war dies weiter präzisiert und ausgeführt worden. Doch im Rahmen dieser Ausstellung wurde nun die grausame Realität in einer so provokanten Bilddokumentation an die Öffentlichkeit getragen, dass weithin der – vielleicht auch gewollte – Eindruck entstand, hier seien nun *alle* Wehrmachtssoldaten gleichsam als „willige Vollstrecker" der Judenvernichtung und unsäglicher Kriegsgräuel identifiziert und die Wehrmacht mitsamt ihren Soldaten als „verbrecherische Organisation" entlarvt worden. Während die fachinterne Debatte über Goldhagens aus wissenschaftlicher Sicht wesentlich schlechter fundiertes Buch weitgehend sachlich verlief, geriet die Wehrmachtsausstellung spätestens seit ihrer Präsentation in München in eine heftige politische und polemische Kritik (148, S. 308f., die sachliche Diskussion in 173). Und dies umso mehr, als sich herausstellte, dass eine Reihe der gezeigten Fotodokumente Fälschungen waren (158; 174). Die sogleich ausgesetzte Ausstellung wurde daraufhin einer Untersuchung durch eine Expertenkommission unterzogen, die „sachliche Fehler", „Ungenauigkeiten und Flüchtigkeiten" sowie „allzu pauschale und suggestive Aussagen" feststellte. Die „Grundaussagen der Ausstellung über die Wehrmacht und den im ‚Osten' geführten Vernichtungskrieg" befand man, wie es angesichts der seit den 1970er Jahren erarbeiteten Forschungsergebnisse nicht anders zu erwarten war, für „der Sache nach richtig" (132, S. 728).

Es sei dahingestellt, ob Goldhagens Provokation und die Wehrmachtsausstellung nun die auf die Täter bezogene Holocaustforschung intensiviert, ja beflügelt haben oder im Gegenteil der Blick auf etwa zeitgleich und unabhängig davon entstandene seriöse Forschung wegen des großen Medienrummels eher behindert wurde (166, S. 39f.). In jedem Fall ist seit der Mitte der 1990er Jahre eine intensivere Beschäftigung mit der Haltung „ganz normaler Deutscher" zum Holocaust festzustellen, die sich in bemerkenswert unterschiedlichen Positionen manifestiert hat.

„Täterforschung"

Zunächst geht es bei dieser Forschung um die „Täter". Lange vor Goldhagen hatte schon Christopher Browning mit seiner Geschichte des Polzeibataillons 101 dieses Thema mit der notwendigen Konkretion angesprochen (117) und die entscheidenden Fragen gestellt: Wie viele und welche Menschen beteiligten sich aktiv an dem grauenvollen Geschehen und warum taten sie das?

Raul Hilberg erklärt das Geschehen mit der strikten Arbeitsteiligkeit des Vernichtungsprozesses, der es jedem ermöglichte, sich selbst einzureden, „nur ein Rädchen im immensen Getriebe zu sein", also gegenüber der als unpersönlich empfundenen Masse der Opfer keine persönliche Verantwortung zu tragen (138, S. 9f.). Diese Erklärung wird allerdings von anderen Forschern mittlerweile stark in Frage gestellt, nicht zuletzt weil sie von der Vorstellung der vom Schreibtisch aus verwalteten Gasmorde in den Konzentrationslagern ausgeht. Ein großer Teil der Morde, etwa 40%, geht aber auf das Konto von „Direkttätern", also unmittelbar mit dem Geschehen konfrontierten Personen. So beschäftigt sich Brownings Studie des Polizeibataillons 101 auch ausschließlich mit Individuen, die ganz unmittelbar mit dem Mordgeschehen konfrontiert worden sind. Dieter Pohl beispielsweise hat dies für Ostgalizien am regionalen Beispiel sehr detailliert bestätigen können – hinsichtlich der deutschen und galizischen Täter wie auch der zuschauenden, wohl informierten Bevölkerung (161, S. 404). Es bedarf also offenbar anderer Erklärungsansätze.

Fest steht, dass eine radikal antisemitische Grundstimmung nicht unbedingt Voraussetzung für die aktive Beteiligung an der Judenvernichtung war. Vielmehr ist es offenbar ein hohes Maß an kriegsbedingter Verrohung und Abstumpfung, verbunden mit Entlastungs- (Partisanenbekämpfung, Lebensmittelknappheit, Patriotismus) und Enthemmungsstrategien (Kollektive Durchführung der Ermordungen, angeblicher Befehlsnotstand, Angst vor Repressalien, Gruppenzwang), die diese Taten möglich machten (134, S. 53). Gewissheit wird man auf diesem Feld wohl nur durch eine intensive (kollektiv-)biographische Forschung über die schätzungsweise mehrere hunderttausend Deutschen und Österreicher sowie einige hunderttausend ausländischen Hilfskräfte, die als „Täter oder Tatbeteiligte an den Verfolgungen und Morden anzusehen sind" (163, S. 29), erlangen können. In dieser Hinsicht exemplarische Arbeiten liegen bereits vor, etwa von Ulrich Herbert für den Fall Werner Best (135), kollektivbiographisch für die nachgeordneten Befehlsempfänger und „Führer der Provinz" zum Beispiel von Kißener/Scholtyseck (75).

Antisemitismus in der deutschen Bevölkerung

Ein zweiter Forschungszweig fragt im Rahmen des Themas „Die Deutschen und der Holocaust" nach der Herkunft und Wirkmächtigkeit antisemitischer Einstellungen in Deutschland, deren Dominanz Goldhagen ja zum zentralen Erklärungsgrund der Judenvernichtung in Deutschland erhoben hat. In der Tat ist die offenbar weitgehende Regungslosigkeit und Gleichgültigkeit (Ausnahmen in 146) gegenüber der Judenverfolgung in der deutschen Bevölkerung eine sehr erklärungsbedürftige historische Erscheinung. Begehrten die Deutschen gegen den nationalsozialistischen Rassenantisemitismus nicht auf, ließen sie ihn vielleicht sogar gerne zu, weil es eine alte antisemitische Grundströmung in der Bevölkerung gab, die eine Politik gegen die Juden, wie auch immer sie konkret aussah, tolerierte, ja begrüßte?

Zweifellos gab es spätestens seit den 80er-Jahren des 19. Jahrhunderts durchaus einen radikalen Antisemitismus, der sich in nationalistischen Verbänden, etwa dem Bund der Landwirte, dem Alldeutschen Verband, dem Deutschnationalen Handlungsgehilfenverband oder vor allem dem Deutschvölkischen Schutz- und Trutzbund, der mehr als 200000 Mitglieder zählte, Gehör verschaffte. Aber dies war, wie neuere Forschungen zeigen, doch wohl keine mehrheitsfähige politische Position in der Weimarer Republik und gewaltsame Übergriffe auf Juden in einem drastisch ansteigenden Maß lassen sich für die Jahre bis 1933 denn auch nicht feststellen (177, S. 251). So wird man von einem durchaus vorhandenen antisemitischen Klima ausgehen können, aber mit Ulrich Herbert ist doch zu konstatieren, dass „eine direkte Verbindung zur antijüdischen Politik des Nationalsozialismus, insbesondere nach 1938" nicht zu ziehen ist (134, S. 34).

Etwas anders wird man demgegenüber möglicherweise den „passiven Antisemitismus" zu beurteilen haben, also jene diffusen Grundstimmungen in der Bevölkerung, die die Juden ganz allgemein als „Fremdkörper" in der deutschen Gesellschaft ansahen, ihnen schlechte Eigenschaften unterstellten, sie als finanzielle Ausbeuter und Gewinner der katastrophalen Lage in Wirtschaft und Gesellschaft beurteilten. Frank Bajohr hat in einer Darstellung über den so genannten „Bäderantisemitismus" (104) diese schon im 19. Jahrhundert und keineswegs nur in Deutschland anzutreffende Haltung an diesem bezeichnenden Beispiel eindrucksvoll dokumentieren können: Gerade im Urlaub wollte man offenbar mit Juden nicht in Kontakt kommen, und es gab nicht wenige Nord- und Ostseebäder, die mit judenfreien Stränden und Pensionen warben und auf diese Weise „deutsche" Gäste anlocken konnten. Solche Grundstimmungen und Haltungen haben dem radikalen Antisemitismus der Nationalsozialisten sicherlich Vorschub geleistet, möglicherweise vielen die stillschweigende Duldung oder gar Akzeptanz der späteren Judenvernichtung überhaupt ermöglicht – so jedenfalls sah es schon Anfang der 1980er Jahre Heinrich August Winkler (178, S. 288), während Shulamit Volkov (176, S. 74) und H. G. Zmarzlik (181, S. 253) keine wirklich feststellbare Verbindung zwischen tradierten antisemitischen Einstellungen und dem in Weimarer Republik und NS-Zeit aufkommenden radikalen Antisemitismus zu erkennen vermögen: „Das Dritte Reich ist gewiss nicht vom Himmel gefallen; aber das Kaiserreich ist deshalb nicht schon die Startrampe, von der aus der Siegeszug der Nationalsozialisten seinen Ausgang nahm". Diese Interpretationsgegensätze haben sich auch in den 90er Jahren fortgesetzt (vgl. etwa 106, S. 156), wobei Ulrich Herbert mit dem Hinweis auf den in der Weimarer Republik durchaus auch virulenten Anti-Antisemitismus der Diskussion eine wichtige Facette hinzugefügt hat, ganz abgesehen davon, dass die Weimarer Intellektuellen wie politisch links Stehende das ganze antisemitische Gerede ohnehin nur für das Geschwätz politisch Minderbemittelter hielten (134, S. 36ff.).

Katholischer Antisemitismus?

Besonders heftig umstritten ist bei der Frage nach antisemitischen Denk- und Verhaltensdispositionen die Rolle christlicher, speziell katholischer „antisemitischer" oder eben „nur" traditioneller „antijüdischer" Einstellungen. Während die ältere Forschung rassischen Antisemitismus und den religiös geprägten Antijudaismus (Juden als Christusmörder etc.) sorgsam unterschied, den an sich unbestreitbaren weltanschaulichen Gegensatz der katholischen Kirche zum Nationalsozialismus betonte und keine Verbindungslinien zwischen kirchlichem Antijudaismus und nationalsozialistischem Antisemitismus erkennen konnte (152; 164), haben einige Katholizismusforscher in den 1990er Jahren diese Analyse verworfen – in besonders publikumswirksamer und wissenschaftlich nicht haltbarer Weise erneut Daniel Goldhagen mit seinem Buch „Die katholische Kirche und der Holocaust" (128). Von der dort propagierten, allzu vereinfachenden Sichtweise distanzieren sich ernst zu nehmende Historiker, die ein „Verbrennen" des ihnen wichtigen Themas durch Goldhagens Überzeichnungen befürchten (172, S. 163), gleichwohl die Argumentationstendenz befürworten (109): „Wer zu strikt die Diskontinuitäten herausstreicht, wer zu sehr die Unvereinbarkeit von religiösem Antijudaismus und rassenideologischem Antisemitismus betont, übersieht zugleich, dass sich im 19. Jahrhundert Veränderungen abzeichneten, die auch die überkommene Judenfeindschaft modellierten. Der moderne Antisemitismus reduziert sich nicht auf seine rassistische Spielart. Deshalb konnte er auch den Katholizismus erfassen" – so formulierte der wohl energischste Kritiker, Olaf Blaschke. Der christliche Antisemitismus sei, so Blaschke weiter, zwar keineswegs „hinreichend", wohl aber „erleichternd", wahrscheinlich sogar „notwendige Bedingung" für die Katastrophe der nationalsozialistischen Judenvernichtung gewesen (108, S. 6). Hart, bisweilen polemisch qualifiziert Blaschke die bisherige, unzweifelhaft quellenfundierte Forschung ab, nennt sie gar „apologetisch" und setzt ihr das von ihm favorisierte Modell des „doppelten Antisemitismus" entgegen. Diesem Entwurf zufolge gilt es zu unterscheiden zwischen „einem guten, katholischen, gerechten Antisemitismus und einem schlechten, unchristlichen, blindwütigen Judenhass". Radauhaften Judenhass lehnten die Katholiken nach Blaschkes Ansicht ab, gleichwohl wurde ihr eigener traditioneller „Antisemitismus" durchaus von dem rassistischen Antisemitismus verformt, geriet mehr oder minder unter dessen Einfluss, so dass letztlich eine erhebliche Mitverantwortung des Katholizismus bis hin zur Vernichtung der Juden zu verzeichnen sei (108, S. 9). Blaschkes Argumentation ist offensichtlich vom Zeitgeist stark geprägt: „Wie oft kann man hören: ‚Ich habe nichts gegen Ausländer, aber [...]'? Die vorgeschaltete Behauptung soll bloß gegen den pikanten Verdacht der Voreingenommenheit schützen. Es ist mithin erforderlich, genauer hinzuschauen!" (108, S. 9). Ob diese Interpretation mehr erklärt, als die heftig angegriffene, vor allem von Rudolf Lill vertretene „Ambivalenzthese", derzufolge ja gerade eine undeutliche, teils philo-, teils antisemitsche Einstellung das Verhalten der Katholiken gekennzeichnet habe, ist fraglich. Vielmehr erscheint Blaschkes Einwurf als Scheingefecht, bei dem es überwiegend um Akzentverschiebungen geht, weniger um grundsätzlich Neues. Und dies vor dem Hintergrund einer sehr profunden Katholizismusforschung, deren quellengesättigten Gegenbeweisen nur der Vorwurf der Apologie, nicht aber überzeugende Argumente entgegengesetzt werden. Vor allem aber wird der katholische Anteil an „antijüdischen" oder „antisemitischen" Strömungen der Zeit überhaupt nicht mehr gewichtet, so dass wichtige Relationen verloren gehen.

Denn ohne Zweifel sind Einstellungen und Denktraditionen, die den Antisemitismus der Nationalsozialisten beförderten, nicht nur im Katholizismus zu suchen, vielmehr für die unmittelbare Vorgeschichte der NS-Zeit von Werner Jochmann auch für den Liberalismus oder sogar die Sozialdemokratie nachgewiesen worden (144, S. 160–163; 177, S. 101 f.). Es empfiehlt sich daher, bei der Diskussion Forschungsergebnisse wie die von Wolfgang Altgeld im Auge zu behalten, der sehr überzeugend Wurzeln nationalstaatlicher Judenfeindschaft in der Aufklärung identifiziert hat (99, S. 106 f.) und daneben auch die Arbeiten von Uwe Mazura (155), Walter Hannot (130), Burkhard van Schewick (169) und Thomas Brechenmacher (113) zu berücksichtigen, deren Argumentationen viele Quellenbelege verarbeiten, die Blaschkes Sichtweise stark relativieren.

So bleibt der Befund hinsichtlich der antisemitischen Denkmuster und Traditionen in der deutschen Bevölkerung insgesamt uneinheitlich und zwiespältig. Vieles spricht deshalb für die Richtigkeit der Auffassung, die der amerikanische Historiker George L. Mosse bereits 1975 formuliert hat: „Wenn man, so sagte er, Leuten im Jahre 1914 erzählt hätte, dass innerhalb einer Generation die meisten europäischen Juden ermordet sein würden, wäre ihre Antwort höchstwahrscheinlich gewesen: Die Franzosen sind zu jedem Verbrechen fähig. Man könnte sich auch vorstellen, dass die Leute die Russen, die Polen oder die Österreicher verdächtigt hätten. Die Deutschen wären ihnen wohl zuletzt eingefallen" (72, S. 134). Und hinsichtlich des konkreten Verhaltens der Bevölkerung während der nationalsozialistischen Judenverfolgung wird man vorerst immer noch auf Ian Kershaws bereits Ende der 1970er Jahre getroffenes und damals schon empirisch gut belegtes Fazit (145, S. 345 ff.) zurückgreifen müssen, das Ulrich Herbert so formuliert: „Ausblendung und Ignorierung der antijüdischen Politik des Regimes" kennzeichneten vermutlich das Verhalten der meisten Deutschen. „Die Judenpolitik des Regimes war in den breiten Kreisen der Bevölkerung vermutlich nicht populär. Aber sie war auch kein vorrangiges oder zentrales Thema" (134, S. 39; vgl. auch 163, S. 9) – eine nicht minder deprimierende Tatsache und ein weiterer Beleg für die geringe Verwurzelung zivilgesellschaftlicher Tugenden in der deutschen Gesellschaft in der ersten Hälfte des 20. Jahrhunderts.

Das Wissen über die Judenvernichtung

Und schließlich steht nach der Frage, wie sich die Deutschen gegenüber der Judenverfolgung *verhielten*, nunmehr ein dritter Fragenkomplex wenn auch nur unzureichend und schwach im Blickwinkel der Forschung: Was *wussten* die Deutschen über die Judenvernichtung? Dies ist quellenmäßig betrachtet wohl die schwierigste Frage. Für Wolfgang Benz steht die Antwort darauf gleichwohl fest: „Dass die Zeitgenossen in Deutschland, ganz gleich ob an der Front oder in der Heimat, Kenntnis vom Völkermord an den Juden hatten, braucht Fachleuten und Aufgeklärten gegenüber nicht betont zu werden" (107, S. 53). Für manche völlig unverdächtigen Zeitgenossen sah das jedoch ganz anders aus: In einem Brief vom März 1943 konstatierte der Gründer des Kreisauer Widerstandskreises, Hellmuth James Graf von Moltke, dass die meisten Deutschen nichts von dem ahnten, was den Juden geschehe (105, S. 216). Und selbst Leo Baeck, der Präsident der Reichsvertretung der deutschen Juden, bekannte nach dem Krieg, er habe von der Vergasung erst erfahren, als er 1943 nach Theresienstadt deportiert worden sei (111, S. 293). Eine fehlerhafte Erinnerung oder gar Verdrängung? Oder kommt dem Zeugnis Moltkes und Baecks mehr Gewicht zu als spitzfindigen Deduktionen der Historiker? Wie auch immer man dies bewerten mag, der wissenschaftlich arbeitende Historiker tut gut daran, die Chronologie zu beachten und nach Quellen Ausschau zu halten, die valide Aussagen bieten, Quellen, die einer strengen Kritik standhalten.

Solche Quellen findet man wohl am ehesten, wenn man jene oft im Schatten von Auschwitz stehende lange Zeit der Diskriminierung der jüdischen Bevölkerung in Deutschland, vor Ort sozusagen, wieder in den Mittelpunkt der Betrachtung rückt und überhaupt den Blick für die Vorgänge an der „Heimatfront" im Kriege schärft. Denn was dort geschah, geschah nicht an entfernten Plätzen, musste nicht von anderen übermittelt werden, sondern war der einfachen Beobachtung und Schlussfolgerung jedes Bürgers zugänglich (120, S. 70f.). Hans-Günther Adler (98) und Frank Bajohr (103, S. 345f.) haben zum Teil schon vor Jahren diese Perspektive betont und sind dabei zu Ergebnissen gekommen, die mit einer neuen Fotodokumentation (136) über die Veräußerung mobilen jüdischen Vermögens wie mit einem kleinen Aktenfund Kißeners (147) weitgehend übereinstimmen. All diese Hinweise deuten in die Richtung jenes viel zitierten Befundes von Walter Laqueur: „Es ist zwar richtig, dass nur eine Handvoll Deutscher *alles* über die ‚Endlösung' wusste, *aber nur sehr wenige wussten gar nichts*". Allerdings gilt es mit diesem vorläufigen Fazit auch zu berücksichtigen, worauf gleichfalls Laqueur verwiesen hat: „Das Unvermögen, 1941/42 die Zeichen richtig zu deuten, war nur einer der vielen Fehler: hier lähmende Angst, dort unvernünftiger Optimismus, Unglaube aus Mangel an Erfahrung oder Einsicht, echtes Nichtwissen oder manchmal eine Mischung aus alledem. [...] Unter gewissen Umständen sind moralische Kategorien einfach nicht mehr anwendbar, und es gibt auch Fälle, die sich bis zum heutigen Tag dem Verständnis verschließen" (151, S. 26, 258).

3. Der NS-Staat: Streit um Eliten, Ereignisse und Institutionen

Wie es überhaupt dazu kommen konnte, dass Adolf Hitler am 30. Januar 1933 Reichskanzler wurde und warum ihm die deutsche Bevölkerung gleichsam bis in die letzte Minute seines „Dritten Reiches" gefolgt ist – dies ist eine Frage, die an deutschen Stammtischen ebenso wie wohl fast in jeder Familie schon einmal erörtert worden ist. Kein Wunder, dass sich auch die Forschung mit diesem Problem seit 1945 laufend beschäftigt, dabei aber immer wieder neue Teilbereiche des gesellschaftlichen Lebens und der staatlichen Führung entdeckt, die Erklärungen für diesen historischen Sachverhalt liefern.

a) Der Hitlerstaat – ein „Bündnis der Eliten"?

Die „Fischer-These"

Über die Ursachen für das Scheitern der Weimarer Republik und die Machtergreifung Hitlers gibt es seit Jahrzehnten einen heftigen Gelehrtenstreit, dessen wesentliche Positionen und Argumente Dieter Gessner (13) in einem Band dieser Reihe bereits dargelegt hat. Einen Gesichtspunkt aus diesem großen Ursachengeflecht gilt es auch in unserem Zusammenhang aufzugreifen, weil er weit über die Umbruchzeit von der Weimarer Republik hin zur Etablierung der nationalsozialistischen Diktatur von Bedeutung ist: die Rolle der traditionellen Eliten.

Dabei ist in unserem Zusammenhang vor allem der Blick auf die These zu lenken, die nationalsozialistische Machtergreifung sei letztlich nicht als ein singuläres Ereignis zu sehen, sondern vielmehr als das Ergebnis eines „Bündnisses der Eliten", das auf diese Weise die im Ersten Weltkrieg verfehlten Ziele doch noch zu erreichen suchte. Diese These vertrat mit beachtlicher Breitenwirkung der Hamburger Historiker Fritz Fischer, bekannt durch eine große Forschungskontroverse über den Ausbruch des Ersten Weltkrieges, in seinem 1979 veröffentlichten Buch „Bündnis der Eliten. Zur Kontinuität der Machtstrukturen in Deutschland 1871–1945". Dort formulierte Fischer: „Das ‚Dritte Reich' und damit der Zweite Weltkrieg wären nicht möglich gewesen ohne das Bündnis zwischen dem aus dem Kleinbürgertum aufgestiegenen ‚Führer', dem Beweger der Massen und Willensmenschen, und den traditionellen agrarischen und industriellen Machteliten, die zugleich in der Wehrmacht und in der Diplomatie dominierten." Das generelle Ziel dieser Eliten sei „die Wiederaufrichtung der deutschen Großmacht über die bloße Revision von Versailles hinaus, vor allem mit ‚Blick auf Osteuropa, auf ein Ostimperium, das die wehrwirtschaftliche Autarkie sicherte" gewesen. „Der Einsatz militärischer Macht war ein selbstverständlicher Faktor im Rahmen dieses politischen Kalküls" (215, S. 93). So sehr Fischer darauf hinwies, dass „Kontinuität" nicht „Identität" heiße, so deutlich vertrat er doch die Auffassung, dass die Singularität des nationalsozialistischen Verbrechensstaates nicht dazu führen dürfe „das ‚Dritte Reich' allein von diesem Geschehen aus zu sehen. Vielmehr ist es nötig, die durchgehenden Strukturen und Ziele des 1866/71 entstandenen und 1945 untergegangenen Preußisch-Deutschen Reichs zu analysieren, sich das Kontinuum im Wandel und seine Wirkungen im internationalen System zu vergegenwärtigen." Dies sei eine große historische Aufgabe, die „mit Hitler-Biographien, und seien sie von noch so hohem Rang, nicht gelöst werden kann" (215, S. 95).

Gegen Fischers These haben sich im Laufe der 1980er- und 1990er-Jahre wichtige Bedenken erhoben, die vor allem auf der Erkenntnis gründeten, dass nicht Stärke, sondern vielmehr Schwäche in Form von Desorientierung und Fragmentierung die deutschen Eliten der 1930er Jahre kennzeichnete, mithin ein zielgerichtetes Handeln im Zusammenwirken mit Hitler empirisch gar nicht nachzuweisen ist (251, S. 278; 258, S. 286). Und weit darüber hinaus hatten nach Meinung vieler Historiker die alten „Machteliten" spätestens seit etwa 1938 ihren Einfluss vollständig verloren, waren gleichsam zu „Funktionseliten" degradiert, die darüber hinaus noch mit einer neuen, nationalsozialistischen, kühl und technokratisch agierenden SS-Elite konkurrieren mussten (zusammenfassend 254). Der von Ulrich Herbert biographierte Werner Best (135) stellte gleichsam exemplarisch diesen neuen Elitentypus dar.

Wenn auch diese divergenten Positionen mittlerweile vielfach gebrochen, differenziert oder relativiert auftreten (203, S. 26), beharrt doch nach wie vor Hans Mommsen bis heute auf einer „Verschränkung traditioneller und faschistischer Führungsgruppen in Deutschland", die bis zum 20. Juli 1944 angedauert habe (284, S. 39, 60), und auch Hans-Ulrich Wehler hat im Rahmen seiner groß angelegten gesellschaftsgeschichtlichen Forschungen solche Kontinuitäten eruiert (49, S. 21, 27).

So bleibt denn sicherlich letztlich der grundsätzliche Unterschied in der Auffassung des Zustandekommens und des Beginns der Hitlerherrschaft nach wie vor maßgeblich für die weitere Einschätzung von Zäsuren im Prozess der Machtentfaltung und -stabilisierung der NS-Diktatur und der diesen Staat tragenden Institutionen.

b) Die Reichstagsbrandkontroverse

Zeitgenössische Täterschaftshypothesen

Dies wird ganz besonders deutlich bei der seit den 1960er Jahren immer wieder teils heftig auflebenden Kontroverse um die Urheberschaft des Reichstagsbrandes vom 27. Februar 1933. Dieses Ereignis fügte sich nahtlos in den Aufbau der nationalsozialistischen Diktatur ein, weil es dem neuen Reichskanzler die Möglichkeit gab, in der so genannten „Reichstagsbrandverordnung" vom 28. Februar diktatorische Vollmachten zu erlangen, so dass schon viele Zeitgenossen vermutet hatten, der Brand sei mit Absicht von Hitlerleuten gelegt worden und nicht von den sofort als Täter identifizierten Kommunisten. Die Nationalsozialisten wiesen das natürlich weit von sich und ließen solche „Heimtückereden" schon bald von den neu geschaffenen Sondergerichten strafrechtlich verfolgen, während die kommunistische Seite bemüht war, durch die Veröffentlichung von „Braunbüchern" das Gegenteil zu belegen (202). Solcherlei Diskussionen und gegenseitige Verdächtigungen sollten auch nach Jahrzehnten nicht verstummen. Unmittelbar nach dem Krieg ging man zunächst davon aus, dass der Reichstagsbrand auch ohne stichhaltige Beweise auf dem Schuldkonto der Nationalsozialisten zu verbuchen sei, sprach doch schon die Überlegung „cui bono?" dafür (vgl. etwa 342).

Tobias' Untersuchung

1959/60 nahm sich dann der niedersächsische Verfassungsschutzbeamte Fritz Tobias zunächst in einer Spiegel-Serie, 1962 dann auch in Buchform des Themas an und stellte nach, wie er beanspruchte, eingehenden Untersuchungen der Akten, die These auf, dass der 1933 verurteilte, junge Holländer Marinus van der Lubbe, ein Angehöriger einer anarchistischen Splittergruppe, tatsächlich ganz alleine und für niemanden vorhersehbar diesen Brand gelegt habe, den die allerdings völlig überraschten Nationalsozialisten dann umgehend für ihre politischen Zwecke genutzt hätten. Tobias ging sogar noch ein Stück weiter: Hitler sei angesichts des brennenden Reichstages zutiefst erschrocken gewesen und habe in einer regelrechten „Schreckreaktion" die „Errichtung der nackten Diktatur ausgelöst". „Aus dem zivilen Reichskanzler wurde damals fürwahr in einer Sternstunde der Menschheit im Flammen lodernden Symbol des besiegten Weimarer Staates der machtberauschte, sendungsbesessene Diktator Adolf Hitler" (329, S. 592 f.). Dies rief sofort eine Vielzahl von teils polemisch formulierten Widersprüchen hervor (Nachweise bei 237, S. 264 f.), sah dies doch nun ganz danach aus, als würde an der Vorstellung von der kalten Planung Hitlers zur Unterjochung der deutschen Bevölkerung gerüttelt – einer Vorstellung, die für viele eine innere Entlastung angesichts der Verbrechen des Regimes dargestellt haben mag. Ausdrücke wie den von der „Sternstunde" hielt zwar auch Hans Mommsen für verfehlt, aber er griff den Gedanken doch auf und meinte zustimmend, erst in Hitlers hysterischer Überspanntheit nach dem Reichstagsbrand sei der Gedanke entstanden, nun mit außerordentlichen Machtansprüchen reagieren zu müssen und sich einer „Dynamik des Machthandelns" hinzugeben (285, S. 412). Zufall und Improvisation spielten seiner Ansicht nach in dieser Situation die entscheidende Rolle, keinesfalls kühle Planung und Berechnung: „Deutschland fiel nicht kaltblütig planenden, realpolitischen Manipulatoren zum Opfer, sondern skrupellos-brutalen, unbeherrschten und plump-zynischen Condottieri, die ihre Motive offener zur Schau trugen, als man es später wahrhaben wollte" (285, S. 413).

Luxemburger Komitee

Gegen die sich auf der Grundlage dieser Veröffentlichungen nun sehr bald verfestigende Alleintäterschaftsthese argumentierte in den 1970er-Jahren eine interdisziplinäre Arbeitsgruppe unter Leitung des angesehenen Schweizer Historikers Walter Hofer, die 1972 und 1978 zwei Dokumentationen (245) veröffentlichte. Hofer warf Tobias und Mommsen vor, sich auf die Aussagen von unglaubwürdigen Zeugen zu stützen und die Sachverständigengutachten des Jahres 1933 zu verfälschen. Der von den Angegriffenen in gleicher Münze erwiderte scharfe Ton der sich nun entwickelnden Auseinandersetzung trug nicht unerheblich zur Verhärtung der Diskussionsfronten bei, zumal Hofer so moralisierend argumentierte, dass Golo Mann, selbst Mitglied des von Hofer geleiteten Komitees, gelegentlich kritisch äußerte, die Alleintäterschaft van der Lubbes wäre wohl „sozusagen volkspädagogisch unwillkommen" (237, S. 268). Da Hofers Dokumentation weder in quellenkritischer noch in editionstechnischer Hinsicht überzeugen konnte, blieb die Frage nach wie vor offen und hat auch in der Folgezeit immer wieder Enthüllungsjournalisten oder öffentlichkeitsorientierte Historiker dazu gebracht, sich mit immer neuen, teilweise zweifelhaften Quellensplittern, als Brandsachverständige zu versuchen.

Untersuchungen nach 1990

Solche Anläufe blieben bis 1990 eigentlich schon deshalb akzidentiell, weil die Originale der Untersuchungsakten des Jahres 1933 im Ostberliner

Institut für Marxismus-Leninismusforschung beim ZK der SED sorgsam gehütet wurden, so dass davon ausgegangen werden musste, dass relevante Teile bislang noch gar nicht zur Kenntnis der interessierten Forscher gelangt waren. Dies änderte sich mit dem Zusammenbruch des Kommunismus in Osteuropa. Doch wer glaubte, dass nun Licht in den Historikerstreit um den Reichstagsbrand einkehren werde, sieht sich seit einiger Zeit enttäuscht: Nach wie vor bleiben die Positionen unversöhnlich (vgl. etwa 311; 187; 287).

Auch auf der Grundlage der nun verfügbaren rund 200 Aktenbündel aus dem Jahr 1933 geht es wie ehedem im Wesentlichen um drei große Streitkomplexe:

1. um die Frage, ob und wenn ja wie widerspruchsfrei der Hauptangeklagte Marinus van der Lubbe seine Alleintäterschaft bei seinen Vernehmungen zugegeben und dargelegt hat. Die Vertreter der Alleintäterschaftsthese konstatieren hier ein klares, widerspruchsfreies Eingeständnis, während die Gegner dieser These bemüht sind, nachzuweisen, dass van der Lubbe sich von Anfang an widersprochen habe und seine Einlassungen keineswegs überzeugend seien. Hinzu komme, dass einseitig nur in Richtung der Täterschaft van der Lubbes ermittelt worden und zahlreiche Ermittlungspannen passiert seien.

2. ist umstritten, welcher Stellenwert den damaligen Brandgutachten einzuräumen ist. Diese gingen von der Unmöglichkeit aus, dass ein einzelner Täter den großen Brand habe legen können. Während die einen nun Mängel an diesen Gutachten hervorheben, betont die andere Seite, dass die Gutachten durchaus fachgerecht argumentierten.

3. steht in der Diskussion, ob und wie mögliche weitere Täter unentdeckt, vielleicht durch unterirdische Gänge, hätten in den Reichstag gelangen können. Hier argumentieren die Verfechter der Alleintäterschaft, dass solche Gänge entweder nicht existent oder gar nicht benutzbar gewesen seien, während andererseits darauf verwiesen wird, dass neuere Begehungen des Reichstagsgeländes vor seinem Umbau das Vorhandensein solcher Gänge erwiesen hätten.

Die nunmehr anhand der verfügbaren Akten vorgetragenen Argumente und Belege sind allerdings für den in die Akten und die örtlichen Gegebenheiten Nichteingeweihten kaum zu werten, zumal sie durch gegenseitige, nach wie vor polemisch formulierte Vorwürfe überdeckt werden.

Diese Schuldzuweisungen sind jüngst kulminiert in dem Vorwurf, Hans Mommsen habe als Mitarbeiter im Institut für Zeitgeschichte 1962 die Publikation eines Gutachtens verhindert, das nach dem Erscheinen des Tobias-Buches vom Institut in Auftrag gegeben worden war. In einer internen Aktennotiz habe Mommsen das Gutachten, das den Auffassungen von Tobias und auch Mommsen diametral widersprach, als „aus allgemein-politischen Gründen unerwünscht" bezeichnet und darüber hinaus empfohlen, den Verfasser des Gutachtens, einen Lehrer, „durch Druck [...] vermittels des Stuttgarter Ministeriums" an einer anderweitigen Publikation zu hindern (217, S. 329). Von dieser Aktennotiz hat sich die heutige Institutsleitung bereits als vom wissenschaftlichen Standpunkt aus betrachtet „völlig inakzeptabel" distanziert, gleichwohl auch darauf hingewiesen, dass Mommsens Bemerkung folgenlos geblieben und das eingelieferte Gutachten damals wie heute als nicht publikationsreif anzusehen sei (247, S. 555). Hans Mommsen selbst hat die Vorwürfe in einem Beitrag in der „taz" vom 26. November 2000 zurückgewiesen. Der nunmehr wieder entbrannte Streit um die Forscherqualitäten der Autoren, um die Akten und den mehr oder minder entwickelten kriminalistischen Spürsinn von Historikern lässt sich mittlerweile in einem eigenen, ständig aktualisierten Internetforum (182) nachvollziehen.

So bleibt bei einer zusammenfassenden Betrachtung gerade dieser Kontroverse festzuhalten, dass die wissenschaftliche Debatte eigentlich von dem Streit um die Echtheit von Dokumenten und die Glaubwürdigkeit von Zeitzeugenaussagen ausgeht, also rein fachliche Fragen der Quellenkritik und Quellenlehre berührt, für die den Historikern bereits seit dem 19. Jahrhundert allgemein konsentierte Arbeitsgrundsätze zur Verfügung stehen. Gleichwohl wird der Streit in der Öffentlichkeit im Wesentlichen als ein politischer Glaubenskampf geführt, bei dem der jeweils anderen Seite Unredlichkeit und Unfähigkeit im Umgang mit den Quellen vorgeworfen wird. So ist diese Kontroverse nur vordergründig ein fachlicher Streit um die Quellen: Eigentlich geht es um die Zeichnung eines verbindlichen Geschichtsbildes, in das die Quellenaussagen offenbar gelegentlich hineingezwängt werden müssen.

Zwar ist der von Martin Broszat zuerst formulierte Einwand, man möge über der an sich zweitrangigen Frage, wer den Brand gelegt habe, die viel wichtigeren politischen Auswirkungen des Brandes nicht vergessen, uneingeschränkt richtig (204, S. 276f.), doch rührt diese gut gemeinte Empfehlung an den eigentlichen Ursachen der differierenden Interpretationen nur wenig. Denn die direkte politische Auswirkung des Brandes war der Erlass der berüchtigten „Verordnung des Reichspräsidenten zum Schutz von Volk und Staat" bereits am 28. Februar 1933, und auch diese interpretiert Hans Mommsen als einen Beleg für die Schuld der alten konservativen Eliten an der Entstehung der Diktatur. Sie stelle nämlich keineswegs ein sorgsam konzipiertes Dokument dar, sondern habe in aller Eile auf ältere, ähnliche Vorläufer, vor allem auf einen im November 1932 entstandenen Entwurf der Reichswehr, das so genannte „Planspiel Ott", zurückgegriffen, das lediglich an die vorherrschenden Verhältnisse habe angepasst werden müssen – ein direkter Beleg für die Interessenidentität von alten Eliten und neuen Machthabern (286, S. 546). Demgegenüber haben neuere Forschungen zur Notverordnungspraxis der Weimarer Jahre differenzierend auf die weit hinter das „Planspiel Ott" zurückreichende Praxis solcher Notverordnungen hingewiesen, die zu einer Art Gewöhnung an dieses Instrument geführt habe: „Diese Waffe des Ausnahmezustands', die den Nationalsozialisten schließlich ungesichert in die Hände fiel und die ihnen bei der pseudo-legalen Zerstörung des Rechtsstaates half, war – ähnlich wie das Instrument eines umfassenden Ermächtigungsgesetzes – bereits zu Beginn der Republik geschmiedet worden" (303, S. 451).

So bleibt also nur zu hoffen, dass sich eine Historikerin/ein Historiker der mittlerweile so umfänglich gewordenen Primär- und Sekundärüberlieferung zum Reichstagsbrand aufs Neue annimmt und wahrhaft „sine ira et studio" überprüft, was wir sicher wissen können, was mehr oder weniger wahrscheinlich ist und wo man besser von Möglichkeiten sprechen sollte, die letztlich für den Historiker belanglos sind. Auf diese disziplinierenden Grundtugenden geschichtswissenschaftlichen Arbeitens hat Ulrich von Hehl (237, S. 280) unter Rückgriff auf Ausführungen Konrad Repgens (304) schon 1988 hingewiesen; sie gelten auch heute, angesichts der Verfügbarkeit des gesamten Aktenmaterials, noch immer.

c) Die Gestapo – allwissend, allmächtig?

Traditionelle Vorstellungen

Ganz ähnlich wie im Fall des Reichstagsbrandes ranken auch um den geheimpolizeilichen Apparat des Dritten Reiches, die Gestapo, zahlreiche Legenden, die so oft kolportiert wurden, dass sie nicht nur das Denken der Historiker beeinflusst haben, sondern über einschlägige Spielfilmsequenzen in der Vorstellung weiter, ansonsten historisch wenig interessierter Bevölkerungskreise haften geblieben sind. Die Gestapo – skrupellose Männer in schwarzen Ledermänteln, die alles hören, alles wissen und sich in größter Brutalität über ihre Opfer hermachen. Die Gestapo – ein hocheffizientes Verfolgungs- und Überwachungsinstrument, mit dem Hitler die deutsche Bevölkerung kontrolliert und diszipliniert hat. Schlägt man die wissenschaftliche Literatur der 1960er bis 1990er Jahre auf, so tritt dieses Bild beinahe durchgängig auf: Während Friedrich Zipfel 1960 zum Beispiel das enge Spitzelnetz der Gestapo hervorhob (345, S. 18), betonte Gerhard Schulz 1974, dass „kaum eine politisch bedeutsame Initiative gegen das nationalsozialistische Regime unbemerkt geblieben" sei (317, S. 211). Jacques Delarues beinahe klassische Darstellung (211, S. 9, 89, 91), die an Eugen Kogons 1946 veröffentlichtes Buch über den SS-Staat anknüpfte (27), sprach sogar von einer noch nie erlangten „Vollkommenheit" der Überwachungsleistung. Dieser Grundkonsens hielt noch bis zu Jochen von Langs 1990 erschienener Arbeit (262), behandelte die darüber hinaus zur Gestapo veröffentlichte Forschung doch überwiegend deren institutionengeschichtliche Seite (zum Beispiel 331).

Revision des Bildes: Gellately, Paul/Mallmann

Doch dieser Sichtweise gegenüber erhob sich Anfang der 1990er Jahre empirisch fundierter Widerspruch (siehe zusammenfassend: 298). Am Beispiel Düsseldorfs und Würzburgs, wo erhebliche Gestapo-Aktenbestände erhalten geblieben sind, formulierten Reinhard Mann (270) und dann vor allem mit größerer Breitenwirkung der kanadische Historiker Robert Gellately (223) eine fundamentale Kritik, die zu einer Revision des Gestapobildes geführt hat, welche nach Meinung Wilfried Loths „weit reichende Konsequenzen für die Gesamtinterpretation des Systems" (267) des Nationalsozialismus haben müsste. In der Tat erscheint in Gellatelys Studie die Gestapo weit weniger als aktives, denn als reaktives „Staatsschutzorgan": Hauptsächlich leistete nämlich die deutsche Gesellschaft selbst die Überwachung und denunzierte in einem Ausmaß, das gelegentlich die Funktionstüchtigkeit des Gestapoapparates in Frage stellte. Der nationalsozialistische Maßnahmenstaat war in dieser Perspektive also alles andere als ein „durchrationalisierter Mechanismus der Repression, in dem ein Rädchen präzise ins andere griff" (269, S. 11) und gleiches galt für die Gestapobeamten – so sehen es jedenfalls Gerhard Paul und Klaus-Michael Mallmann. Vor allem seien es zunächst die alten Polizeibeamten gewesen, die schon in der Weimarer Republik ihren Dienst versehen hätten und ab 1933 in den Gestapodienst überführt worden seien: schlecht ausgestattet, chronisch unterbesetzt und ergänzt durch schlecht oder gar nicht ausgebildete Hilfskräfte. In Kriegszeiten sei sie schließlich durch Einberufungen so dezimiert gewesen, dass sich die Gestapo am Ende „zunehmend aus Amateurdetektiven" zusammengesetzt habe (298, S. 991).

Kritik des „neuen" Gestapobildes

So sehr diese Perspektive durch zahlreiche Spezialstudien mittlerweile wieder differenziert worden ist, so deutlich ist doch, dass sich mit solchen Forschungen eine Totalrevision des herkömmlichen Gestapobildes anbahnte, die erheblichen Widerspruch herausgefordert hat. Am deutlichsten wurden die Bedenken durch Norbert Frei artikuliert, der zum einen Zweifel an der Behauptung angemeldet hat, die ältere Literatur habe die Effizienz der Gestapo überzeichnet und die gesellschaftliche Einbettung dieses staatlichen Verfolgungsorgans verschwiegen. Zum anderen kritisiert Frei, dass insbesondere Paul und Mallmann es versäumen, die Kriterien der Beurteilung der Gestapoarbeit zu definieren: „Bei allem Verständnis für pointierte Formulierungen und Thesenfreudigkeit offenbart sich spätestens hier doch die Fragwürdigkeit einer betont auf Widerspruch gegen tatsächliche oder vermeintliche Klischees angelegten Forschung, die ihrerseits selbst über keine klar definierten und überzeugend begründeten Parameter verfügt. Wer sagt denn, ob 40 Mitarbeiter in einer Stapo-Stelle viel oder wenig sind? Welches sind denn die Kriterien für professionelle oder amateurhafte Ermittlungsarbeit? Woran bemisst sich jene ‚Effizienz und Flexibilität', deren Fehlen Mallmann/Paul geradezu beklagen? Liest man ein bisschen gegen den Strich, was die beiden in ihrem schon erwähnten Sammelband mit bemerkenswertem Durchsetzungsvermögen unter ihr neues Paradigma gezwungen haben, so lassen sich den Einzelbeiträgen doch eine Fülle von Indizien für ein weitaus weniger deplorables Gesamtbild der Gestapo entnehmen" (219, S. 224). Doch damit nicht genug, gibt Frei zu bedenken, dass eine Anzahl von Bereichen geheimpolizeilicher Arbeit bei dieser Neubewertung gar nicht berücksichtigt wurden, so etwa die völlige Entgrenzung der Gestapotätigkeit am Ende des Krieges. In dem zu diesem Zeitpunkt entwickelten Gewaltrausch der Gestapoorgane wurzele, so seine Vermutung, viel mehr die weit verbreitete Vorstellung von der allmächtigen Gestapoarbeit als in deren Tätigkeit in den 1930er Jahren. Man müsse es daher als „eine fatale Entwicklung" ansehen, wenn „sich zunehmend die Tendenz breit macht, jede Ergänzung oder auch Relativierung älterer Forschungsergebnisse als ‚Mythen- oder Legendenzerstörung' oder gar als Beseitigung angeblich bestehender ‚volkspädagogischer Tabus' auszugeben" (219, S. 228).

Weit über diese Kritik hinaus haben auch Regionalstudien wie etwa die von Michael Stolle (327) auf Spezifika der Gestapoarbeit verwiesen, die die Neubewertung relativieren. So lassen sich etwa am badischen Beispiel durchaus Kontinuitätslinien zur Weimarer Polizei belegen, und die Denunziationsbereitschaft der Bevölkerung war ohne Zweifel eine wichtige Hilfe auch für die badischen Gestapodienststellen. Doch wird man nicht davon reden können, dass die Gestapo deshalb eine ineffektive Behörde gewesen sei. Vielmehr lässt sich etwa in dieser Regionalstudie die staatspolizeiliche

Effizienz durch ein breites Maßnahmenspektrum, das bis zu willkürlichen Aktionen reichte, nachweisen. Dabei stockte die Amtshilfe anderer Polizeiformationen die Gestapokräfte zeitweilig personell erheblich auf. Die dabei an den Tag gelegte Brutalität war alles andere als ein „Mythos“ und trug letztlich nicht nur zur Selbstdisziplinierung der Bevölkerung bei, sondern auch zu jener auf schrecklichen Realitäten fußenden Vorstellung von der Gestapo als einer im schlechten Wortsinn durchschlagenden Staatsschutzorganisation (327, S. 345 f.).

d) Verwaltung und Justiz – Sachlichkeit in der Diktatur?

Unpolitisches Beamtentum?

„Verfassungsrecht vergeht, Verwaltungsrecht bleibt“ – auf diese lakonische Formel brachte Otto Mayer in seinem „Deutschen Verwaltungsrecht“ 1924 (Vorwort) bereits die außerordentliche Beharrungskraft der juristisch-administrativen Elite über alle revolutionären gesellschaftlichen Einbrüche und Verwerfungen hinweg. Was damals ebenso wie in der Zeit nach 1945 als ein nachhaltiges Hindernis für die Durchsetzung eines neuen liberal-demokratischen Geistes in Staatsführung und Gesellschaft angesehen wurde, das war, so sahen es die Vertreter von Beamtenschaft und Justiz, auch in der Zeit der totalitären Hitlerdiktatur, ein Garant für ein sachliches, weitgehend ideologiefreies Funktionieren der öffentlichen Verwaltung – oftmals zum Wohle und Vorteil der von den Verfolgungsmaßnahmen des Regimes Betroffenen. Eine Nazifizierung des fachorientierten Berufsbeamtentums habe es nicht gegeben. Allenfalls dort, wo durch das berüchtigte Gesetz zur Wiederherstellung des Berufsbeamtentums vom 7. April 1933 politisch legitimierte Entlassungen stattfanden, habe man politisch willfährige Gefolgsleute, die aber stets als Fremdkörper in der hoch qualifizierten Verwaltung empfunden wurden, installieren können. Für diese Sicht der Dinge sprach nicht nur die Erinnerung der Beteiligten: Noch Anfang 1944 hatte der Reichsführer SS Heinrich Himmler in Bezug auf die politische Loyalität der Beamtenschaft geäußert: „Diese Leute werden wir erziehen. Und wer dieser Erziehung nicht folgt, der fliegt eines Tages [...] Einmal haben wir ja wieder Frieden, wo wir nicht mit jedem arbeiten müssen“ (zit. nach 308, S. 238). Doch dieses Bild der Verwaltung ist in den letzten rund dreißig Jahren einer gründlichen Revision unterzogen worden, die in den vergangenen rund 15 Jahren umso beweiskräftiger ausfiel, je mehr sich die wissenschaftlichen Studien im regionalen Bezugsrahmen bewegten.

Anpassungstendenzen

Schon Hans Mommsen hat mit seiner Untersuchung über die Beamtenpolitik im Dritten Reich 1966 ganz wesentliche Eckpunkte identifizieren können. Zu diesen gehörte die Feststellung, dass das berüchtigte Berufsbeamtengesetz (BBG) bei weitem nicht jene Wirkung entfaltete, die ihm in der Erinnerung der Beteiligten zugesprochen wurde: „Soweit die Ergebnisse der Durchführung des BBG zu überblicken sind, lassen sie den Schluss zu, dass der Beamtenkörper als Ganzes in seiner Struktur kaum verändert worden ist [...] Als Gesamturteil ergibt sich, dass die umfassenden Säuberungsmaßnahmen weitgehend an der inneren Geschlossenheit des Beamtenapparates abprallten“ (283, S. 59). Zwar sind die von Mommsen angenommenen niedrigen Sanktionsquoten (ca. 1–2%) neuerdings etwa von Sigrun Mühl-Benninghaus (290) in Frage gestellt und nach oben verschoben worden, doch wird sich alles in allem kaum von einer regelrechten „Säuberung" sprechen lassen, die das Beamtenkorps mit einem Schlag auf Parteilinie gebracht hätte. Auch haben eine Reihe von Studien die Anpassung des fortbestehenden Beamtenkorps an das NS-Regime nachweisen können, so etwa Uwe Lohalm (266) im Falle der Hamburger Beamtenschaft, die sich der NSDAP offenbar schon 1933 „massenhaft" zugewandt hat. Dies als „Selbstnazifizierung" zu bezeichnen, würde den vielfältigen Motiven wohl widersprechen, die für einen Parteibeitritt in der Beamtenschaft zu berücksichtigen sind. Auch kann in der Regel nicht vom Parteibeitritt auf eine tatsächliche und im Dienstalltag manifeste NS-Gesinnung geschlossen werden. Gleichwohl ist neueren Studien etwa von Horst Matzerath (274) zufolge davon auszugehen, dass auch die Beamtenschaft loyal im arbeitsteiligen Prozess des NS-Unrechtsstaates funktioniert hat. Michael Ruck hat das am Beispiel der südwestdeutschen Beamtenschaft anschaulich nachweisen können und dabei von „Kollaboration" gesprochen (38) – ein allerdings anfechtbarer Begriff angesichts der vielfältigen Mechanismen, die dieses Verwaltungshandeln bestimmten. „Auch die Verwaltung", so resümiert jedenfalls Matzerath ernüchternd, habe „unleugbar ihren Anteil an der Judenverfolgung" gehabt. „Ihr Ethos von ‚Dienst' und ‚Pflicht' ist nicht nur missbraucht, sondern pervertiert in den Dienst der Inhumanität gestellt worden" (274, S. 123).

Justiz

Anders als bei dem Thema „Verwaltung im NS-Staat" hat es bei der Justiz, die wegen der richterlichen Unabhängigkeit in vielfacher Hinsicht von der weisungsgebundenen Verwaltung zu unterscheiden ist, nicht eigentlich einen Paradigmenwechsel in der Beurteilung gegeben, denn die Arbeit der Justiz war schon in ihrer Zeit äußerst umstritten. Namhafte Politiker der Weimarer Republik etwa sahen in der nationalen Ausrichtung vieler Richter und in ihrer „Blindheit auf dem rechten Auge" eine wesentliche Ursache für das Ende der Weimarer Republik, der die Justiz eben ihren Schutz versagt habe. Und in der NS-Zeit selbst war durch die vielen harten Urteile des Volksgerichtshofes und der Sondergerichte die tiefe Verstrickung der deutschen Justizorgane in den NS-Unrechtsstaat schließlich für jeden direkt sichtbar. So fand eine negative Bewertung der deutschen Justiz auch schnell Eingang in die wissenschaftliche Literatur, und das keineswegs nur bei äußerst kritischen Autoren. Der bekannte Bonner Politologe Karl Dietrich Bracher formulierte beispielsweise bereits 1966: „Man wird schließlich sagen müssen, dass die Justiz in der Weimarer Republik mitgewirkt hat nicht nur an dem Scheitern dieser Republik, sondern geradezu an ihrer Überwältigung durch autoritäre und totalitäre Bewegungen. Insofern ist es durchaus berechtigt, die Weimarer Justiz zu einem guten Teil als Voraussetzung und Quellgrund des ‚Dritten Reiches' zu betrachten" (201, S. 12f.).

Diesem Verdikt haben sich die Betroffenen von Anfang an widersetzt mit dem tatsächlich nicht von der Hand zu weisenden und durch die spätere Forschung bestätigten Argument, dass es neben allzu günstigen Urteilen gegen die politische Rechte durchaus auch eine Vielzahl republikschützender Urteile gegeben habe, und dass nicht die Rechtsprechung, sondern die

Justizpolitik mit ihren vielen Amnestien versagt habe. Mit Blick auf die NS-Zeit verwies man auf die bekannte Abneigung Hitlers gegenüber den Juristen, sowie auf des Führers Reichstagsrede vom 26. April 1942, in der er wütend drohte, er werde fortan bei „unnationalsozialistischen" Urteilen jeden beteiligten Richter persönlich zur Rechenschaft ziehen. Auch die im Kriege eingeführten Richterbriefe, mit denen man politisch genehme Urteile erreichen wollte, und die außerordentlichen Eingriffsrechte der politischen Führung in bereits gefällte Urteile sprachen nach Auffassung der Justizjuristen nicht eben für eine besondere Anpassungsbereitschaft dieses Standes. Insbesondere im Bereich des Zivilrechtes hätten die deutschen Richter keinen politischen Einfluss zugelassen, hier sei man ganz „sauber" geblieben. Allenfalls wollte man in dem verbreiteten Rechtspositivismus eine Ursache dafür erkennen, dass die Justiz allzu leicht das Opfer einer solche Schwächen nutzenden, rücksichtslosen politischen Führung geworden sei. Dergleichen Auffassungen vertrat nicht nur der spätere Präsident des Bundesgerichtshofes Hermann Weinkauff (339), auch der ehemalige SPD-Reichsjustizminister und Heidelberger Rechtsprofessor Gustav Radbruch sah solche Zusammenhänge. Der in der NS-Zeit selbst zurückgesetzte und wegen seiner Anhängerschaft zum Zentrum bedrängte Bonner Landgerichtsrat Hubert Schorn vertrat deshalb in seiner 1959 erschienenen Veröffentlichung die Auffassung, dass sich die deutschen Richter zumeist „einwandfrei" verhalten hätten. „Denn in ihrer überwiegenden Zahl hat die Richterschaft bis zum Letzten gekämpft und Widerstand geleistet" (316, S. 22). Schorns Publikation, die im Wesentlichen auf Selbstzeugnissen der Betroffenen fußte, war deshalb schnell in der Kritik und wurde schon bald als Apologie abgetan. In der Öffentlichkeit wie in der Wissenschaft setzten sich demgegenüber die kritischen Stimmen zumeist durch (249, zuletzt 185), deren Spitze schließlich Ingo Müller mit seinem Buch „Furchtbare Juristen" (291) formulierte. Diese Publikation wurde schließlich noch durch den Vorwurf Ralph Giordanos übertroffen, der den Juristen nach all den Verfehlungen der NS-Zeit noch eine zweite, ebenso schwere Schuld vorwarf: „Die Reinwaschung der eigenen Kaste", sei geradezu das „abstoßendste Kapitel in der Geschichte der an Widerwärtigkeiten wahrlich nicht armen Bundesjustiz" (224, S. 11, 148).

Im Grunde stehen sich diese ganz gegensätzlichen Auffassungen bis heute gegenüber; sie werden allerdings mittlerweile durch eine dritte Forschungsrichtung vermittelt, die sich um eine Integration der Justizgeschichte in den politischen Ereignisablauf bemüht und sehr präzise, z. T. regional differenzierend, Anpassung und Widerstand der Justizjuristen zu erfassen sucht. Lothar Gruchmanns monumentales Werk über die Justizverwaltung in der Ära des Reichsjustizministers Gürtner (228) hat dieser sachlichen Forschung den Weg geebnet (229; 26; 250), die mittlerweile selbst das Bild des geradezu klassischen „Blutgerichts" des Dritten Reiches, des Volksgerichtshofes, angemessen zu analysieren in der Lage ist. Wie Klaus Marxen gezeigt hat, ist es nämlich auch in diesem Falle geradezu irreführend, die „Rechtsprechung" des berüchtigten Roland Freisler, wie sie uns etwa aus den Prozessen gegen die Attentäter des 20. Juli vor Augen steht, auf die gesamte Arbeit des Volksgerichtshofes zu übertragen. Zwar war der Volksgerichtshof von Anfang an ein politisches Ausnahmegericht, und seine Urteile entbehrten in ihrer überwiegenden Zahl der üblichen rechtsstaatlichen Mindestnormen, doch differierte das Strafmaß bemerkenswerterweise je nach Senat, Delikt und Verhandlungszeit (272).

e) Die Wehrmacht – eine „tadellose" Truppe?

Der radikale, wenn auch umstrittene Perspektivenwechsel in der Gestapoforschung ist relativ jung. Die Veränderung der Beurteilungsgrundlage im Falle der Wehrmacht dagegen zeichnete sich bereits seit den 1960er Jahren ab und hat mit der bereits angesprochenen Wehrmachtsausstellung vielleicht einen gewissen Wendepunkt erreicht.

„Generalsdenkschrift"

Unmittelbar nach dem Krieg war das Bild der Wehrmacht von jenen Vorstellungen geprägt, die deutsche Generäle in der so genannten „Generalsdenkschrift" geschaffen und in der 1947 von den Alliierten eingerichteten „Historical Division" verbreitet hatten: Die Wehrmacht sei trotz aller perfiden politischen Beeinflussungsversuche weitgehend „sauber" geblieben, sie habe einen aufopferungsvollen, von militärischen Höchstleistungen geprägten Krieg geführt, dessen Verwerflichkeit und Scheitern alleine dem nationalsozialistischen Regime anzulasten seien. Dieses habe sinn- und verantwortungslos die tapfere Wehrmacht missbraucht und millionenfach unschuldiges Blut geopfert.

In der reichhaltigen Memoirenliteratur der Kriegsteilnehmer wurde dieses Bild wieder aufgegriffen. Adolf Heusingers 1950 veröffentlichtes Buch in Dialogform „Befehl im Widerstreit" (242) etwa, aber auch spätere Werke wie Curt Siewerts „Schuldig? Die Generale unter Hitler", 1968 erschienen (322), oder Hans Meier-Welckers „Aufzeichnungen eines Generalstabsoffiziers" (1982) (276) lassen diese Tendenz erkennen. Siewert resümierte: „Dass die Generale ihre soldatische Pflicht bis zum Äußersten erfüllten und trotz ihrer oppositionellen Haltung gegen Hitler auf dem militärischen Gebiet das Letzte daran setzten, um Deutschland zu retten, davon zeugen allein schon die gewaltigen Erfolge des deutschen Heeres, nachdem der Krieg durch die Politik einmal entfesselt worden war. Niemals vordem sind einem deutschen Politiker, rein militärisch gesehen, größere Chancen geboten worden als Hitler" (322, S. 187). Da die Autoren für sich beanspruchen konnten, „dabei gewesen" zu sein, übten solche Darstellungen damals wie heute eine beträchtliche Breitenwirkung aus. Diese Wirkung verstärkte sich im Zeichen des Kalten Krieges umso mehr, als die DDR ein zwar unhistorisches, aber deutlich kontrastierendes Bild zeichnete. Hier galt, getreu den Lehren des Marxismus-Leninismus, die Wehrmacht als „das wichtigste Instrument der deutschen Monopolbourgeoisie zur Sicherung der Herrschaft über das eigene Volk, insbesondere zur Niederhaltung der Arbeiterbewegung, und zur Durchsetzung der Weltmachtpläne der Großbourgeoisie, vor allem der reaktionären Klassenziele gegenüber der Sowjetunion" (234, S. 1100).

Revision durch M. Messerschmidt und K.-J. Müller

Gegen die westdeutschen, Mitverantwortung und -schuld an den Verbrechen des Hitlerregimes verdrängenden oder ignorierenden Perspektiven haben seit dem Ende der 1960er Jahre vor allem Manfred Messerschmidt

(278) und Klaus-Jürgen Müller (292) in zahlreichen, detaillierten Studien argumentiert (193, S. 45). Müller konnte den keineswegs zwangsläufigen Anpassungsprozess der Heeresführung an Adolf Hitler bis 1939 geradezu minutiös beschreiben, während Messerschmidt die Vorstellung von einer angeblich eigenständigen, unpolitischen Rolle der Wehrmacht im NS-Staat angriff und die tiefe Verstrickung in den Unrechtsstaat belegte. Von ihm gingen auch wesentliche Impulse für ein neues Verständnis der militärgeschichtlichen Arbeit überhaupt aus: Nicht auf die positivistische Erforschung der militärischen Operationen komme es bei einer modernen Geschichte der Wehrmacht an, sondern Militärgeschichte müsse sich als eine Geschichte der Gesellschaft im Kriege verstehen, mithin die politischen Rahmenbedingungen und Interdependenzen zwischen den gesellschaftlichen Kräften mitberücksichtigen (338, S. 102f.). Auch die geradezu bedenkenlose Mitwirkung der Wehrmachtsführung bei wichtigen Entscheidungen während des Krieges, insbesondere beim Überfall auf die UdSSR, konnten eine Reihe von Studien etwa zeitgleich oder doch bald darauf nachweisen. In diesem Zusammenhang sind sicherlich die wohl als Meilensteine in der Wehrmachtsforschung zu bezeichnenden Arbeiten von Hillgruber (71), Jacobsen (74) und der erste Band des vom MGFA herausgegebenen Serienwerkes „Das Deutsche Reich und der Zweite Weltkrieg" (210) zu nennen.

Blomberg-Fritsch-Krise

Wie folgenreich der damit eingeleitete Perspektivenwechsel bis heute ist, hat noch 1994 schlaglichtartig die Überprüfung der „Blomberg-Fritsch-Krise" des Jahres 1938 durch Karl-Heinz Janßen und Fritz Tobias (248) gezeigt. Nach der bis dato üblichen Lesart war der mit perfiden Mitteln herbeigeführte Sturz des Reichskriegsministers v. Blomberg, der aufgrund einer unstandesgemäßen Heirat mit einer ehemaligen Prostituierten sein Amt verlor, und die sich daran anschließende Absetzung des Generaloberst Werner Freiherr von Fritsch, seines potentiellen Nachfolgers, wegen angeblicher Homosexualität, ein regelrechtes Schurkenstück der NS-Führung. Es sei inszeniert worden, um die längst nicht gleichgeschaltete Wehrmacht gefügig zu machen und Kritiker des Kriegskurses, als die sich Blomberg und Fritsch zu erkennen gegeben hätten, auszuschalten. „Zielbewusst und mit den übelsten Mitteln wurde hier einer Gemeinschaft das moralische Rückgrat gebrochen, und niemand stand auf, um den Schmerz dieser tödlichen Verletzung in die Welt zu schreien" – so resümierte 1951 Hermann Foertsch (218, S. 213). Diese Interpretation schien überzeugend, weil das Ergebnis der Krise die Ernennung Adolf Hitlers zum Oberbefehlshaber der Wehrmacht war, eine Entscheidung, die (natürlich) nicht rückgängig gemacht wurde, als sich herausstellte, dass die Vorwürfe gegen Fritsch unhaltbar waren. Zudem hatten diese als ungeheuerlich empfundenen Vorgänge den in gut unterrichteten Militärkreisen vorhandenen Widerstand gegen den Nationalsozialismus verstärkt, manchen gar erst die Augen für die politischen Methoden des NS-Regimes geöffnet. Die Wehrmacht erschien also als Opfer einer hinterhältigen politischen Führung, die durch diese gezielt herbeigeführte Krise ihren Zugriff auf das Militär in einer Weise verschärfte, die Gegenwehr zunehmend unmöglich machte.

Gegen diese gängige Interpretation der Ereignisse haben Janssen/Tobias in einer – freilich von anderer Seite noch nicht kritisch geprüften – umfänglichen Recherche ein neues, konträres Bild gestellt. Demnach handelte es sich in keiner Weise um eine von interessierter Seite eingefädelte Intrige, sondern vielmehr um ein überraschendes Ereignis, das kein anderer als der Reichskriegsminister selbst mit seinem amourösen Abenteuer ausgelöst und das die NS-Führung in eine höchst peinliche Situation gebracht habe. Hitler, von Blomberg nur ganz vage über das Vorleben seiner Braut informiert, habe als Trauzeuge fungiert und tatsächlich erst später von dem ganzen Ausmaß der persönlichen Belastungen der besagten Frau erfahren. Im Wissen um den strengen Standeskodex der Wehrmachtsoffiziere und vor dem Hintergrund einer möglichen außenpolitischen Blamage für das Regime sei Hitler so bestürzt gewesen, dass er nunmehr auch alte Vorwürfe gegen Fritsch, selbst wenn sie wenig gehaltvoll waren, ernst genommen habe. Überstürzt und ungeplant habe Hitler sich deshalb auch von Fritsch getrennt und auf Anraten Blombergs durch die Übernahme des Amtes die Situation zu retten gesucht. Dass die gestürzten Generäle alles andere als Gegner des Kriegskurses waren und sich längst bereit zeigten, den Nationalsozialismus in der Wehrmacht zu fördern, erhellt nach Meinung der Autoren aus zahlreichen neuen Quellen. So etwa aus einem Brief Fritschs an Baronin Schutzbar-Milchling aus dem Jahr 1938, der erst 1980 in englischen Archiven wieder gefunden wurde (305, S. 362 f.), und dessen Existenz von den frühen Fritsch-Biographen wie Graf Kielmannsegg noch für ausgeschlossen gehalten worden war. Ein Jahr nach seiner Entlassung und nur kurze Zeit nach der so genannten Reichskristallnacht, schrieb Fritsch, den seine Verehrer voreilig zum Gegner Hitlers erklärt hatten: „Bald nach dem Kriege kam ich zur Ansicht, dass 3 Schlachten siegreich zu schlagen seien, wenn Deutschland wieder mächtig werden sollte. 1. Die Schlacht gegen die Arbeiterschaft, sie hat Hitler siegreich geschlagen. 2. gegen die katholische Kirche, besser gesagt gegen den Ultramontanismus u. 3. gegen die Juden. In diesen Kämpfen stehen wir noch mitten drin. Und der Kampf gegen die Juden ist der schwerste. Hoffentlich ist man sich über die Schwere dieses Kampfes überall klar." Wenn es diesen Brief gebe, so hatte 1949 Fritsch-Biograph Kielmannsegg noch geschrieben, dann „müsste alles, was in diesem Buch über Fritsch und seine Einstellung gesagt worden ist, falsch sein" (252, S. 150).

Reichskriegsgericht

Was im Falle der Blomberg-Fritsch-Krise als ein durch akribische Quellenarbeit hervorgerufener Perspektivenwechsel erscheint, hat sich im Falle der Beurteilung der Arbeit des Reichskriegsgerichts erst nach einem zähen und heftigen Streit als neue, begründete Sicht einer Wehrmachtsinstitution ergeben. Auch im Falle des Reichskriegsgerichts stand am Anfang eine positive Bilanz, die kein Geringerer als sein langjähriger Präsident Admiral Max Bastian 1956 in seinen Erinnerungen gezogen hatte. Die Arbeit dieser Wehrmachtsinstitution sei von „Behutsamkeit", „Rücksicht" und „Verantwortung" geprägt gewesen. Nationalsozialistische Denkungsart sei den Richtern dieses Gerichts völlig fremd gewesen und man habe sich solche auch nicht aufzwingen lassen: „Die persönliche innere Unabhängigkeit in der Urteilsfindung und -fällung blieb gewahrt und kein Richter hätte sich jemals einem Gewissenszwang unterworfen, daran ist kein Zweifel möglich, und jeder von ihnen wäre lieber in eine noch so schmerzliche Verbannung gegangen, als dass er sich in Gegensatz zu Eid, Gewissen und ethischen Grundsätzen gesetzt hätte" (230, S. 23). Angesichts wachsender Vorwürfe gegen die Justiz im Dritten Reich im Allgemeinen und die Wehrmachtsjustiz im Besonderen, die nicht zuletzt durch die Braunbuchkampagnen der DDR hervorgerufen wurden, entschlossen sich die in einer Kameradschaft verbundenen ehemaligen Wehrmachtsjuristen Ende der 1950er Jahre zu einer Erarbeitung ihrer eigenen Geschichte: „Eine Rechtfertigung gegenüber den Angriffen von meist Unwissenden und Unberufenen in der vergangenen Zeit wäre sicher am Platze. Für die Zukunft wird uns die neue Bundeswehr für solche Aufzeichnungen dankbar sein. [...] Wir haben auch kein ‚schlechtes Gewissen', so dass wir etwas zu verschweigen hätten" (230, S. 23). Das Vorhaben wurde von der Deutschen Forschungsgemeinschaft finanziell unterstützt und sollte in einer vom Präsidenten des Bundesgerichtshofes, Hermann Weinkauff, beim Institut für Zeitgeschichte (IfZ) herausgegebenen Reihe erscheinen. Doch daraus wurde nichts. Am 11. März 1976 entschied der Wissenschaftliche Beirat des Instituts für Zeitgeschichte, das von dem ehemaligen Luftwaffenrichter Otto Peter Schweling schon 1966 fertig gestellte und von seinem Nachlassverwalter Prof. Erich Schwinge überarbeitete Werk „Die deutsche Militärgerichtsbarkeit in der Zeit des Nationalsozialismus" nicht in seine Veröffentlichungsreihe aufzunehmen. Zwar publizierte dieser das Buch dann andernorts (319), doch die von Schwinge angestoßene, öffentliche Polemik gegen die Entscheidung des Beirates des IfZ heizte nun über Wochen hinweg die Stimmung in den Tageszeitungen und einschlägigen anderen Veröffentlichungen an. Der Freiburger Rechtshistoriker Prof. Dr. Hans Thieme sprach von „mit rechtsstaatlichem Denken unvereinbaren Repressionen" und klagte, die Entscheidung des IfZ lasse erkennen „wo und wie hier Geschichte manipuliert werden sollte". Der Richter am Bundesgerichtshof, Prof. Günther Willms, meinte gar, es könne „kein Zweifel sein, dass die Aufregungen, die das [...] Verhalten des Beirats verursachte, zu dem verhängnisvollen Herzinfarkt des hohen Mannes beigetragen haben". Das Institut und sein Beirat hielten mit wissenschaftlichen Gutachten dagegen: Der Rechtshistoriker Michael Stolleis hielt diese Form der Darstellung der Wehrmachtsjustiz für rundweg schlecht, sie genüge „weder in der Verarbeitung des Materials noch in gedanklicher Durchdringung und vor allem in der zu erwartenden Vorurteilsfreiheit bescheidensten Ansprüchen". Auch die Rechtshistorikerin Diemut Majer hielt die „ständig hervortretende Rechtfertigungstendenz" für völlig verfehlt (212, S. 129f.). Die Notwendigkeit einer neuen, wissenschaftlich fundierten Untersuchung, die über enge juristische Erwägungen hinaus auch den politischen Handlungsrahmen für das Wirken des Reichskriegsgerichtes mit einbezog, war offenkundig, zumal wenig später der Baden-Württembergische Ministerpräsident Hans Filbinger, selbst ehemaliger Wehrmachtsrichter, über eine von Rolf Hochhuth angestoßene heftige Auseinandersetzung über einige von jenem unterzeichnete Todesurteile stürzte.

Eine solche Untersuchung wurde am Ende von Manfred Messerschmidt und Fritz Wüllner geleistet, die mit zum Teil scharfen Angriffen gegen Schweling/Schwinges Darstellung nachweisen konnten, dass die Autoren nicht nur die Zahl der von deutschen Militärgerichten gegen Soldaten, Wehrmachtgefolge und Ausländer gefällten Todesurteile erheblich unterschätzt (statt wie von Schweling/Schwinge behauptet nicht 10000 bis

12000, sondern ca. 50000), sondern auch die nachweisbare, direkte Verwicklung der Militärjustiz in den NS-Unrechtsstaat offenkundig verharmlost hatten (277, S. 15). Für Wüllner lag die Erklärung dafür wie auch für das harsche Verhalten Schwinges gegenüber Kritikern in der eigenen Belastung aus der NS-Zeit: „Ein ehemaliger Kriegsrichter, Wissenschaftler, Professor, Rechtslehrer, zeitweise Rektor der Universität Marburg [...] gibt ein Werk heraus, das unübersehbare Irreführungen und Täuschungen enthält, in der das Gesamtbild der Militärjustiz extrem verfälscht wird. Wissenschaftler, die das Werk für verfehlt halten, werden in seinem Buch – im Stile einer Anklage – harsch und in fast beleidigender Manier angegriffen. Journalisten und Studenten, auch ein Richter, die sich mit seiner Vergangenheit beschäftigen, werden mit Prozessen verfolgt; Studenten sollten, so verlangt er es, von der Universität verwiesen werden. Dies alles konnte er sich nur erlauben, weil er sein Wirken als Kriegsrichter in Wien und an anderen Orten verschwiegen hat; auch Verschweigen – in solchen Zusammenhängen – ist Täuschung" (343, S. 20). Freilich blieb auch die neue Interpretationsrichtung nicht unwidersprochen: Ohne Namen zu nennen, hat der Münchner Militärhistoriker Franz W. Seidler in seinem 1991 erschienenen Buch der „Bewältigungspublizistik" über die Militärgerichtsbarkeit Befangenheit vorgeworfen, die wohl erst dann aufhöre, wenn „volkspädagogische Argumente ausgedient haben, wenn Moralprobleme die Tatsachendarstellung nicht mehr behindern" (320, S. 9). Es sei „abwegig, die Todesurteile der Kriegsgerichte zum Maßstab für die Bewertung der Militärgerichtsbarkeit zu machen." Niemand kenne die genauen Verurteilenzahlen, zu wenig werde beachtet, dass die Urteile Prozessgegenstände zur Grundlage hätten, die auch im Zivilbereich mit dem Tode bestraft worden wären (was, so wäre einzuwenden, die Sache kaum besser macht), und über die Begnadigungspraxis wisse man auch kaum etwas. Im Übrigen widerspreche die angenommene Verurteilungspraxis der Logik der Kriegssituation: „Tote Soldaten gab es genug. Nur lebende waren nützlich". Nötig sei es vielmehr, die „Urteile der Kriegsgerichte aus der Perspektive der Bestraften" zu betrachten und die „vielen Varianten des militärischen Strafvollzugs" zu berücksichtigen. Was bei dieser angeblich neuen Sicht der Dinge am Ende herauskommt, entspricht freilich dem erhobenen Anspruch nicht: Auch Seidler muss die äußerst scharfe Verurteilungspraxis der Kriegsgerichte, insbesondere gegen Ende des Krieges generell bestätigen. Allenfalls mit dem Hinweis auf eine großzügige Handhabung des Gnadenrechts und auf die Möglichkeit zur Rehabilitation in Bewährungsbataillonen, die in der Regel „Himmelfahrtskommandos" darstellten, kann er das insgesamt düstere Bild ein wenig differenzieren.

Nimmt man alles zusammen, so lässt sich wohl mit Recht behaupten, dass das im Nachkriegsdeutschland gezeichnete Bild von der „sauberen" Wehrmacht durch solide Forschung schon lange stark modifiziert, wenn nicht beinahe in sein genaues Gegenteil verkehrt war, als die bereits angesprochene „Wehrmachtsausstellung" ab 1995 begann, Mitschuld und Verbrechen der Wehrmacht provokant und in populistischer Manier zu thematisieren. Rolf-Dieter Müller etwa hat in Anlehnung an Hermann Graml (226) oder Omer Bartov (190) das von der Forschung gezeichnete Bild der 1990er Jahre so resümiert: „Die Wehrmacht wurde vom Segment der Gesellschaft zu ihrem Abbild. In politikblinder Loyalität hätten sich die neuen Armeeführer in den Dienst der Expansionspolitik des Regimes gestellt. Trotz anfänglicher Hemmungen seien sie schließlich bereit gewesen, auch bei der genuin nationalsozialistischen Bevölkerungs-, Ausbeutungs- und Vernichtungspolitik mitzuwirken." Politische „Schwäche, und Mangel an Zivilcourage, moralische[r] Indifferenz" und partielle Übereinstimmung der Heerführung mit den NS-Führern – so stehe uns die Wehrmacht heute vor Augen (293, S. 11).

Neue Perspektiven der Forschung

Nachdem die zahlreichen Fehler und Fotofälschungen der Wehrmachtausstellung mittlerweile korrigiert sind und eine überarbeitete Fassung sich nunmehr bemüht, den notwendig differenzierenden Blick zu wahren, hat sich nicht nur die Aufregung weitgehend gelegt. Es hat sich auch die ernsthafte Frage erhoben, ob denn nicht zwischen den gar nicht zu bestreitenden Verstrickungen der Wehrmachtsführungskreise in den nationalsozialistischen Unrechtsstaat und den Erfahrungen des Offizierskorps und der Mannschaften, von denen tausende, vielleicht Millionen nie mit den verbrecherischen Aktivitäten von SS- und Polizeibataillonen in Berührung gekommen sind, genau zu unterscheiden ist (293, S. 11). Mithin wäre eine weiter gefasste Perspektive in der Lage, die widerstreitenden Auffassungen aufzulösen. Genau hiermit beschäftigt sich ein großes Forschungsprojekt des Instituts für Zeitgeschichte, das in etwa den folgenden Fragen nachgehen soll: „Wie haben sich jene, die wir als unsere Angehörigen bezeichnen, als Angehörige der Wehrmacht verhalten? Haben sie gegen das damals herrschende Kriegsrecht verstoßen oder zumindest doch gegen die ungeschriebenen Gebote von Anstand und Moral? Spricht statistisch viel dafür oder wenig, dass sie im letzten großen Krieg zu Kriegsverbrechern geworden sind" (233, S. 2)? Erste Ergebnisse zeigen, dass diese Unterscheidung in der Tat von Bedeutung ist. Denn gerade im Feldzug gegen die Sowjetunion wurde personell wie materiell gleich von Anfang an alles „auf eine Karte" gesetzt. Am Angriffstag standen 87% der verfügbaren Kräfte an dieser Front und anders als etwa bei den US-Streitkräften war das Verhältnis der kämpfenden Truppe zur Versorgung denkbar disparat: 85% der verfügbaren Kräfte waren an der Front eingesetzt, nur 15% waren für die Logistik aus dem rückwärtigen Gebiet zuständig. Dies bedeutet nichts weniger, als dass der durchschnittliche „Landser" kaum mit dem rückwärtigen Gebiet, wo die großen Verbrechen geschahen, in Berührung kam. Er wurde vielmehr an der Front gebraucht, wo das Massensterben – im Durchschnitt überlebte ein Zugführer die Ostfront nur sieben Tage! – einen permanenten Austausch von Soldaten aller Dienstgrade verursachte (233). Schon solche Tatsachen lassen erkennen, wie schwierig es ist, zu beurteilen, in welchem Maße Millionen deutscher Soldaten in die Verbrechen der Wehrmacht als Institution involviert waren – jenseits der nicht mehr zu leugnenden Verantwortung der Generalität, die gehorsam dem Führer folgte und sich dadurch, wie General Beck es einmal formuliert hat, mit einer „Blutschuld" beladen hat: „Die Geschichte wird diese Führer mit einer Blutschuld belasten, wenn sie nicht nach ihrem fachlichen und staatspolitischen Wissen und Gewissen handeln. Ihr soldatischer Gehorsam hat dort eine Grenze, wo ihr Wissen, ihr Gewissen und ihre Verantwortung die Ausführung eines Befehls verbietet" (377, S. 537 ff.).

f) Die Wirtschaft – Unabhängigkeit im Hitlerstaat?

Nachdem bis in die 1980er Jahre hinein das Hauptinteresse der NS-Forschung auf dem staatlichen Handeln und jenem von gesellschaftlichen Großgruppen wie den Kirchen lag, ist seitdem auch die Wirtschaft in zunehmendem Maße in das Blickfeld gerückt und eine Vielzahl moderner Unternehmensgeschichten sind entstanden, durch die erst die notwendigen Grundlagenkenntnisse geschaffen wurden (aus der Vielzahl der Darstellungen herausragend etwa 221; 222; 243; 281; 300). Hierfür gibt es viele Gründe, angefangen bei der Verfügbarkeit des Archivmaterials über die zunehmende Wahrnehmung der Durchdringung der gesamten Gesellschaft mit nationalsozialistischen Anforderungen bis hin zu dem Druck, den die Forderungen nach Entschädigungen für ehemalige Zwangsarbeiter hervorgerufen haben. Gerade Letzteres dürfte für viele Unternehmen der Großindustrie der entscheidende Ansporn gewesen sein, nach langen Jahren der Ignoranz ihre häufig nachlässig geführten Archive zu öffnen und namhafte Summen für die Erforschung ihrer eigenen Geschichte auszugeben.

Primat der Ökonomie vs. Primat der Politik

Dabei stand schon früh eine umstrittene These im Raum: die von dem sowjetischen Ideologen Dimitroff vertretene Ansicht, der Faschismus (und damit eben auch der als solcher verstandene Nationalsozialismus) sei nichts anderes als die extremste Form der „offen terroristischen Diktatur der reaktionären, am meisten chauvinistischen, am meisten imperialistischen Elemente des Finanzkapitals" und eben deshalb sei ein „Primat der Ökonomie" das letztlich treibende Element der NS-Politik gewesen. Alle Entartungen und sogar Verbrechen der Jahre 1933 bis 1945 waren in dieser Perspektive letztlich auf den unheilvollen Einfluss von Großbankiers, Großindustriellen und Großagrariern zurückzuführen. Dieser weit über den kommunistischen Machtbereich hinauswirkenden Auffassung – man denke nur an die antimonopolistischen Kräfte innerhalb der US-Administration, welche die Nürnberger Industriellenprozesse letztlich erzwungen haben – ist zwar schon in ihrer Entstehungszeit unter Behauptung eines „Primates der Politik" (184, S. 88–92) im Nationalsozialismus widersprochen worden, doch das empirisch gesicherte Argumentarium zur Unterfütterung dieser kaum mehr bezweifelbaren Interpretation steht eben erst seit relativ kurzer Zeit zur Verfügung (335, S. 17). Freilich haben auch differenzierende, die gegenseitigen Abhängigkeiten zwischen NS-Staat und Wirtschaft betonende Arbeiten, hartnäckige Anhänger der These vom Primat der Ökonomie nicht überzeugen können, so dass auch für die Zukunft davon auszugehen ist, dass sich diese grundlegend unterschiedlichen Sichtweisen in der einen oder anderen Spielform in einschlägigen Arbeiten wiederfinden werden (siehe hierzu z. B. die im Kapitel 2 thematisierten Thesen von Aly/Heim).

Konkret sind die wissenschaftlichen Debatten vor dem Hintergrund dieser Grundeinstellungen um folgende Spezialfragen geführt worden:

1. Hat die Großindustrie Hitlers „Machtergreifung" gefördert und den Diktator für ihre Ziele in Dienst genommen?

Finanzierung der NSDAP

Während unmittelbar nach dem Krieg, aber auch heute noch (vgl. 297) diese Frage von vielen voreilig bejaht wurde, haben mittlerweile eine Reihe von Arbeiten eine genau gegensätzliche Auffassung erhärten können. Henry A. Turner (333) kommt das Verdienst zu, im Rahmen einer detaillierten Untersuchung der Parteifinanzierung der NSDAP den Nachweis angetreten zu haben, dass die Hitlerpartei vor dem 30. Januar 1933 kaum durch die Großindustrie gefördert wurde. Erst nach ihrer Etablierung und vor der letzten halbwegs freien Wahl vom 5. März 1933 flossen der NSDAP nennenswerte Unterstützungssummen zu. „Hätte Geld politische Macht kaufen können, wäre auf die Republik Papens ein ‚neuer Staat' gefolgt, und nicht Hitlers ‚Drittes Reich'" – so lautet sein anschauliches Resümee (334, S. 19). Turners Arbeiten haben allerdings vielfache Kritik erfahren (z.B. 325), und die Diskussion zunehmend nuanciert. Da die empirischen Befunde in ihrer Tendenz kaum angreifbar sind, hat sich die Diskussion zunehmend auf die Erwägung verlagert, ob nicht vielleicht hinter den Protagonisten der damaligen Wirtschaft Strukturen zu orten sind, die einen Zusammenhang zwischen Kapitalismus und Faschismus belegen könnten oder anders formuliert: Der Streit hat sich von den Personen weg hin zu abstrakten Systemen und Strukturen bewegt. Eberhard Kolb hat den Stand dieser weit in die Weimarer Republik zurückreichenden Diskussion unlängst so resümiert: „Die Industrie war nicht Urheber der Regierung Hitler, und der weitaus überwiegende Teil der Großindustriellen erstrebte bis Januar 1933 nicht die Errichtung einer nationalsozialistischen Herrschaft. Aber das Unternehmerlager hat durch die Ablehnung der parlamentarischen Demokratie und die Hinneigung zu einem autoritären System die Auflösung der Weimarer Republik vorangetrieben und der Diktatur vorgearbeitet. Daher trägt die Industrie im Allgemeinen und die Großindustrie im Besonderen ein hohes Maß an Mitverantwortung für die Ermöglichung Hitlers und der NS-Herrschaft" (256, S. 231).

2. Wie lässt sich das Verhältnis zwischen NS-Staat und Wirtschaft nach 1933 beschreiben?

In der Diskussion dieser Frage werden von der einen Seite Phasenmodelle vorgeschlagen, etwa der Art, dass zwischen einer Zeit relativer wirtschaftlicher und unternehmerischer Freiheit von 1933 bis 1936 („Ära Schacht") und einer „full fascism"-Phase, die sich in eine „Ära Göring" und schließlich eine „Ära Speer" (ab 1941/42) unterteile, zu unterscheiden sei (184, S. 93). Von der anderen Seite werden solche scheinbar klaren Abgrenzungen in Frage gestellt (239) und insbesondere diskutiert, ob die Wirtschaftspolitik der ersten Jahre noch Eigengewicht hatte oder von Anfang an im Zeichen der „Rüstungskonjunktur" stand, ob Interessen und eingesetzte Mittel sich überlagerten und inwieweit die betriebene Wirtschaftspolitik Merkmale einer (zunehmend) gelenkten Planwirtschaft aufwies. Im Kern führen all diese Überlegungen letztlich zu einem Ausloten der Mitverantwortung der Wirtschaft an der politischen Entwicklung im Dritten Reich, ja sogar um die Bemessung der unter dem Zeichen der Profitmaximierung aufgetürmten Mitschuld an den Verbrechen der Hitlerdiktatur.

IG-Farben und Ausschwitz

Dies wird besonders anschaulich am Beispiel der IG-Farbenindustrie, die mit ihren Produktionsstätten in der Nähe des Konzentrationslagers

Auschwitz schließlich in den wohl denkbar engsten Kontakt zum Unrechtsstaat geriet. Ein umstrittenes Buch von G. Plumpe über die IG-Farbenindustrie gab den Anstoß zur Kontroverse in diesem Fall (300). Plumpe und vor ihm Peter Hayes gaben zu bedenken, dass die IG-Farbenindustrie dem Nationalsozialismus bis 1933 stets äußerst distanziert gegenübergestanden sei, dessen Rassismus abgelehnt und überwiegend die Parteien der Weimarer Koalition gefördert habe. Dass die IG-Farbenindustrie nach 1933 willig im NS-Staat mitarbeitete, habe, so Hayes, nicht an einer besonderen Affinität der Vorstände gegenüber dem Nationalsozialismus gelegen, sondern vielmehr an den Möglichkeiten, die das Autarkieprogramm Hitlers bot: Es habe nämlich die einmalige Chance eröffnet, die katastrophal verfehlte Unternehmensplanung bei der synthetischen Benzinherstellung zu retten und das unrentable Projekt doch noch gegen alle wirtschaftliche Vernunft profitabel zu machen. Auf die Wirtschaftspolitik der NS-Führer haben die Chefs der chemischen Industrie so gut wie gar keinen Einfluss erlangt und ab 1936 sei geradezu eine „Militarisierung des Großkonzerns" erfolgt (235, S. 114). So habe dann auch die Auswahl von Auschwitz als Produktionsstandort von Seiten des Unternehmens keinen Bezug zu dem benachbarten Konzentrationslager gehabt, sondern sei nach Maßgabe staatlicher Anordnungen in Kombination mit rohstoff- und verfahrenstechnischen Überlegungen erfolgt. Und dass dort schließlich KZ-Häftlinge eingesetzt wurden, sei, so Hayes, die Folge eines durch den Krieg leergefegten Arbeitskräftemarktes gewesen, ein Problem, das nur mit Zwangsarbeitern lösbar schien, wollte man das Unternehmen und seine Marktchancen für die Zeit nach dem Krieg nicht grundsätzlich gefährden (236).

Diesen Erwägungen gegenüber hat Avraham Barkai die doch höhere gesellschaftliche Verantwortung der Unternehmer hervorgehoben, die sie zugunsten des ökonomischen Kalküls eben nicht wahrgenommen hätten. Ob „willig" oder „widerwillig", seien sie am Ende „stille Teilhaber" des NS-Regimes geworden (189, S. 117). Man dürfe eben nicht fragen: „'Was konnten eigentlich die Unternehmer tun' oder ‚was sollten sie denn eigentlich unter den bestehenden Bedingungen tun?' sondern ‚was durften sie unter keinen Umständen tun?'" Denn: Dass es Handlungsspielräume auch für Unternehmer gab, sei angesichts vereinzelter widerständiger Industrieller (vgl. z. B. 315) gar nicht zu bestreiten.

Anthony Nicholls hat darüber hinaus in Frage gestellt, ob die Unterstützung der Weimarer Parteien ein Ausdruck wirklicher politischer Gesinnung war und nicht vielleicht jenem politisch ignoranten Opportunismus der Unternehmerschaft entsprang, der nach 1933 auch die „Finanzspritzen" für die NSDAP möglich gemacht hat. Auch den unternehmenspolitischen Hintergrund der Kooperation der IG-Farbenindustrie mit dem NS-Staat stellt Nicholls in Frage: Wenn „die Rettung der sonst unrentablen Versuche der IG Farben, die Entwicklung von synthetischen Treibstoffen aus einheimischer Kohle" zur Kooperation mit dem Regime führte, so verstieß das Großunternehmen damit „gegen die Grundprinzipien der klassischen Wirtschaftstheorien, die die Unternehmer während der Weimarer Zeit gegenüber den Gewerkschaften vertreten hatten". Es müsse also hier wie auch später bei der Mitwirkung der IG Farben am Vierjahresplan Görings doch eine größere inhaltliche Übereinstimmung mit dem Regime gegeben haben, als Hayes das etwa sehe. Zwar will auch Nicholls der überholten These, der Vierjahresplan trage ganz und gar die Handschrift der IG Farben und des ihr verbundenen Generalbevollmächtigten Carl Krauch, nicht folgen, doch die „Vorstellung, dass man durch eine Mischung von staatlich gelenkter und privatwirtschaftlicher Produktion risikolose Gewinne erzielen könne, hat sicherlich zu der Bereitwilligkeit beigetragen, mit der die Leitung von IG Farben die NS-Regierung unterstützt hat" (295, S. 122).

Des Weiteren haben Thomas Sandkühler und Hans-Walter Schmuhl Zweifel daran geäußert, dass die „Arbeitskräftefrage aus den Beratungen über den Standort von Buna-IV ausgeklammert worden sein soll, auch wenn sie in den noch vorhandenen Quellen nicht ausdrücklich angesprochen wird". Nach allen vorangehenden Erfahrungen mit anderen Projekten, bei denen auch das Problem des Arbeitskräftemangels eine Rolle gespielt hätte, müsse man davon ausgehen, „dass die Nähe des Konzentrationslagers, das billige, leicht zu disziplinierende Arbeitskräfte in beliebiger Zahl bereithielt, neben den Rohstoff- und Verkehrsverhältnissen zu den ‚günstigen Bedingungen' zählte, die aus seiner [Carl Krauchs, d. Verf.] Sicht für die Wahl des Standortes Auschwitz sprachen. Dem entspricht die umstrittene Mitteilung des Gebechem [Generalbevollmächtigter Chemie, d. Verf.] an die IG Farben vom 4. März 1941, in der Himmlers Befehl zur Bereitstellung von KZ-Häftlingen vom 26. Februar weitergeleitet wurde und die mit den Worten beginnt: ‚Auf meinen Antrag und auf Weisung des Herrn Reichsmarschalls hat der Reichsführer SS [...] Folgendes angeordnet [...]' Dieser – von Plumpe in seinem Buch weggelassene – Satz ist ein starkes Indiz für eine frühe Initiative Krauchs in der Häftlingsfrage, denn er legt eine Reihenfolge: Antrag Krauch – Weisung Göring – Befehl Himmler nahe" (309, S. 261). Bis heute ist diese letztlich um die Initiativfrage geführte Kontroverse nicht abgeschlossen und die unterschiedlichen Einschätzungen bestehen weiterhin nebeneinander (209; 312).

3. Welche Rolle spielte die Arbeiterschaft in der Wirtschaft des Dritten Reiches?

Resistenz der Arbeiterschaft?

Auch über diese Frage ist bereits relativ früh gestritten worden: Der sich selbst als Marxist verstehende Historiker Timothy Mason hat bereits Mitte der 1970er Jahre hierzu die Ansicht vertreten (273), eine wirtschaftliche Krisensituation habe Hitler 1939 zum Krieg getrieben. Diese habe darin bestanden, dass das Aufrüstungsprogramm durch eine forcierte Konsumgüterproduktion habe flankiert werden müssen, um die ansonsten regimefeindliche Arbeiterschaft bei Laune zu halten. Als beides zusammen nicht mehr möglich gewesen sei, habe Hitler den Krieg als Ausweg gewählt. Gegen diese Ansicht ist die vielfach erwiesene Unwilligkeit Hitlers, seine Politik von ökonomischen Erwägung irgendwie abhängig zu machen, ins Feld geführt, vor allem aber die Resistenzfähigkeit der Arbeiterschaft stark in Zweifel gezogen worden. Heinrich August Winkler hat die Kritik an Masons Thesen wohl am besten auf den Punkt gebracht: „Mason differenziert nicht genug, wenn er der sinkenden Arbeitsdisziplin generell ein politisches Motiv zuspricht und sie auf die Ebene des bewussten antifaschistischen Kampfes hebt. In Wirklichkeit war vieles von dem, was sich unter den Vorzeichen der Vollbeschäftigung in Deutschland abspielte, gar kein spezifisch nationalsozialistisches Phänomen. Auch in England gab es nach

Kriegsausbruch, als das Land erstmals eine Phase der Vollbeschäftigung erlebte, zahlreiche Fälle von Leistungsverweigerung. Der verständliche Wunsch, in der Arbeiterklasse den aktiven Widerpart von Faschismus und Krieg zu sehen, sollte nicht zu einem idealisierenden Bild ihres Bewusstseins und ihres Verhaltens in einem totalitären System verleiten. Wenn aber das nationalsozialistische Herrschaftssystem von den Arbeitern in seiner Existenz nicht unmittelbar bedroht war, dann wird nicht nur Masons Behauptung von der politischen Krise des ‚Dritten Reiches' in den Jahren 1936 bis 1939 fragwürdig, sondern auch eine weitere These: Die soziale, wirtschaftliche und politische Krise hatte der politischen Führung die Flucht nach vorn, den Entschluss zum Krieg nahezu aufgezwungen" (340, S. 488).

Zwangsarbeiter

Eine besondere, gleichwohl schon wegen ihrer Zahl besonders wichtige Gruppe von Arbeitern ist demgegenüber erst viel später in den Horizont des kritischen historischen Nachfragens geraten: die Zwangsarbeiter. Die fast sechs Millionen zivilen Zwangsarbeiter, rund zwei Millionen Kriegsgefangene und etwa 700 000 KZ-Häftlinge, die die Kriegsproduktion im Wesentlichen aufrecht erhalten hatten, galten in der deutschen Nachkriegsöffentlichkeit nicht als etwas spezifisch Nationalsozialistisches. Mit ihnen verband man, wie Ulrich Herbert hervorgehoben hat (241, S. 177 f.), keine NS-Verbrechen, ihretwegen empfand man keine Schuld, obwohl jeder wissen konnte, unter welch erbärmlichen Bedingungen sie bisweilen ihren Frondienst hatten leisten müssen. Erst Ende der 1960er Jahre begannen sich die ersten Historiker für das Thema zu interessieren (268, S. 560), doch es dauerte noch bis Mitte der 1980er Jahre, bevor sich auch die breite Öffentlichkeit für das Schicksal dieser ausgebeuteten Menschen interessierte.

Dabei dürfte eine Kontroverse von Bedeutung gewesen sein, die sich um die Festschrift zum 100-jährigen Jubiläum der Daimler-Benz AG entspann (301). Die von dem Unternehmen bei der Gesellschaft für Unternehmensgeschichte (GUG) in Auftrag gegebene und von Hans Pohl u. a. herausgegebene Publikation erklärte den massenhaften Zwangsarbeitereinsatz bei Daimler-Benz kaum, sondern dokumentierte ihn vornehmlich mit einigem Zahlenmaterial. Bisweilen schien die Publikation auf der Grundlage problematischer Quellen die Situation etwa im Lager Riedmühle (Sindelfingen) erstaunlich positiv zu beurteilen: „Dieses Ostarbeiterlager galt hinsichtlich seiner Einrichtungen und Verpflegung als vorbildlich". Lange, augenscheinlich apologetische Quellenzitate erweckten den Eindruck einer rundum fürsorglichen Firma: „Durch Obst- und Gemüseanbau auf brachliegenden Firmengrundstücken sowie durch den Kauf von Freibankfleisch versuchten einzelne Daimler-Benz-Werke, die Versorgung der Arbeiter zu verbessern. ‚Es war der Geschäftsleitung von vornherein klar, dass die seitens der staatlichen und parteilichen Organisation für die Verpflegung, insbesondere der Ostarbeiter, vorgesehenen Mengen in keinem Falle ausreichen konnten, um diese Betriebsangehörigen einerseits bei bester Gesundheit zu erhalten und andererseits zu einer vollständigen Arbeitsleistung zu befähigen, welche im Rahmen der Kriegsproduktion zu leisten war'" (301, S. 152).

Eine solch nüchterne Bilanz, die die Schattenseiten allzu wenig beleuchtete, musste Widerspruch geradezu herausfordern. Er kam in zuweilen scharfen Attacken von der Hamburger Stiftung für Sozialgeschichte des 20. Jahrhunderts, die in nur kurzem zeitlichem Abstand zur Festschrift ein eigenes „Daimler-Benz-Buch" herausbrachte, in dem sie mit Bildern und Dokumenten die tiefe Verstrickung des Konzerns in die Zwangsarbeiterausbeutung zu belegen suchte (231; 232; 307). Den Autoren der Gesellschaft für Unternehmensgeschichte warf man vor, zum Thema Zwangsarbeit lediglich einen geschönten Bericht des ehemaligen Leiters der Ausländerabteilung bei Daimler-Benz zur Kenntnis genommen zu haben, ursprünglich verfasst, um sich vor den Alliierten zu entlasten. „Ob man ein solches Vorgehen als Dummheit oder Dreistigkeit qualifiziert, erscheint angesichts der Tatsache, einen Täter als Hauptzeugen zu benennen, ziemlich nebensächlich". „Was diesen Menschen an Leid und Unrecht zugefügt wurde, soll endlich dem geschichtlichen Vergessen und Verdrängen entrissen werden" – so formulierte Angelika Ebbinghaus eines der Hauptanliegen des Daimler-Benz-Buches" (232, S. 10f.). Kein Geringerer als Hans Mommsen griff diese Kritik in einem umfänglichen Spiegel-Artikel auf, sprach von einer „selbstgefälligen Festschrift der Daimler-Benz-AG", von einer lediglich „chronikartigen" Darstellung Pohls, die ihren selbst gesetzten Anspruch, wissenschaftlich exakt und differenziert das Bild des Großkonzerns im Dritten Reich darzustellen, „in keiner Weise" erfülle. Demgegenüber sei die Hamburger Studie nicht nur „vom professionellen Standpunkt aus [...] derjenigen Pohls weit überlegen" (282, S. 118), sie stelle auch die richtigen Fragen an die Konzerngeschichte und beschreibe Daimler-Benz in seiner ganzen Verstrickung in den NS-Staat. „Die Verbrechen an den Zwangsarbeitern sind ein bleibendes Menetekel für einen zum Selbstzweck werdenden industriellen und technologischen Professionalismus" (282, S. 129).

Ganz anders als Mommsen, der eine Einordnung des Konzerns in das gesellschaftlich-politische Umfeld versuchte, ging Volker Hentschel in einer Besprechung der kontroversen Darstellungen vor. Obwohl auch Hentschel bei der Publikation der GUG-Autoren Mängel ausmachte, sah er bei einer detaillierten Überprüfung der beiden Studien, die auch die Schlüssigkeit der herangezogenen Quellen- und Literaturbelege berücksichtigte, außerordentlich gravierende Mängel im „Daimler-Benz-Buch", die er in Dutzenden von Monita auflistete. Daraus resultierte eine vernichtende Abwertung der Hamburger Publikation, deren Autoren er gleich mehrfach wirtschaftsgeschichtliche „Inkompetenz" bescheinigte (240).

Zu einem definitiven Ergebnis ist dieser Streit schließlich nicht gelangt. In einem Begleitheft zu einer 1992 veröffentlichten Neuauflage des „Daimler-Benz-Buches", mit der einige der von Hentschel aufgedeckten Fehler korrigiert wurden, beharrte K. H. Roth mit Nachdruck auf der Tendenz der Hamburger Arbeit, deren Richtigkeit sich seiner Ansicht nach mittlerweile gezeigt hätte. Umgekehrt blieb auch bei der zweiten Auflage der GUG-Darstellung im Grunde alles beim Alten – ein Beleg einerseits für die fortwährenden und längst nicht überwundenen unterschiedlichen Interpretationsansätze „Primat der Politik" und „Primat der Ökonomie", die so defizitär oder halb wahr sie auch sein mögen, das Denken der Forscher nach wie vor beeinflussen. Ein Beleg aber auch, berücksichtigt man die fachliche Spezialisierung von Pohl und Hentschel als Wirtschaftshistoriker einerseits, Roth und Mommsen andererseits, für die gelegentlich mangelhafte

Interdisziplinarität und Integrationsfähigkeit der verschiedenen Zweige der Geschichtswissenschaft, die Kontroversen auslösen können. So hat denn eine neuere Studie über „Daimler-Benz in the Third Reich" von Neil Gregor sich auch gar nicht lange mit dem Streit aufgehalten, sondern nur lakonisch erklärt: „The first [study, d. Verf.] was a company-sponsored, nominally independent but highly uncritical study produced by a group led by Hans Pohl; the second was essentially a riposte by a group of radical historians led by Karl-Heinz Roth. Both are deeply flawed" (227, S. 3 Anm. 6). Ein Befund, der sich auch in der Abgewogenheit der derzeit wohl besten Überblicksstudie zur Zwangsarbeit von Mark Spoerer (324) widerspiegelt.

4. Wie ist die Wirtschaftsgeschichte des Dritten Reiches insgesamt zu beurteilen?

Qualität der „NS-Wirtschafts-politik"

Im Zuge der bereits angesprochenen Debatte um die Modernität des Dritten Reiches ist auch die Wirtschaftspolitik Hitlers unter diesem Gesichtspunkt in das Blickfeld gerückt. War Hitlers Wirtschaftspolitik „modern" und „erfolgreich"? Schließlich sanken die Arbeitslosenzahlen ja nach der „Machtergreifung" schnell, und es setzte nach all den vorausgegangenen Jahren wirtschaftlicher Depression so etwas wie ein Wohlstandswachstum ein. Auch hierüber streiten sich die Wirtschaftshistoriker.

In den 1960er Jahren war Wolfram Fischers Urteil vorherrschend, der in der nationalsozialistischen Wirtschaftsordnung nichts weiter als „ein Konglomerat konfuser Ideen verschiedenen Ursprungs" zu sehen vermochte und die gesamte Wirtschaft nur im „Dienste außen- und machtpolitischer Ziele" des Regimes verortete. Die Regierung Hitler habe für die „von ihr aufs Höchste strapazierte Wirtschaft kein Ordnungskonzept" besessen, sondern „zwölf Jahre lang system- und sinnlos experimentiert" (216, S. 51). Dieses Bild hat Avraham Barkai Ende der 1970er Jahre in Frage gestellt. Seiner Meinung nach war vieles durch die wirtschaftlichen und politischen Realitäten diktiert, anderes bei früheren oder zeitgenössischen Theoretikern und Ideologen entliehen oder angeeignet. Für ihn wies das Gesamtbild gleichwohl genügend neue Elemente und Methoden auf, um den Begriff eines neuen und eigen-gearteten Ansatzes zu rechtfertigen (188). Diese Blickrichtung ist schließlich von Rainer Zitelmann in das genaue Gegenteil der Ausgangsthese überführt worden (346). Zitelmann spricht nicht nur von unbezweifelbaren Erfolgen der NS-Wirtschaftspolitik, sondern führt diese auch direkt auf Eingriffe Hitlers zurück, der angeblich eine sehr moderne Wirtschaftsanschauung gehabt habe, und dem ein durchaus überdurchschnittliches Geschick in Wirtschaftsfragen nicht abgesprochen werden könne. Freilich: Diese Position ist recht vereinzelt und umstritten geblieben, wenngleich einige Elemente der Argumentation immer wieder eine Rolle spielen – so etwa 1999/2001 bei einer Auseinandersetzung der Wirtschaftshistoriker Werner Abelshauser und Christoph Buchheim über den Stellenwert der NS-Wirtschaftspolitik.

Abelshausers Interpretation, die öffentliche Resonanz erfuhr, geht von einem „keynesianischen" Ansatz der Nationalsozialisten in der Wirtschafts- und Arbeitsmarktpolitik aus, der in einem „militärischen Keynesianismus" großen Stils weitergeführt worden sei. Dieser Ansatz sei sehr erfolgreich gewesen, zumal er auch dazu beigetragen habe, den Lebensstandard der meisten deutschen Familien zu steigern. Zu spät allerdings seien Rationalisierungs- und Modernisierungsanstrengungen unternommen worden, so dass die deutsche Wirtschaft im Kriege in eine außerordentlich starke Abhängigkeit von den besetzten westeuropäischen Ländern geriet. Gleichwohl sei jenes Entwicklungspotenzial der deutschen Wirtschaft im Kriege geweckt worden, das nach 1945 den Siegeslauf zum Wohlstand und das vermeintliche Wirtschaftswunder möglich gemacht habe (183).

Dieser Sicht hat Christoph Buchheim entgegengehalten, dass die Nationalsozialisten keine wirklich effektive Wirtschaftspolitik betrieben, vielmehr lediglich jene Früchte geerntet hätten, die von anderen gesät worden seien. Noch bevor die von der neuen NS-Regierung initiierten Fördermaßnahmen, die das bereits auf den Weg gebrachte Instrumentarium eigentlich nur ausbauten, haben wirken können, sei bereits ein Aufschwung im Gange gewesen, der aber eben den Maßnahmen der letzten Weimarer Regierungen zu verdanken gewesen sei. Was die NS-Regierung sich sodann an Eingriffen in die Wirtschaft geleistet habe, sei eher schädlich als förderlich gewesen, denn Deutschland habe unter NS-Ägide beispielsweise Anteile am Welthandel verloren. Auch bezweifelt Buchheim eine Steigerung des Lebensstandards, sieht vielmehr aufgrund des verfügbaren statistischen Materials eher Engpässe im Konsumgüterbereich wie eine schwache Entwicklung des Lebensstandards. Demgemäß vermag Buchheim in der NS-Wirtschaftspolitik auch keine Wurzeln für die Entwicklung der Ökonomie der Nachkriegszeit zu erkennen, sondern betont umgekehrt dessen Zerschlagung als Voraussetzung einer gesunden Wirtschaftsentwicklung im Geiste der sozialen Marktwirtschaft (205).

g) Die Kirchen – Inseln der Unangepasstheit?

Zu einem der umstrittensten Themenfelder in der Geschichtsschreibung über den Nationalsozialismus hat sich die Frage nach der Rolle der Kirchen in der Hitlerdiktatur entwickelt. Obwohl die großen Auseinandersetzungen zum Teil schon mehrfach geführt wurden, flackert der Streit etwa aus Anlass von Gedenktagen immer wieder einmal auf und ist nach wie vor eine „Titelstory“ in Zeitungen und Zeitschriften wert, die bei solchen Anlässen ihre Auflage steigern möchten.

Unangepasstheit der Kirchen

Dabei waren sich die Zeitgenossen am Ende des Krieges geradezu konfessionsübergreifend erstaunlich einig gewesen: Wenn es eine gesellschaftliche Großgruppe gegeben habe, die relativ unbeschadet und unter Bewahrung ihrer spezifischen Weltanschauung das Dritte Reich überdauert hatte, dann waren dies ganz ohne Frage die katholische Kirche und die „bekennende Kirche“ innerhalb des Protestantismus gewesen. Der Jesuit Anton Koch brachte 1947 das damals gültige Verständnis auf die einprägsame Formel: „Kirche und Nationalsozialismus schlossen sich in allem Wesentlichen aus wie Licht und Finsternis, wie Wahrheit und Lüge, wie Leben und Tod“ (255, S. 469), und der Münchner Weihbischof Neuhäusler dokumentierte einen katholischen Widerstand gegen das Dritte Reich als eine allgemeine, alle Katholiken zwölf Jahre lang erfassende Erscheinung (294). Schon damals gab es zwar kritische Stimmen gegen diese allzu einfache

Sicht der Dinge, so etwa im Fuldaer Hirtenbrief der Deutschen Bischöfe vom 23. August 1945, der die Katholiken zur Gewissenserforschung aufrief (238, S. 14) oder in einem klugen, Leistungen und Versagen der katholischen Kirche sorgsam abwägenden Beitrag von Pater Max Pribilla (302), doch den entscheidenden Anstoß zur Kritik an dem Bild vom Widerstand der Kirche im Dritten Reich gab erst der 1955–1957 vor dem Bundesverfassungsgericht ausgetragene Reichskonkordatsprozess.

Böckenfördes Thesen

Bei diesem Prozess ging es zwar ursprünglich nur um die Frage der staatsrechtlichen Weitergeltung dieses Vertrages zwischen dem Heiligen Stuhl und Hitlerdeutschland, aber die (von Ernst Deuerlein und Karl Dietrich Bracher erstatteten) Prozessgutachten lenkten den Blick doch auf die Anfangsphase der Diktatur, in der die Erklärung der Deutschen Bischöfe vom 28. März 1933 und das Reichskonkordat vom 20. Juli 1933 offenbar doch einen besonderen bis dato noch gar nicht beachteten Stellenwert gehabt hatten. Eine Reihe von Arbeiten entstanden nun, darunter die luzide Studie von Rudolf Morsey (289) über das Ende der Zentrumspartei und die persönlichen Erinnerungen des kenntnisreichen Historikers an der Päpstlichen Hochschule Gregoriana, Pater Robert Leiber (264). Eine regelrechte Kontroverse aber brach aus, als Ernst-Wolfgang Böckenförde 1961 seine historischen Betrachtungen über den Katholizismus im Jahre 1933 in der katholischen Monatsschrift „Hochland" veröffentlichte (200). Böckenförde stellte die ablehnende Haltung der Bischöfe gegenüber dem Nationalsozialismus vor 1933 dem überraschend schnellen Zurückweichen – wie er es sah – nach der Machtergreifung entgegen und konstatierte eine besondere Affinität der katholischen Kirche zu autoritären Regimen, die diesen raschen Ausgleich möglich gemacht habe. Der im katholischen Denken dieser Zeit tief verwurzelte Antiliberalismus und das daraus folgende Interesse an organisch-ständischen Staatsordnungen machte er neben dem Antibolschewismus als Gemeinsamkeiten im Denken der Nationalsozialisten wie der Katholiken aus, welche die Annäherung begünstigt hätten. Mit dieser aber habe sich die Kirche zu einem Wegbereiter des nationalsozialistischen Staates gemacht.

Gegen Böckenfördes Thesen wurde und wird ebenso viel eingewendet, wie sie bis heute immer wieder Zustimmung erfahren. Sehr rasch antwortete z. B. Hans Buchheim, der Böckenförde vorwarf, das Klima der Zeit und die Zuträgerschaft national-konservativer Kräfte bei Hitlers Machtergreifung in seinen Überlegungen gar nicht berücksichtigt zu haben (206; Antwort darauf: 199).

Erklärung vom 28. März 1933

Darüber hinaus entfachte Böckenfördes Sicht nun zum einen kontroverse Interpretationen der bischöflichen Erklärung vom 28. März 1933: Dort hatte es im dritten Abschnitt geheißen, dass die Katholiken „zur Treue gegenüber der rechtmäßigen Obrigkeit und zur gewissenhaften Erfüllung der staatsbürgerlichen Pflichten und grundsätzlicher Ablehnung allen rechtswidrigen oder umstürzlerischen Verhaltens" aufgefordert seien. War das nun, wie etwa Paul Mikat (280) meint, nur ein Aspekt der Erklärung, neben dem alle früheren Vorbehalte in Kraft blieben? Denn eine „nüchterne und vorurteilsfreie Analyse der bis zur Stunde zur Verfügung stehenden Dokumente und Verlautbarungen führt nach unserer Auffassung zu dem Ergebnis, dass die in schwieriger kirchenpolitischer Situation abgegebenen

Stellungnahmen der deutschen Bischöfe im Frühjahr 1933 keineswegs Zeugnisse einer vorbehaltlosen Bejahung des neuen Regimes darstellen. [...] Nach 1945 mag diese Distanz dem Betrachter leicht geringer erscheinen, als sie es 1933 in Wirklichkeit gewesen war" (280, S. 234 f.). Oder forderte und förderte diese Erklärung am Ende nicht doch geradewegs eine Anerkennung Hitlers als rechtmäßige Obrigkeit – so Böckenförde (199) oder auch Kurt Sontheimer (323)?

Reichskonkordatskontroverse

Zum anderen rückte mit Böckenfördes Überlegungen auch das Reichskonkordat selbst in den Horizont der Diskussion: Hatte es dem politischen Katholizismus in Deutschland den Todesstoß versetzt? Während Karl Otmar Frhr. von Aretin (186) genau das bejahte, lehnte Josef Becker (192) einen solchen Kausalzusammenhang („Kausalitätsthese") ab. Bestand gar ein Zusammenhang zwischen dem Konkordatsplan und der Zustimmung des Zentrums zum Ermächtigungsgesetz beziehungsweise zur Kundgebung der Bischöfe vom 28. März oder, um mit Thomas Dehler zu sprechen, hat der Vatikan 1933 sogar „mit der Möglichkeit spekuliert, mit Hitler nun einen klerikofaschistischen Staat in Deutschland errichten zu können"? Diese „Junktimthese" wurde zuerst und am nachdrücklichsten von Klaus Scholder vertreten (313, S. 541). Und weit darüber hinaus: War nicht das Konkordat, der „Affinitätsthese" Böckenfördes entsprechend, ein schlagender Beweis für die Interessenidentität des Papstes und des deutschen Diktators, so Leonore Siegele-Wenschkewitz (321)? Schließlich: Selbst wenn man der „Junktim"- oder „Affinitätsthese" nicht folgen will, wäre nicht immerhin zu fragen, ob nicht das Konkordat Ausdruck eines Konsenses zwischen Vatikan und Drittem Reich war („Konsensthese")? Schließlich hatte doch auch der Münchner Kardinal Michael Faulhaber im Juli 1933 vom Konkordat als einem „Handschlag" zwischen Drittem Reich und Vatikan gesprochen! Einem „Handschlag", der freilich Hitler einen erheblichen Prestigegewinn eingebracht habe und, so wieder Klaus Scholder (314, S. 255), „doch weit mehr die Kirche" band und die Bischöfe in eine generelle „Loyalitätspflicht" gegenüber dem Regime brachte, als dass er der Kirche Vorteile verschafft hätte.

Diesen Deutungen gegenüber hat Konrad Repgen noch 1987 resümierend eine zur historischen Logik und Methode mahnende Replik entgegengestellt, die die Streitpunkte kritisch beleuchtete. Hinsichtlich der „Affinitätsthese" gab Repgen zu bedenken, dass der Vatikan auch mit dem stalinistischen Russland Konkordatsverhandlungen geführt hat, zu dem man wohl kaum politische Affinitäten unterstellen könne. Viel nahe liegender sei es, von einem alten Grundsatz päpstlicher Politik als Motiv für solche Unterhandlungen auszugehen, den der Papst erst 1929 wieder formuliert hatte: „Wenn es sich darum handeln würde, eine einzige Seele zu retten, einen größeren Schaden von den Seelen abzuwenden, so würden wir den Mut haben, auch mit dem Teufel in Person zu verhandeln" (304, S. 201).

Hinsichtlich der „Junktimthese" verweist er auf die minutiöse Aufarbeitung der Entscheidungsabläufe in der Zentrumsfraktion durch Rudolf Morsey (289) und die ebenso detaillierte Studie zur Entstehungsgeschichte des Reichskonkordats von Ludwig Volk (336), die keinen Anhaltspunkt für die Stichhaltigkeit der „Junktimthese" ergeben hätten.

Gegen die „Kausalitätsthese", die das Ende der Zentrumspartei als Folge der Konkordatsverhandlungen versteht, sprechen Repgen zufolge eine Reihe von Argumenten der historischen Logik: „Erstens ist nicht einzusehen, warum die beiden Parteien des politischen Katholizismus in der deutschen Revolution von 1933 ein anderes Geschick erleiden sollten als die übrigen Parteien und politisch relevanten Großinstitutionen sozialistischer, liberaler und konservativer Provenienz. Zweitens hat der Zentrumsvorsitzende Brüning am Abend des 29. Juni [...] einem englischen Diplomaten anvertraut, er werde am kommenden Tag die Partei auflösen. Zu diesem Zeitpunkt kann er nicht gewusst haben, dass der Papst am 2. Juli den generellen Rückzug des Klerus aus der Parteipolitik (Art. 32) konzedieren würde, was der Vatikan bis dahin abgelehnt hatte. Drittens war für die Selbstauflösung des Zentrums entscheidend, die innere Entwicklung der Partei nach dem Ermächtigungsgesetz. [...] Seit April, und vollends im Mai und Juni, als nur wenige Insider etwas von den Reichskonkordatsgesprächen wussten, ist die Zentrumspartei zerfallen" (304, S. 205).

Die „Konsensthese" hält Repgen vor dem Hintergrund des Gesagten ebenso für verfehlt, insofern hier eine weit gehende Interessenidentität zwischen Vatikan und Drittem Reich unterstellt wird. Anders hingegen beurteilt er die Lage, wenn die *Wirkung* des Konkordats in der deutschen Öffentlichkeit in Rede steht. Hier sei der Prestigegewinn in der Tat „unbestreitbar". Gleichwohl sieht er diesen Gewinn nicht als „Hauptfaktor zur Beschreibung der unmittelbaren Wirkungen des Reichskonkordats". Denn zum einen veröffentlichte der Vatikan im Osservatore Romano am 27. Juli 1933 einen Artikel, in dem deutlich herausgestellt wurde, dass das Konkordat keine „Billigung oder Anerkennung einer bestimmten Strömung von Doktrinen und politischen Aufforderungen" darstelle. Während in der gleichgeschalteten deutschen Presse davon natürlich nichts zu lesen war, verstand man im Ausland diese Botschaft wohl. Zum anderen fehlt es uns an brauchbaren Quellen, um die Wirkung des Konkordats in der deutschen Öffentlichkeit zweifelsfrei feststellen zu können. Das Spektrum der überlieferten Meinungen reicht von begeisterter Zustimmung bis zu entsetzter Ablehnung und ist nicht quantifizierbar. Deshalb beurteilt Repgen das Konkordat als das, was es der historischen Logik zufolge sei: „die vertragsrechtliche Form der Nicht-Anpassung der katholischen Kirche an das Dritte Reich." Angesichts der ansonsten feststellbaren Defizite und Schwächen und angesichts des durch die Vertragsbrüchigkeit des Hitlerreiches verursachten eingeschränkten Wirkungsgrades dieses berühmten Vertrages sei dies allerdings für die katholischen Christen und den Episkopat „nach allem, was von 1933 bis 1945 geschehen ist – kein Grund zum Stolz" (304, S. 213).

Hochhuth: „Der Stellvertreter"

Während all diese, z. T. bereits als „klassisch" zu definierenden Kontroversen zwar gelegentlich die Schwelle hin zur seriösen Tagespresse überschritten haben, gleichwohl doch immer nur das Interesse eines eingeschränkten, historisch interessierten Leserkreises fanden, hörte dies mit dem 20. Februar 1963 auf, als Rolf Hochhuths Drama „Der Stellvertreter. Ein christliches Trauerspiel" (244) uraufgeführt wurde. Hochhuth zeichnete den Papst als eine Figur, die „nichts war als die unmenschliche Verkörperung einer Institution" (238, S. 20) in einer Zeit allumfassender Bedrohung der Menschheit durch das Hitlerregime. Dadurch kam eine neue, leicht zu verbreitende Wertungskategorie in die schnell aufbrausende öffentliche Diskussion. Nunmehr ging es um das Messen des Verhaltens des Papstes und der Kirche an „den kompromisslosen Forderungen des Evangeliums", wie John S. Conway (207, S. 18) einmal festgestellt hat. Obwohl dies alles andere als eine brauchbare historische Kategorie ist, verbreitete sie sich schnell auch in der Wissenschaft, so etwa bei Gordon C. Zahn (344) oder Guenter Lewy (265) und schwingt bis heute bei den meisten Diskussionen um das Thema „Kirche und Drittes Reich" mit (vgl. hierzu die instruktive Kritik an Lewy in 337, S. 340).

Kontroverse um Pius XII.

Im Zentrum dieser Diskussionen steht immer wieder der von vielen Katholiken seiner Generation hoch verehrte Papst Pius XII., dem Hochhuth vorwarf, er trage Mitschuld an der Vernichtung der Juden, weil er seine öffentlichen Wirkungsmöglichkeiten nicht genutzt, sondern eben nur geschwiegen habe. Hochhuths Drama war aber nur *ein* Anstoß für die Diskussion. Als 1965 ein Seligsprechungsverfahren für Pius XII. eingeleitet wurde, erhielt die Auseinandersetzung neue Nahrung. Vier Jahre später erhob der Amerikaner Robert Katz mit einer romanhaften Veröffentlichung weitere Vorwürfe, indem er Pius XII. für die 1943 erfolgte Erschießung von Römern, unter denen sich auch Juden befunden haben, verantwortlich machte. Weil Carlo Ponti das Thema des Buches in seinem Film „Massacre in Rom" aufgriff, erreichte die nachweislich falsche Behauptung weite Bevölkerungskreise. In den 1970er Jahren erhielt die Diskussion neue Argumente, als von einer angeblich unterschlagenen Enzyklika Pius XI. die Rede war, in der dieser sich zum Wortführer gegen den Antisemitismus habe machen wollen. Da Pius XII. dies nicht aufgegriffen hatte, erschien er einmal mehr als der angesichts unvorstellbarer Verbrechen an der Menschheit „schweigende Papst". Erneut erhob sich eine heftige Welle von Anwürfen, als Johannes Paul II. 1998 ein Dokument über die Shoa veröffentlichte, in dem der christliche Antijudaismus wie der Antisemitismus in Vergangenheit und Gegenwart eindeutig verurteilt wurden. Da hier wie im Schuldbekenntnis, das Johannes Paul II. im Jahre 2000 aussprach, keine eindeutige Verurteilung des Amtsvorgängers ausgesprochen wurde, konnte sich die Diskussion ein weiteres Mal entzünden.

Wissenschaftlich orientierte Publikationen haben den Vorwurf Hochhuths, der Papst habe aus Geldgier über den Mord an den Juden geschwiegen, mittlerweile modifiziert: So ging etwa Saul Friedländer (220) 1964 davon aus, dass der Antikommunismus Pacellis zu seiner Zurückhaltung gegenüber dem Verbrechen der Nationalsozialisten beigetragen habe. John Cornwell dagegen glaubte in seiner 1999 erschienenen Pius-Biographie (208) den Nachweis führen zu können, der Papst sei von Kindesbeinen an selbst ein Antisemit gewesen.

Gegen diese Auffassungen und die dafür herangezogenen Argumente hat es immer auch heftigen Widerspruch gegeben. In den 1960er-Jahren etwa war es der israelische Diplomat und Religionsphilosoph Pinchas Elias Lapide, der auf der Grundlage von Quellen jüdischer Provenienz errechnete, dass die katholische Kirche ganz im Gegensatz zur Auffassung Hochhuths und anderen mindestens 700000 Juden das Leben gerettet habe (263). Solche Erkenntnisse werden neuerdings in polemischer Wendung gegen John Cornwells Buch, das den englischen Titel „Hitler's Pope" trägt, von Andrea

Tornielli unter dem Titel „Il papa degli Ebrei" (330) verbreitet. Der Vatikan selbst war bemüht durch eine seriöse elfbändige Aktenedition das päpstliche Verhalten zu erklären (271). Jüngst hat Pierre Blet die wesentlichsten aus den Akten zu gewinnenden Erkenntnisse in einer Monographie zusammengetragen (196), gleichwohl auch damit den Vorwurf, der Vatikan habe hier nur selektiv seine Akten vorgestellt, nicht auszuräumen vermocht. Andere Arbeiten wiesen nach, dass auch Pius XII., wenn nicht lauthals, so doch an manchen passenden Stellen seine Stimme gegen die Judenverfolgung erhoben und persönlich tausende römischer Juden vor der Ermordung gerettet hat. Sein Weg war der der Verhandlung, weil die auch für den Vatikan bedrohliche Situation im faschistischen beziehungsweise deutsch besetzten Italien keine anderen Optionen zuließ – so meinen die Verteidiger der päpstlichen Politik (214, S. 184–190).

C. A. Graf v. Galen

Es kann kaum verwundern, dass vor diesem Hintergrund ein zunehmend kritisches Hinterfragen herausragender Figuren auch des kirchlichen Widerstandes in Deutschland unter dem Vorzeichen einer „Entmythologisierung" stattfindet. Dies traf z. B. den unmittelbar nach dem Krieg durchgängig und auch heute noch in vielen Publikationen gleichsam als „Löwe von Münster" (I. Klocke) verehrten Kardinal Clemens August Graf v. Galen. Während die eine Seite hier auf seine mutigen Predigten gegen die Euthanasieaktionen und den Klostersturm abhebt und seine kompromisslose Haltung gegen den Nationalsozialismus betont, reflektiert eine eher kritische Richtung seine Demokratiefeindschaft sowie zahlreiche konservative Schnittmengen seines Denkens mit dem Nationalsozialismus. Dabei geht in der Kritik etwa an seiner Zustimmung zum Russlandfeldzug allzu leicht die grundsätzliche Ablehnung des Totalitarismus unter (310; vgl. auch 261).

Evangelischer „Kirchenkampf"?

Das moralische Wertungskriterium traf im Übrigen auch die evangelische Kirche, deren bekennender Zweig sich ja nicht nur während der Zeit des Nationalsozialismus mutig von den anpassungsbereiten „Deutschen Christen" abgesetzt, sondern auch nach 1945 stolz das „Erbe" eines mutigen „Kirchenkampfes" gepflegt hatte. Nach ersten kritischen Nachfragen des Erlanger Theologen Friedrich Baumgärtel in seiner 1958 entstandenen Schrift „Wider die Kirchenkampflegenden" (191) setzte Mitte der 1960er Jahre auch hier eine zunehmende Infragestellung der voreiligen Identifikation von Kirchenkampf und politischem Widerstand im engeren Sinne ein (306, S. 173 f.). Indem Eberhard Bethge (194) und Ernst Wolf (341) durch differenzierende Modelle verschiedene Formen von Widerstand im evangelisch-kirchlichen Raum zu unterscheiden suchten, wurde der vergleichsweise geringe Beitrag zum politischen Bereich deutlich und es setzte „eine Revision des Bildes des Kirchenkampfes ein, dessen Erbe nun besonders im Blick auf ‚ethische Fragen' des Widerstandes umstritten erscheint" (306, S. 174). Kennzeichnend für diesen grundlegenden Perspektivenwechsel wurde Eberhard Bethges treffende Formulierung „Wir haben widerstanden mit dem Bekenntnis, aber wir haben nicht bekannt mit dem Widerstand" (195, S. 291). Vor diesem Hintergrund erscheint Joachim Mehlhausen der Begriff „Kirchenkampf" mittlerweile gar nicht mehr verwendbar, denn, so sein Hauptargument: „Nur kleine bis kleinste Segmente des vielschichtigen Geschehens können als ‚Kampf', als ‚resistentes Verhalten', als ‚Opposition' oder als ‚Widerstand' gegen die nationalsozialistische Herrschaft bezeichnet werden" (275, S. 43).

Neue Methoden der Resistenzforschung

Diese Problemlage verschärfte sich noch, als, beginnend in den 1970er Jahren, die historische Wahlforschung (so etwa bei Falter [213]) eine aktive Resistenz des katholischen Bevölkerungsteils nachweisen konnte, umgekehrt Regionen mit hohen Anteilen an evangelischer Bevölkerung (vor allem auf dem Land) tendenziell frühere und größere Neigungen zur Hitlerpartei in der Zeit der Weimarer Republik erkennen ließen. Deutete sich in diesem Befund fast schon eine Rückkehr zu der alten Anschauung vom Katholizismus als einer zentralen Gegenkraft des Nationalsozialismus an, so ist eine in den 1990er Jahren aufgenommene Erforschung von sozialmoralischen Milieus, die auf theoretischen Überlegungen von Mario R. Lepsius fußt, bemüht, diesem Bild mehr Tiefenschärfe zu verleihen. Dabei geht es darum, das Verhalten überschaubarer Milieuverbände detailliert zu erforschen, um ein alltagsnahes Bild der katholischen Bevölkerung zwischen Anpassung und Widerstand zu gewinnen. Dies ist, Heinz Hürten folgend, in der Tat ein erstrebenswertes Ziel, denn: „Das Leben der Kirche und der Gläubigen geht nicht in Kirchenpolitik auf. Weil sie aber besser als die Realität des alltäglichen Lebens dokumentiert ist, gerät der Historiker nur zu leicht in die Gefahr, sie für das Ganze zu halten" (246, S. 271). Die Leistungsfähigkeit des milieutheoretischen Ansatzes darf mittlerweile als erwiesen angesehen werden (328, S. 48 f.), wenn er auch längst nicht alle gesellschaftlichen Gruppen zu erfassen vermag: Die Existenz eines protestantischen Milieus beispielsweise gilt als umstritten (296).

Insbesondere auf lokaler wie regionaler Ebene haben Untersuchungen zur Struktur katholischer Milieuverbände ein breites Verhaltensspektrum identifizieren können, das die generell gültigen wahlstatistischen Untersuchungen differenziert und Momente wie Motive anpassungsbereiten Verhaltens auch unter Katholiken erklären kann. Damit ist die ursprüngliche Sicht auf die deutschen Katholiken (z. B.) als einer an sich „resistenten" gesellschaftlichen Großgruppe nicht revidiert, wohl aber differenziert und mit jener notwendigen historiographischen Tiefenschärfe versehen, die es möglich macht, die feststellbaren Antinomien zu erklären. Wer allerdings hoffte, dass der milieutheoretische Ansatz zu einer sachlichen, objektiveren Klärung der Rolle der Kirchen im NS-Staat beitragen werde, muss sich spätestens nach einer umfänglichen Untersuchung über das Saarland von Paul und Mallmann (299; zur Kritik siehe 253, S. 326 f.), die antikatholische Affekte nicht zu unterdrücken vermag, enttäuscht sehen.

Festzuhalten bleibt, dass gerade die vielfältigen Kontroversen, Debatten und Diskussionen um die Rolle der Kirchen im Nationalsozialismus mit ihren unterschiedlichen methodischen, inhaltlichen und quellenkritischen Gesichtspunkten sich äußerst anregend ausgewirkt und eine Qualität der Auseinandersetzung herbeigeführt haben, die beispielhaft auch für andere Bereiche der Erforschung der NS-Zeit sein könnte.

h) Frauen im Nationalsozialismus – „Opfer oder Täterinnen"?

Wo immer vom Nationalsozialismus, seinen Opfern und Tätern die Rede ist, wird über Männer gesprochen, eher selten tauchen Frauen als Akteure auf. Dies mag, wie Gisela Bock meint, „der Geschlechterblindheit der herkömmlichen Geschichtsschreibung zuzuschreiben" (197, S. 563) sein, mehr aber wohl noch den gesellschaftlichen Realitäten in der ersten Hälfte des 20. Jahrhunderts. Gleichwohl hat die Frage, welche Rolle Frauen im Nationalsozialismus gespielt haben, die historische Frauenforschung in den 1980er und 1990er Jahren beschäftigt und geradezu einen „Historikerinnenstreit" (259, S. 481; 260) hervorgerufen.

Die Position von Stephensen und Bock

Schon früh richtete sich das Forschungsinteresse in den 1970er Jahren auf die auch in der wissenschaftlichen Literatur verbreitete These, die Stimmen der weiblichen Bevölkerung hätten Hitler an die Macht gebracht. Dies konnte aufgrund der schon mehrfach erwähnten historischen Wahlforschungen rasch widerlegt werden. Übrig blieb gleichwohl das ebenso weit verbreitete Bild der Frau als Objekt der nationalsozialistischen Familien- und Sozialpolitik, ein Bild das zugleich auch der Vorstellung von der Frau als „Opfer" des Nationalsozialismus oder doch als „Unschuldige" an der politischen Entwicklung zwischen 1933 und 1945 Vorschub geleistet hat. So formulierte die Engländerin Jill Stephenson, die deutschen Frauen seien „contrary to the popular view, peculiarly resistant to National Socialism, and probably, because of their relative inaccessibility, much more resistant than men" gewesen (326, S. 18). Dieses Verständnis erfuhr eine tendenzielle Verstärkung durch die Arbeiten von Gisela Bock, die bei einer Untersuchung über „Zwangssterilisation im Nationalsozialismus" erstmals und in großem Umfang den Nachweis zu führen suchte, dass die landläufige Meinung, die Nationalsozialisten hätten eine aktive Geburtenförderung und Aufwertung der Mutterschaft betrieben, so nicht zutreffend sei. Die nationalsozialistische Frauenpolitik sei vielmehr unter rassistische Gesichtspunkte gestellt worden und damit im Kern „antinatalistisch" gewesen. Den Frauen habe der Nationalsozialismus ganz ähnlich wie „fremden Rassen" das Recht verweigert, „ungestraft ‚anders' zu sein. Die nationalsozialistische Geburtenpolitik war sexistisch insofern, als sie die Geburtenverhütung, einstige Domäne von Frauen, verstaatlichte; sie war rassistisch insofern, als sie zwischen ‚wertvollen' und ‚minderwertigen' Gebärenden beziehungsweise Geburten diskriminierte. Der sterilisationspolitische Rassismus wurde zu einem Vehikel von Sexismus, indem er sexualitäts-, arbeits- und gewaltförmige Normen für die Geschlechter und ihre Beziehungen festschrieb, setzte oder durchsetzte, indem er Gebären und Mutterschaft untersagte und die Blut- und Mordmetaphorik des ‚Denkens in Geschlechtern' vor allem am weiblichen Geschlecht realisierte. In dem Versuch, soziale Fragen ‚biologisch' zu lösen, verschmolzen Rassenpolitik und Frauenpolitik" (198, S. 465).

Die Position von Cl. Koonz

Solchen Positionen erteilten einige Frauenforscherinnen Ende der 1980er Jahre eine deutliche Absage. Zu lange, so meinte eine der wohl exponiertesten Vertreterinnen der Kritik, Claudia Koonz, seien die Frauen als eine gesellschaftliche Großgruppe im Nationalsozialismus nur als Opfer oder gar Heldinnen stilisiert worden. In Wahrheit aber seien Frauen ganz wesentlich an dem nationalsozialistischen Verbrechensstaat beteiligt gewesen: „Far from remaining untouched by Nazi evil, women operated at its very center […] Far from being helpless or even innocent, women made possible a murderous state in the name of concerns they defined as motherly" (257, S. 5f.). In dem Wunsch, eine identitätsstiftende Frauengeschichte zu schreiben, habe man fälschlicherweise den NS-Staat als eine extreme Form von Männerherrschaft dargestellt, dem die Frauen nichts als unterworfen gewesen seien. Tatsächlich aber hätten sich die Frauen im Nationalsozialismus nicht nur an den Verbrechen beteiligt, sondern durch die Ideologie der Geschlechterpolarität eine eigene „weibliche Sphäre der Privatheit" intakt gehalten, mit der sie gleichsam als Hausfrauen und Mütter mitschuldig geworden seien. Insbesondere durch ihre „emotionale Arbeit" in den Familien der Täter hätten sie die vielfältigen Gräueltaten des Regimes erst möglich gemacht.

Diesen Thesen hat Gisela Bock in einer umfänglichen Rezension der Arbeit von Koonz eine Vielzahl sachlicher und historisch-handwerklicher Fehler entgegengehalten und den Ansatz als einen Reflex auf aktuelle feministische Diskussionen in den USA interpretiert. Koonz sei eine Anhängerin des „equal rights feminism" und versuche nun nachzuweisen, dass „die Schrecken des Nationalsozialismus nicht stattgefunden hätten, wenn die Frauen in Deutschland dieser Variante des Feminismus angehangen hätten, und dass sie stattfanden, weil sie ihr nicht anhingen" (197, S. 565). Ihr Urteil war eindeutig: „Es gibt Geschichtsbücher mit vielen Irrtümern, die dennoch einen erhellenden theoretischen Bezugsrahmen enthalten, und es gibt Geschichtsbücher, die einen solchen nicht haben und gleichwohl wichtige und genaue Informationen enthalten. Koonz' Buch leidet an beiden Mängeln, und sie hängen offensichtlich zusammen. Es wirft eine Reihe von wichtigen Fragen auf, aber beantwortet sie nicht oder unzureichend. Es ist von einer bestimmten Version heutiger feministischer Werte geprägt, die den Versuch leiten, die weibliche ‚separate sphere' als conditio sine qua non des Holocaust und den Holocaust als Radikalisierung der weiblichen ‚separate sphere' darzustellen. Aber die Darstellung ist mehr ideologisch als logisch, und mehr ideologisch als historisch" (197, S. 579).

Mit Birthe Kundrus wird man wohl behaupten können, dass die Kritik an dem bis Ende der 1980er Jahre vorherrschenden Bild der Frau im Nationalsozialismus zwar berechtigt, jedoch über „ihr Ziel weit hinausgeschossen" ist. Sehr schnell wurde denn auch unter den interessierten Historikerinnen und Historikern klar, dass der deutliche Gegensatz der Meinungen letztlich auf einer „falschen Abstraktheit" der Dichotomie Opfer–Täterin beruht und, so wäre zu ergänzen, auf einer so historisch doch kaum haltbaren Verallgemeinerung von Frauen als substantiell homogener gesellschaftlicher Gruppe. Im Nationalsozialismus, so erklärt Kundrus, gebe es nun einmal „keinen Ort der Unschuld, es gibt im gesellschaftlichen Zusammenhang wohl kein Subjekt, das nur Opfer oder Täterin wäre. Frauen waren im ‚Dritten Reich' aufgrund ihrer Geschlechtszugehörigkeit überwiegend in subalternen Positionen. Sie konnten sich aber dennoch zur Teilhabe an der Macht entscheiden und so zu Trägerinnen von Gewaltmechanismen werden" (259, S. 485). Tatsächlich haben eine Reihe von biographischen und kollektivbiographischen Studien über Frauen als Täterinnen im Nationalsozialismus diese Position mittlerweile so untermauert, dass beide Perspektiven mit den entsprechenden Differenzierungen nebeneinander existieren können (siehe zum Beispiel 279).

4. Der Krieg: Arbeit an Legenden

Der Zweite Weltkrieg ist nicht nur in seiner bestimmenden Funktion als Weltanschauungs- und Vernichtungskrieg historisch von Bedeutung, er stellte auch für Millionen von Menschen eine erlebte Realität dar und gibt nicht nur der Militärgeschichte im engeren Sinne eine Vielzahl von Fragen auf. Außerhalb Deutschlands wird dies so auch seit jeher gesehen und ganz unbefangen die militärische Ereignisgeschichte in die politische Geschichte integriert. In Deutschland dagegen tut sich die historische Forschung bisweilen schwer damit, in der gleichen wissenschaftlichen Unvoreingenommenheit mit diesem Thema umzugehen. Gleichwohl haben sich in den vergangenen Jahrzehnten auch auf diesem Gebiet eine Reihe von Kontroversen und Paradigmenwechseln ereignet, die bei einem forschungsorientierten Blick auf das Dritte Reich nicht vergessen werden sollten – schon alleine, um nicht zählebige Legenden weiter zu tradieren.

a) Der „Blitzkrieg"

Hitlers strategisches „Genie"

Eine dieser erstaunlich lebensfähigen Legenden ist die bis heute immer wieder verbreitete Vorstellung, Hitler habe mit der Wehrmacht jene grandiosen Anfangserfolge erzielt, weil er die so genannte „Blitzkrieg-Strategie" erfunden habe. Mit dieser Strategie sei es möglich gewesen, die personellen und materiellen Ressourcen immer nur bis zu jenem Umfang zu mobilisieren, wie es für die Niederwerfung des jeweils nächsten Gegners notwendig gewesen sei. In stetigem Wechsel zwischen schnellen Operationen, bei denen die volle Gewalt und das volle Potential der wirtschaftlichen und militärischen Möglichkeiten eingesetzt worden sei, und Pausen, in denen das eroberte Gebiet ausgebeutet wurde und die Truppen sich erholen konnten, seien die Phasen des „Blitzkrieges" bestimmt worden. Die wehrwirtschaftliche Basis des Krieges sei so kontinuierlich verbreitert, die Wucht der militärischen Schläge Zug um Zug vergrößert worden. Erst die Blitzkriegstrategie, so die Vorstellung, habe es dem an sich militärisch schwachen Deutschland möglich gemacht, stets neue operative Ziele schnell zu erreichen, noch bevor der Gegner zu voller Kampfkraft gelangt sei. Mit jedem Blitzsieg aber sei die Wehrmacht stärker geworden und habe damit ihre militärischen Möglichkeiten verbessert.

Der Ausgangspunkt dieser Vorstellungen ist recht präzise auf die Zeit unmittelbar nach den Siegen der Wehrmacht 1940 zu datieren, als die deutsche Propagandamaschinerie den Begriff benutzte, um den Erfolgen noch einen besonderen Glanz zu verleihen. Die Wehrmacht selbst gebrauchte das Wort höchst selten. Vielfach dagegen nahm es die britische Presse auf. Nachdem allerdings die „Blitzkriegsstrategie" im Russlandfeldzug ihre entscheidende Niederlage erlebt hatte, wollte niemand mehr, am wenigsten Hitler selbst, noch mit diesem Begriff in Verbindung gebracht werden. Das sei ein „blödsinniges Wort", das er selbst „noch nie" verwendet habe, soll er gesagt haben.

Gleichwohl wurde die Vorstellung in vielen militärhistorischen und außenpolitisch orientierten Arbeiten nach dem Ende des Krieges zur Erklärung der deutschen Siege bemüht. Alan S. Milward war einer der bekanntesten Verfechter dieser These. 1975 leitete er seinen Aufsatz über das Thema mit der Feststellung ein: „Heute wird allgemein anerkannt, dass die Militärstrategie des nationalsozialistischen Deutschland zureichend als eine ‚Blitzkrieg'-Strategie definiert werden kann" (351, S. 189). Auch Burton H. Klein hatte bereits 1945 in den USA ähnliche Analysen formuliert (350). Von hier aus fand die Vorstellung Eingang in viele Arbeiten zum Zweiten Weltkrieg, so etwa eher zurückhaltend bei Andreas Hillgruber (71), offensiver bei Ludolf Herbst (348, S. 98ff.).

Diesen Vorstellungen gegenüber hat Karl-Heinz Frieser 1995 in einer außerordentlich gründlichen Analyse der erhaltenen Akten zur Kriegsführung der Wehrmacht eine Gegenposition bezogen. Betrachtet man den tatsächlichen Ablauf und die Vorbereitung vor allem des Westfeldzuges 1940, so ergibt sich seiner Ansicht nach ein völlig anderes Bild. Frieser zufolge zeigen die Vorbereitungsmaßnahmen für den Frankreichfeldzug eindeutig, dass die deutsche Führung mit einer Neuauflage des langwierigen Ringens des Ersten Weltkrieges rechnete. Dass die militärischen Operationen so schnell und erfolgreich verliefen, überraschte die Wehrmachtsführung selbst.

Die Ursache für den unerwarteten Erfolg sieht Frieser in drei wesentlichen Faktoren:

1. in einem Wandel des Kriegsbildes, d.h. in einer Renaissance des Bewegungskrieges, die durch den Einsatz von Panzerverbänden und Luftstreitkräften erreicht wurde. Dies allerdings war nicht das Ergebnis einer sorgfältigen, vorausschauenden Planung der deutschen Stäbe, sondern ergab sich für die Wehrmachtführung selbst in überraschender Weise, geradezu zufällig.

2. in beträchtlichen Schwächen der alliierten Führung, die sich auf die neuen Rahmenbedingungen des Bewegungskrieges erst viel zu spät einstellen und ihre materielle Überlegenheit daher nicht nutzen konnte.

3. in der mutigen, über Befehle sich hemmungslos hinwegsetzenden Führungsstärke einzelner deutscher Truppenführer, die sich dabei auf die Auftragstaktik beriefen. Nur sie hätten den von Manstein geplanten und von der Mehrheit der Wehrmachtführung im Grunde abgelehnten „Sichelschnittplan" wirklich umgesetzt und dann auch zum Erfolg geführt. „Die Schlüsselszene der Operation bildete Guderians eigenmächtiger Ausbruch aus dem Brückenkopf von Sedan. Erst dadurch wurde – gegen den Willen der übergeordneten Führung – der Erfolg von Mansteins visionärer ‚Sichelschnitt'-Idee herbeigezwungen" (347, S. 434).

So kam es denn zu einem schnellen Sieg, und zwar ohne den „Zauderer Hitler, dem angesichts der sich immer mehr verselbständigenden Operation das Heft des Handelns aus der Hand gerissen wurde.[...] Der Westfeldzug war somit kein geplanter Eroberungsfeldzug, vielmehr handelte es sich um eine operative Verzweiflungsaktion, um aus einer verzweifelten strategischen Situation herauszukommen. Das so genannte ‚Blitzkrieg-Denken' entwickelte sich erst nach dem Westfeldzug. Es war nicht Ursache, sondern Folge des Sieges" (347, S. 435).

b) Das „Wunder" von Dünkirchen

Aufgrund der schnellen Erfolge der Wehrmacht im Westfeldzug wurden die britischen Expeditionstruppen im Mai 1940 immer weiter an den Ärmelkanal zurückgedrängt. Es blieb bald nur noch ein Ausweg: Die Truppen mussten in größter Eile evakuiert und nach Großbritannien zurückgebracht werden. Dabei kam ihnen ein „Halt-Befehl" Hitlers für die Wehrmacht entgegen. Bis zum 26. Mai, als die eigentliche Operation „Dynamo" begann, waren rund 28000 britische Soldaten zurückgeführt worden. Kaum jemand erwartete, dass diese Zahl angesichts der überlegenen deutschen Truppen noch hätte wesentlich übertroffen werden können. Tatsächlich aber gelang es, bis zum 4. Juni die Stellungen zu halten und begünstigt von einem ruhigen Seewetter mehr als 330000 Mann nach England zu retten. Wie war das möglich angesichts der zu diesem Zeitpunkt massiven Übermacht der Wehrmacht und der heillosen Flucht, in die die Kerntruppen Großbritanniens geraten waren?

Erklärungen für den „Halt"-Befehl

Diese Frage stellt sich umso drängender, wenn man bedenkt, dass der Verlust einer so erheblichen Zahl bestausgebildeter Soldaten und vor allem von Offizieren für Großbritannien zu diesem Zeitpunkt ein kaum wieder gutzumachendes Desaster dargestellt hätte. Die britischen Truppenführer, auch die Generale Montgomery und Alexander, die später den Krieg gegen Deutschland mit entscheiden sollten, sie alle waren in Dünkirchen 1940 eingeschlossen gewesen. Etwas überspitzt ließe sich deshalb fragen, ob vielleicht in Dünkirchen durch das Entkommen der britischen Truppen bereits der Krieg für die Wehrmacht verloren worden ist.

Es kann daher nicht verwundern, dass die Antwort auf die Frage, warum Hitler der Wehrmacht vor Dünkirchen „Halt" befohlen hat, zahlreiche Historiker zu teilweise völlig gegensätzlichen Thesen und Spekulationen veranlasst hat. Mindestens acht unterschiedliche Ansichten über den „Halt-Befehl" lassen sich nach Frieser (347, S. 382ff.) in der einschlägigen Literatur identifizieren.

1. die These, Hitler habe „Halt" befohlen wegen des sumpfigen Geländes um Dünkirchen, das eine Gefahr für die deutschen Panzer bedeutet habe. Diese Erklärung hat Hitler selbst auch später mehrfach für seinen Befehl gegeben. Tatsächlich aber war der Boden in den entscheidenden Tagen trocken und bei vielen anderen Gelegenheiten hat Hitler die von nassem Boden ausgehende Gefahr für Panzer völlig ignoriert.

2. die These, der Ausfall von mehr als 50% der deutschen Panzer habe den Stopp der Operationen bedingt. Diese These ist schon mehrfach widerlegt worden mit Hinweis auf einen nur stundenweisen, wartungsbedingten

Ausfall; ihr Urheber, General v. Kleist, hat seine diesbezügliche Meldung später selbst als Übertreibung bezeichnet.

3. die These, das Stehenbleiben der Truppen sei durch die Furcht vor einem alliierten Flankenangriff bedingt worden: Auch dies hat Hitler gelegentlich selbst geäußert. Doch auch diese Erklärung ist wenig glaubwürdig, denn alle Feindlageberichte ließen zum damaligen Zeitpunkt erkennen, dass es dem Gegner gar nicht möglich gewesen wäre, Kräfte für eine solche Operation zu massieren.

4. die These, man habe den Feldzug bereits als gewonnen angesehen und habe sich auf den zweiten Teil des Krieges gegen Frankreich, den „Fall Rot", konzentrieren wollen. Auch diese Ansicht ist wenig glaubwürdig, weil jeder verantwortungsvolle Militär weiß, dass eine Operation erst wirklich abgeschlossen werden muß, bevor an Verlagerung von Kräften auf andere Kriegsschauplätze zu denken ist.

5. auch die These, die deutsche Führung habe gar nicht gewusst, welch immense Truppenstärken im Kessel von Dünkirchen eingeschlossen gewesen seien. Dies lässt sich jedoch trefflich widerlegen: In einem Brief an Mussolini behauptete Hitler am 25. Mai 1940, es seien 72 alliierte Divisionen eingekesselt. Das wären gleich zehn mehr als sich tatsächlich im Kessel von Dünkirchen befanden.

6. die These, Hitler sei die Möglichkeit des Entkommens der britischen Truppen über See in seinen Planungen gar nicht in den Sinn gekommen; er habe eine solche Operation für unmöglich und aussichtslos gehalten. Auch gegen diese Überlegung sprechen die vorhandenen Quellen. In der Weisung Nr. 13 vom 24. Mai 1940 forderte Hitler nämlich von der Luftwaffe, ein Entkommen der Truppen über See zu verhindern. Daraus resultiert

7. die viel zitierte These, es sei das Versagen der deutschen Luftwaffe, für die Göring die alleinige Zerschlagung der britischen Kräfte reklamiert habe, das den britischen Truppen ein Entkommen ermöglicht hätte. In der Tat mögen Görings großspurige Versprechungen einigen Einfluss auf die Entscheidung Hitlers gehabt haben. Es ist jedoch nicht zu übersehen, dass die Kritik an der Vorstellung, die zu diesem Zeitpunkt bereits ausgelaugte Luftwaffe könne eine heerestypische Aufgabe übernehmen, unüberhörbar war. Auch sprechen Gründe der historischen Chronologie gegen eine ausschlaggebende Bedeutung des Göring'schen Verlangens.

8. schließlich die These, Hitler habe die englischen Soldaten aus voller Absicht schonen wollen, um England vielleicht doch noch als Verbündeten zu gewinnen. Für diese These sprechen Hitlers Ausführungen in seinem 1945 diktierten politischen Testament. Auch der Gesandte Hewel berichtete, Hitler habe ihm am Abend des 24. Mai 1940 anvertraut, er brächte es einfach nicht fertig, „eine Armee von so guter blutsverwandter englischer Rasse zu vernichten". Allerdings erscheinen bei genauem Hinsehen diese Datierungen durchaus unsicher – die zweifellos am 24. Mai 1940 abgefasste Weisung Nr. 13 spricht nämlich davon, dass als nächste Aufgabe die „Vernichtung der im Artois und in Flandern eingeschlossenen franz.-engl.-belg. Kräfte" zu leisten sei. In dem Befehl Hitlers, Flakgranaten mit Zeitzündern zum Beschuss der englischen Truppen zu benutzen, lässt sich zudem auch keine irgendwie geartete Nachsicht den „blutsverwandten" Engländern gegenüber erkennen. Es ist daher auch damit zu rechnen, dass

die Behauptung einer absichtlichen Schonung nichts weiter als eine nachträgliche Schutzbehauptung war, die angesichts der sich schnell abzeichnenden Fehlentscheidung des „Halt"-Befehls entworfen wurde.

Aus all diesen Erwägungen heraus empfiehlt Frieser die Ursache für den „Halt-Befehl" in ganz anderen Zusammenhängen zu suchen. Seiner Ansicht nach entsprang er der Befürchtung Hitlers, die Siege der Wehrmacht und die Führungsqualitäten der Generäle könnten ihn zu einer Randfigur im Kriegsgeschehen degradieren. Um seinen Führungsanspruch zu behaupten und seine Entscheidungsgewalt zu dokumentieren, sprach Hitler den „Halt-Befehl" aus und erinnerte damit die siegestrunkene Generalität daran, wer in Deutschland die Macht in Händen hielt – ein angesichts der bekannten Psychologie Hitlers durchaus erwägenswerter Vorschlag, dem freilich, dies ist nicht zu übersehen, nur eine quellenmäßig schwach untermauerte Indizienkette zugrunde liegt. Man wird daher feststellen müssen, dass trotz akribischer quellenkritischer Arbeit eine wirklich verlässliche Klärung dieser Frage nicht erfolgt ist und vielleicht auch nicht mehr erfolgen kann.

c) Präventivkrieg 1941?

Sowjetische Angriffspläne?

Weit über den Kreis der Militärhistoriker hinaus hat besonders die Debatte über die Wertung des Angriffs auf die Sowjetunion als „Präventivkrieg" für Aufregung gesorgt. Sie nahm ihren Ausgang, als 1985 der österreichische Soziologe und Wissenschaftstheoretiker Ernst Topitsch in einer deutschen und ein übergelaufener sowjetischer Geheimdienstoffizier in einer englischen Zeitschrift etwa zeitgleich mit der These auftraten, Stalin habe im Sommer 1941 die Situation für reif angesehen, durch einen Überfall auf das durch einen fast zweijährigen Krieg geschwächte Deutschland die Weltrevolution voranzutreiben. Diesem Plan sei Hitler durch einen Präventivkrieg gegen die Sowjetunion nur wenige Wochen zuvorgekommen (352, S. 27).

Die Argumentationsführung beider Autoren wies für die Fachwissenschaftler schnell eine Reihe von Schwächen auf: Eine mangelhafte empirische Plausibilität und das Fehlen eines kritischen Umgangs mit obendrein nur selektiv rezipierten Quellen zeigten an, dass die Thesen auf schwachen Füßen standen. Gleichwohl erzielten die Hypothesen eine erhebliche öffentliche Aufmerksamkeit, nicht zuletzt weil die Perestroijka und der bald darauf erfolgte Zusammenbruch des kommunistischen Ostens der Vermutung viel Nahrung gaben, in den sowjetischen Archiven würden manche Dokumente lagern, die zu einer gründlichen Revision unseres bisherigen Geschichtsbildes zwingen könnten.

Das mag auch Walter Post (353) und Joachim Hoffmann (349) angetrieben haben, die Präventivkriegsthese durch vertiefte historische Forschungen zu überprüfen und wo möglich empirisch zu untermauern. Dies rief einen erbitterten Gelehrtenstreit mit einer rasch anwachsenden Zahl einschlägiger Publikationen hervor, der die Presse immer wieder beschäftigt hat und sogar in Bundestagsdebatten zitiert wurde. Auch an der bei solchen Anlässen üblichen Polemik fehlte es nicht: Die Vertreter der Präventivkriegsthese sahen sich bald als „NS-Apologeten" beschimpft, was umso leichter fiel, als ihre Argumente der nationalsozialistischen Propaganda sehr ähnlich sehen. Sie selbst teilten allerdings nicht minder drastisch aus, und sahen in ihren Kritikern „nützliche Idioten" der nach wie vor wirkenden sowjetischen Desinformationspolitik (355, S. 208). Die besondere Schärfe der Auseinandersetzung resultierte auch hier sicherlich wieder aus der Vermengung wissenschaftlicher Interessen mit politisch-moralischen Opportunitätsfragen. Denn gelänge es tatsächlich, den Angriff auf die Sowjetunion als einen Präventivkrieg schlüssig zu belegen, dann wäre die gesamte bislang aufgebaute und weithin als gültig anerkannte Interpretation als „Vernichtungs- und Weltanschauungskrieg" fragwürdig, dann würde die deutsche Aggression in einem zumindest tendenziell viel milderen Licht erscheinen.

Doch zu dieser Bewertungsfrage dürfte es wohl kaum kommen. Denn wie Bernd Wegner nüchtern und sachlich bilanziert, hat die mittlerweile jahrzehntelange Forschung zum Angriff auf die Sowjetunion eines mit großer Übereinstimmung herausarbeiten können: Für die Planung des Unternehmens „Barbarossa" spielte eine irgendwie geartete Bedrohungssituation durch die Sowjetunion überhaupt keine Rolle. Im Gegenteil ging die Wehrmachtsführung von einem sehr schwachen Gegner aus, den man glaubte rasch niederwerfen zu können. Allenfalls kann man davon sprechen, dass die Sowjetunion in Hitlers Perspektive die amorphe Verkörperung der bolschewistischen Gefahr war, der es zu begegnen galt. Diese politische Grunddisposition hat freilich mit dem eigentlichen Gehalt eines „Präventivkrieges" nichts zu tun. Hinzu kommt, dass die tatsächliche Durchführung des Krieges eindeutig zeigt, dass es dem deutschen Diktator nicht um Sicherung des Reiches ging, sondern um die Herstellung einer ganz neuen politischen Situation, in der die Lösung der „Judenfrage" die zentrale Konstante des Denkens darstellte. Der deutsche Angriff war mithin nicht „die ultima ratio einer prinzipiell auf Friedenswahrung abgestellten Politik [...], sondern die prima ratio eines zum Krieg entschlossenen Diktators" (355, 217).

Während die deutsche Kriegspolitik auf diese Weise mit an Sicherheit grenzender Wahrscheinlichkeit zu bestimmen ist, lässt sich umgekehrt über russische Angriffsabsichten im Sommer 1941 kaum etwas Verlässliches sagen. Solange die russische Archivpolitik so restriktiv bleibt wie sie es immer noch ist, wird ein wissenschaftlicher Befund auf sich warten lassen. Die Behauptung eines bevorstehenden russischen Angriffes muss sich so auf nur eine Hand voll Dokumente stützen, die in den letzten Jahren bekannt geworden, quellenkritisch betrachtet aber in mancherlei Hinsicht anfechtbar sind. Ein wirkliches Schlüsseldokument befindet sich darunter nicht. Nach Rainer F. Schmidt haben sich auf dieser Grundlage gleich drei kontrastierende Interpretationsrichtungen gebildet:

1. Das Lager der Aggressionstheoretiker, zu dem neben den genannten Post und Hoffmann etwa auch der Moskauer Historiker Jurij Afanasjev zu rechnen wäre. Sie gehen davon aus, dass Stalin einen Angriffskrieg plante und stützen dies auf eine Reihe von schlichten Beobachtungen. So stellen sie etwa fest, dass Stalin den Verteidigungsgürtel an der Grenze zu Polen

abbauen ließ, dass er seit 1938 eine exorbitante Hochrüstung betrieb, dass die Militärdoktrin der Roten Armee ausschließlich auf der strategischen Offensive fußte, dass die russischen Truppen in Angriffsformation aufgestellt waren und wie sich nach der deutschen Besatzung angeblich zeigte, über Kartenmaterial, Versorgungseinrichtungen und dergleichen mehr verfügten, was zusammengenommen den geplanten Angriffskrieg zu belegen scheint. Mit genau diesen Erkenntnissen argumentiert allerdings auch

2. ein weiteres Interpretationslager, das Schmidt „Verfechter der Vorwärtsverteidigung" nennt. Ihm gehört unter anderem der deutsche Militärhistoriker Manfred Messerschmidt an. Unter diesen Historikern geht man davon aus, dass aus der grenznahen Aufstellung der Truppen nicht notwendigerweise eine Angriffsabsicht abzuleiten sei. Gegen diese Absicht spreche auch, dass Stalin bis zum 22. Juni auch die von der Generalität geforderte Generalmobilmachung nicht anordnete. So war ihrer Meinung nach die Aufstellung der Truppen nichts weiter als eine Art „Vorwärtsverteidigung", die mit der Absicht verbunden war, den angreifenden Gegner sofort zu stoppen, um dann zum Gegenangriff überzugehen und das Kriegsgeschehen in das Feindesland zu tragen. Schließlich geht

3. das Lager der „Apologeten" von einer rein defensiven Ausrichtung der sowjetischen Politik aus und verwirft alle angeführten Argumente. Hier verweist man auf die Schwächen der sowjetischen Rüstung, auf die außenpolitisch ungünstige Lage für einen Angriffskrieg, auf die geradezu gefällige Haltung Hitlerdeutschland gegenüber (354, S. 222–225).

Keine dieser Interpretationen kommt ohne Mutmaßungen, Kombinationen und Indizienketten aus. Mithin bleibt vieles im Bereich des Möglichen, erreicht nicht einmal einen höheren Wahrscheinlichkeitsgrad. Nimmt man alles zusammen, die sicheren Kenntnisse über die deutschen Absichten, die unsicheren Mutmaßungen über die russische Seite, so verwundert es eigentlich, dass es überhaupt zu dieser Kontroverse kommen konnte, dass so viel auch weiterhin darüber debattiert und publiziert wird. Daher trifft Bernd Wegners Einschätzung vermutlich den Kern: „Der eigentliche Skandal der Präventivkriegskontroverse – sofern man denn von einem solchen sprechen will – liegt letztlich nämlich nicht in der Absurdität der These selbst begründet, sondern in der streckenweise fanatischen Bedenkenlosigkeit, mit der – nicht selten unter Missachtung elementarer Grundsätze von Quellenkritik und argumentativer Stringenz – über Jahre hinweg um sie gerungen worden ist" (355, S. 219).

5. Widerstand gegen den Nationalsozialismus: Kontroversen um Begriffe und Träger

Kritik am Widerstand

Wenn eine Zeit von so viel Schatten verdunkelt wird wie jene 12 Jahre nationalsozialistischer Herrschaft, dann ist die Suche nach „Lichtpunkten", seien sie auch noch so klein, geradezu ein menschliches Bedürfnis. Je mehr solche „Lichtpunkte" hervorgehoben, politisch womöglich instrumentalisiert oder gar überhöht werden, muss andererseits die Kritik an der Verzerrung von Maßstäben aufflammen oder die „Entmythologisierung" der entrückten „Helden" notwendig erscheinen. Zwischen diesen Polen ist in den vergangenen rund 60 Jahren denn auch die Geschichtsschreibung um den deutschen Widerstand immer wieder oszilliert, und sie tut es bis heute, wie an dem unerwartet hohen Interesse der Medien anlässlich des einigermaßen „irregulären" 60. Gedenktages an den 20. Juli 1944 im Jahre 2004 deutlich zu erkennen war.

Nicht zu übersehen ist, dass die Beschäftigung mit dem Widerstand den Historiker in ein außergewöhnlich enges Verhältnis zu seinem Gegenstand bringt, ihn mit einzelnen Menschen in Extremsituationen konfrontiert, deren Mut wie deren Versagen kaum unberührt lassen können. Aus diesem Umstand erklären sich die z.T. erbittert geführten historischen Kontroversen um dieses Thema gelegentlich besser als durch die gar nicht zu bestreitende politische Bedeutung des Gegenstandes, die für den Neubeginn nach 1945 mit Händen zu greifen, aber auch heute noch spürbar ist.

Besonders augenfällig war diese politische Funktion der Widerstandsgeschichte im Dritten Reich bis zum Ende der SED-Diktatur, betrachtete sich die DDR doch Zeit ihrer Existenz als der einzige antifaschistische Staat auf deutschem Boden, der für sich in Anspruch nahm, das Erbe des allein relevanten kommunistischen Widerstandes gewahrt zu haben. Welche politische Gefahr aus einer solch einseitigen Sicht auf die 12 Jahre der Hitlerdiktatur, verbunden mit einem zunehmend erstarrten, befehlsgemäß unreflektierten Erinnerungsritual erwuchs, wurde nach der Wende von 1989/90 überdeutlich. Die Defizite in der Erforschung der NS-Zeit auf dem Gebiet der ostdeutschen Länder wurden genauso offenbar wie die Mängel in der schulischen wie der politischen Bildung über dieses Thema mit allen Folgen für die Anfälligkeit gegenüber rechtsradikalen Parolen. Dies belegt nachdrücklich die Notwendigkeit der strittigen öffentlichen Auseinandersetzung mit und die stets neue Aneignung von Themengebieten mit aktuell-politischem Gehalt, wie dies das Thema „Widerstand gegen den Nationalsozialismus" ist.

a) Der Widerstandsbegriff

Dabei bietet schon der Begriff selbst hinreichend Konfliktstoff. Denn ein Konsens über die Verhaltensformen oder historischen Erscheinungen, die unter „Widerstand" zu subsumieren wären, ist zu keinem Zeitpunkt gefunden worden und ist auch nicht zu erwarten.

Die ersten Historiker, die sich mit dem Widerstand nach 1945 beschäftigten, und dabei vor allem die Alliierten von der Existenz dieses Phänomens zu überzeugen suchten, arbeiteten zunächst mit nur groben Begriffsdifferenzierungen. Doch das Begriffsfeld weitete sich schnell aus. So finden sich heute im Umfeld von „Widerstand" und zu dessen Binnendifferenzierung eine kaum mehr überschaubare Zahl von Begriffen wie „Unangepasstheit", „Nonkonformität", „partieller Dissens", „Verweigerung", „Opposition", „innere Emigration", „Resistenz", „Widersetzlichkeit", „Widerständigkeit", „weltanschauliche Dissidenz", „öffentlicher Protest", „Widerstand in engerem oder weiteren Sinne", „aktiver und passiver Widerstand" und dergleichen mehr.

Stufen und Formen des Widerstands

Mit der Prägung differenzierender Begrifflichkeiten ging die Entwicklung von Ordnungsschemata einher, die schon wegen der angewandten unterschiedlichen Kategorien zu sehr gegensätzlichen Ergebnissen kommen sollten. Für Hans Rothfels, der mit seiner 1948 erschienenen Studie (383) vielen gleichsam als der Doyen der modernen Widerstandsforschung gilt, war der 20. Juli 1944 geradezu ein Zentralpunkt des deutschen Widerstandes, weil diese Aktion „ihrem Ziele nahe kam". Aber daneben beobachtete er doch auch Mut und Opferwillen, Kritik und Martyrium. An anderer Stelle sprach er von „der geistigen Prostitution", von der Propagierung einer „Anarchie der Werte", und von vielfältigen Formen der „Nichtgleichschaltung". Dabei stellte er aber auch unmissverständlich fest, dass nicht ohne weiteres zum Widerstand gerechnet werden dürfe, wer „wegen gelegentlicher Äußerungen der Kritik oder der Empörung als volkszersetzendes oder defätistisches Element dem Todesurteil verfiel" (383, S. 24).

1963 entwickelte der große Bonhoeffer-Biograph Eberhard Bethge in einem Aufsatz über den Widerstandskämpfer Adam von Trott zu Solz in den Vierteljahrsheften für Zeitgeschichte einen weiteren Ansatz (194). Für Bethge gab es fünf Stufen des Widerstands. Auf den „einfachen passiven Widerstand" folgte der „offene ideologische Gegensatz, bei dem die Kirchen beziehungsweise Männer wie Graf Galen, Niemöller und Wurm ihre Aufgabe erfüllten". Sodann die Mitwisserschaft an Umsturzvorbereitungen: Sie stellte die dritte Stufe dar. Eine weitere Steigerung war durch „aktive Vorbereitungen für das Danach" möglich. Als letzte Stufe benannte Bethge die „aktive Konspiration". Die hinter den Begriffen stehenden Handlungsweisen sind offensichtlich: Wer ausdrücklich „Grüß Gott" statt „Heil Hitler" sagte oder den vielen Spendenaufrufen der NS-Zeit nicht folgte, gehört zum Beispiel in Bethges erste Kategorie. Offenen ideologischen Gegensatz bekundeten dann etwa die Predigten des Münsteraner Bischofs Graf v. Galen. Zu den Widerstandsaktionen der Stufen 3 bis 5 würden dann wohl verschiedene Grade der Beteiligung etwa am Attentat des 20. Juli 1944 zu rechnen sein: Wer wusste, dass etwas geplant war, wer selbst plante, wie die vielen zivilen Verschwörer beispielsweise, oder aber wer aktiv die Tötung des Diktators versuchte, wäre wohl jeweils hier einzuordnen. Bethges Modell ist augenscheinlich stark von der eigenen Affinität zum evangelisch-kirchlichen Widerstand geprägt und auf das Attentat des 20. Juli ausgerichtet. Kleinformen zivilen Mutes liegen weit abgeschlagen gegenüber den dann hochdifferenzierten Formen des aktiven Kampfes.

Wieder anders gliederte Karl Dietrich Erdmann: In seiner in den 1970er Jahren veröffentlichten Handbuchdarstellung stellte er einleitend fest, dass nicht „alles, was der nationalsozialistischen Bewegung fernblieb" zum Widerstand „gerechnet werden" könne, „wie andererseits gerade aus dem Idealismus solcher, die die nationale Erhebung des Jahres 1933 mit Begeisterung begrüßt hatten, dem Widerstand wertvolle Kräfte zuströmten" (360, S. 570). So finden sich in seiner Perspektive vier Stufen: „privater Nonkonformismus", „oppositionelle Gesinnung", „aktiver Widerstand", und schließlich „direkte Verschwörung zum Sturz Hitlers".

Detlev Peukert dagegen hatte „Kleinformen zivilen Mutes" weit mehr im Blick, als er in den 1980er Jahren „Nonkonformität" etwa beim Abhören von Feindsendern, der „Verweigerung" als wesentlich aktiverer Widerstandsform gegenüberstellte, die er beispielsweise in der Zurückhaltung von Kindern vor NS-Jugendorganisationen sah. Der „Protest" war für Peukert eine nächste Stufe, schließlich der Widerstand mit dem Ziel des Sturzes des Regimes das Endstadium von Widerstandshaltungen (380, S. 97).

Zur gleichen Zeit etwa trat Richard Löwenthal mit dem Vorschlag einer Dreiteilung hervor (375), die „gesellschaftliche Verweigerung" von „weltanschaulicher Dissidenz" und „bewusster politischer Opposition" abgrenzte.

Viele weitere Modelle ließen sich anführen: Mal war die Motivation, mal die äußere Form, mal die Chronologie, mal der Erfolg und dergleichen mehr das Kriterium für die vorgeschlagene Kategorisierung. Eine besondere Wirkung entfaltete schließlich das Stufenmodell, das Klaus Gotto, Hans-Günther Hockerts und Konrad Repgen (364) mit Blick auf den Widerstand aus dem Katholizismus entwickelt haben, weil es wohl wie kaum ein anderes Modell in Begriffsbildung und Kategoriendefinition sich durch Klarheit auszeichnet. „Ein historisch brauchbarer Widerstandsbegriff", so argumentierten Gotto/Hockerts/Repgen, „muss stets auf die konkreten Rahmenbedingungen des zugehörigen Herrschaftssystems bezogen sein. Wichtigste Rahmenbedingung des Nationalsozialismus war sein totalitärer Herrschaftsanspruch. [...] Gemessen am Ziel der totalitären Erfassung konnten Verhaltensformen, die unter anderen, z. B. den westlichen Bedingungen der Nachkriegszeit unerheblich und belanglos wären, Widerstand darstellen. Das Grundkriterium des Widerstandsbegriffes hat daher in der Frage zu liegen, ob ein bestimmtes Verhalten von einzelnen oder von Gruppen damals Risikocharakter hatte oder nicht. Diesem Risiko-Kriterium entspricht ein sehr weiter ‚Widerstands-Begriff'; denn grundsätzlich unterlag zwischen 1933 und 1945 jedes Verhalten, das sich dem totalitären Erfassungszwang und Gleichschaltungsdruck entzog, einem Risiko". Aus diesen Prämissen leiten die Autoren sodann ein vierstufiges Modell ab, das mit „punktueller Nonkonformität" beginnt, über „Verweigerung" hin zu öffentlichem „Protest" und schließlich zum „Widerstand im engeren Sinne" führt. Natürlich vermag auch dieses Modell die Vielfalt der Erscheinungsformen von Widerstand nicht restlos einzufangen – das war zweifelsohne auch den Autoren klar – aber es öffnete doch den Blick für die Notwendigkeit, die Breite der Erscheinungsformen zu berücksichtigen und sich dem Problem zu stellen, dass nicht jeder Widerstand heroischer Kampf gegen den Nationalsozialismus war, sondern durchaus auch mit politischer Loyalität oder partieller Bejahung der Ziele des NS-Regimes einhergehen konnte.

Das „Bayernprojekt"

Genau dieser Beobachtung der Vielschichtigkeit widerständigen Handelns in der totalitären Diktatur stellte sich etwa gleichzeitig auch ein großes Forschungsprojekt des Instituts für Zeitgeschichte unter dem Titel „Bayern in der NS-Zeit". Vordenker dieses Projektes war Peter Hüttenberger (373), dessen Bestreben, sich von den politischen Vereinnahmungen und Glorifizierungen einzelner Widerstandsgruppen zu lösen, in eine Betrachtung des polykratisch gedachten Herrschaftssystems mündete, in dem „Widerstand" nur eine „spezifische Form der Auseinandersetzung innerhalb eines Herrschaftsverhältnisses" darstellte: „Die Erforschung des Widerstands muss also die sozialen Beziehungen umgreifen und die wechselseitigen Mechanismen von Herrschaft und gesellschaftlicher Reaktion mit einbeziehen, auch dann, wenn die Selbstinterpretationen der jeweiligen Herrschaft mit den tatsächlich vorhandenen sozialen Beziehungen und Mechanismen nicht übereinstimmen". Herrschaft sei nicht statisch, folglich müssten Herrschaft und Widerstand in Prozesskategorien gedacht werden. Dabei lasse sich Widerstand als eine soziale Beziehung zwischen Herrschaft und Gesellschaft sowie zwischen den einzelnen Elementen von Gesellschaft und Trägern von Herrschaft begreifen, verwoben mit ihren jeweiligen Rollen(selbst)verständnissen, die in der Regel „asymmetrischer" Art sei. Hüttenbergers soziologische Vorüberlegungen zum Widerstandsbegriff entfalteten eine regelrechte Theorie gesellschaftlichen Verhaltens unter den Bedingungen symmetrischer und asymmetrischer Herrschaftsverhältnisse, so dass einer isolierten Betrachtung des Widerstands der Boden entzogen wurde. Die Vielfältigkeit der Widerstandsformen wurde in einer gesellschaftlichen Analyse der Diktatur aufgehoben und die vielen Antinomien, die eine isolierte Betrachtung von Opfern, Tätern und Widerständlern aufgeworfen hatte, wurden so weitgehend überwunden. Die „Vielfalt der Voraussetzungen, die Grenzen der Widerstandsabsichten und -erfolge und die innere Unterschiedlichkeit der Widerstandskreise und Gruppen, der Milieus und Lebenszusammenhänge", so beurteilt Peter Steinbach (393, S. 59) diesen Ansatz, ließen sich nun erstmals anschaulich erfassen.

Der „Resistenzbegriff"

Dies zeigte sich dann auch in der praktischen Durchführung des „Bayernprojektes", die im Wesentlichen von Martin Broszat geleistet wurde. Sie war begleitet von der Einführung eines neuen Terminus in die Widerstandsforschung, dem der „Resistenz". Unglücklich gewählt, befanden die Kritiker, weil er dem französischen „Résistance" oder dem italienischen „Resistenza" so nahe ist und doch etwas ganz anderes meint. Nach Broszat sind damit ganz allgemein „wirksame Abwehr, Begrenzung, Eindämmung der NS-Herrschaft oder ihres Anspruches, gleichgültig von welchen Motiven, Gründen und Kräften her" gemeint. „Wirksamkeit" ist dabei ein nicht zu überlesendes Kriterium, denn die hier subsumierten Verhaltensweisen sollten nach Meinung Broszats dadurch ausgezeichnet sein, dass sie eine „tatsächlich die NS-Herrschaft und NS-Ideologie einschränkende Wirkung" haben, auch wenn sich diese noch so klein darstellte: denn „politisch und historisch [zählt] vor allem, was getan und bewirkt, weniger das, was nur gewollt oder beabsichtigt war" (357, S. 50). Schon aus dieser Formulierung wird die inhaltliche Spitze gegen den nach Broszats Meinung überbetonten Widerstand des 20. Juli deutlich, demgegenüber er die Kleinformen des zivilen Mutes aufwerten wollte, welche in vielen Bereichen der Untersuchungen in Bayern deutlich geworden waren und ihre hemmende, herrschaftsbegrenzende Kraft hatten erkennen lassen.

Broszats Kritiker freilich sahen hinter dem so entworfenen Bild den Versuch einer Exkulpation der deutschen Gesellschaft durch den Nachweis vielfältiger Resistenzen. Gemeint war aber wohl das genaue Gegenteil. Durch die sozialhistorische Gesamtbetrachtung regional begrenzter Untersuchungsfelder wurden die Traditionen, konkreten Lebenszusammenhänge, Milieustrukturen und dergleichen mehr deutlich, die angepasstes wie widerständiges Verhalten in ihren Entstehungszusammenhängen und Bedingnissen erst richtig verstehbar machen. In vielen Fällen ließ dieses Verfahren nun angeblichen Widerstand in einem fragwürdigen Licht erscheinen, während manches bislang gar nicht zur Kenntnis genommene abweichende Verhalten erstmals auch als markantes Widerstehen gegen die Zumutungen des Regimes wahrgenommen wurde. Allerdings ist bei einer solchen Gesamtbetrachtung der Gesellschaft nicht zu übersehen, dass der Widerstandsbegriff damit keineswegs präziser, sondern eher noch verschwommener erscheinen musste. Mancher befürchtete gar, die Realität des nationalsozialistischen Verbrechensstaates würde vor dem Hintergrund vielfältigster Kleinformen zivilen Mutes allzu sehr aus dem Blick geraten.

Genau hier setzte nun die teilweise heftige Kritik an. Was das „Bayernprojekt" als „Resistenz" bezeichne, sei in anderen europäischen Widerstandsbewegungen geradezu als „Kollaboration" angesehen worden, meinte Walter Hofer provokant. Allzu sehr würden durch diesen Begriff die qualitativ so unterschiedlichen Widerstandshaltungen nivelliert: „Der Tyrannenmörder erscheint auf der selben Stufe wie der Schwarzschlächter". „Indem moralisch-politische Urteile aus der Widerstandsdebatte ausgeschlossen werden, huldigt man einer falschen Objektivität", die zudem noch die Gefahr einer Unterschätzung des brutal-totalitären Charakters des Dritten Reiches mit sich bringe. Hofers Lösungsvorschlag lautete deshalb: „Meines Erachtens würde man am besten zwischen aktivem Widerstand einerseits und Opposition als weiter gefasstem Begriff andererseits unterscheiden" (368, S. 1120–22).

Etwas anders gelagert ist die Kritik, die Gerhard Paul und Klaus-Michael Mallmann am Resistenzbegriff formuliert haben. Ihrer Meinung nach ist der „Resistenzbegriff" untauglich, weil „er die Totalitarismus-Vorstellung reanimiert, das unrealistisch-exkulpierende Bild einer breit gefächerten Widerständigkeit gegen das Dritte Reich zeichnet, sich die überbewertende, polarisierende Optik der NS-Sicherheitsbehörden zu Eigen macht und die Konsensdiskussionen systematisch unterschlägt. Zudem ist er ein Begriff, mit dem sich trefflich Geschichtspolitik betreiben lässt" (379, S. 99). Genau genommen seien jene von Broszat und dem „Bayern-Projekt" beschriebenen Verhaltensformen gar keine „Resistenz", schon gar kein Widerstand, sondern vielmehr das Ergebnis von typischen Polykratiekonflikten oder gar beliebigen sozialen Konflikten. Wer solch distanzierendes Verhalten als „Resistenz" aufwerte, der unternehme einen „geschichtsklitternde[n] Coup", weil er aus „systeminternen Konflikten systemexterne Auseinandersetzungen" mache, die nie existiert hätten (S. 113). Der NS-Staat sei viel „elastischer und konfliktfähiger" gewesen als man sich das üblicherweise vorstelle. „Um einen angemessenen Ausdruck für die bislang dem Resistenz-Begriff zugeordneten Verhaltensweisen zu finden, möchten wir den Begriff der loyalen Widerwilligkeit vorschlagen" – so lautete das Resümee. Dieser Begriff bringe „jene durchaus typischen Mischformen von Loyalität und Widerständigkeit auf ihren ambivalenten Nenner". Diese Verhaltensformen aber hätten das Regime zu keinem Zeitpunkt ernsthaft gefährdet. „Wenn der NS-Herrschaftsanspruch überhaupt ernsthaft eingegrenzt wurde, so geschah dies vor allem durch die internen, hausgemachten Konflikte des NS-Polykratiegestrüpps. Wirkungsgeschichtliche Resistenz entfalteten nicht die Heimtückeredner, wohl aber die um politischen Einfluss konkurrierenden Satrapen und Seilschaften innerhalb von Partei- und Staatsapparat. Der größte Resistenzfaktor des Dritten Reiches war der Nationalsozialismus selbst. Und den wird man schlechterdings wohl kaum dem Widerstand zurechnen können" (379, S. 116).

Dieses bewusst provokante Konzept ist bislang auf wenig Zustimmung in der Forschung, wohl aber auf gelegentliche Kritik gestoßen, wie sie etwa auch Thomas Schnabel in der Einleitung seines Bandes über „Formen des Widerstandes im Südwesten 1933–1945" formuliert hat. Paul und Mallmann zeichneten, so Schnabel, ein Bild der Totalitarismustheorie, das gar nicht zutreffe. Sie beschuldigten das „Bayern-Projekt" der Förderung einer Vorstellung vom totalen, effizient arbeitenden, mächtigen NS-Staat, die Broszat selbst hinreichend mit diesem Projekt in Frage gestellt habe. Der Vorschlag, „loyale Widerwilligkeit" „überzeugt nicht", weil er nicht präzise genug definiert werden könne. Er ignoriere schlicht das „Festhalten an alten Traditionen und Werten, die partielle Ablehnung nationalsozialistischer Ideologie oder Politik, das Beharren auf einer Teilautonomie in bestimmten gesellschaftlichen Bereichen", durch das zwar nicht das Regime gestürzt worden sei, wohl aber „Tausende von verfolgten Menschen (Juden, politische Gegner, von der Euthanasie Bedrohte, Fremdarbeiter) versteckt, rechtzeitig in Sicherheit gebracht oder gut behandelt wurden." Es frage sich vor dem Hintergrund der Thesen vielmehr, wie es denn angehe, dass Paul und Mallmann dickleibige Werke über „Widerstand und Verweigerung im Saarland 1935–1945" schrieben, wenn sie im Nationalsozialismus selbst den wichtigsten Resistenzfaktor sähen (386, S. 12 f.).

So bleibt festzustellen, dass das „Bayernprojekt" trotz aller Kritik nach wie vor von besonderer Bedeutung für den Widerstandsbegriff wie für die Deutung des Widerstandes selbst geblieben ist, weil es Herrschaftsbegrenzung im Konflikt zwischen Staat und Gesellschaft wie auch die mentalen und traditionsgeprägten Voraussetzungen und Folgen dieser Grenzen so anschaulich wie kein anderes Projekt zu verdeutlichen vermochte.

Gerade diese Perspektive war es, die in den 1990er Jahren methodische Fortentwicklungen unter Zuhilfenahme der Theorie von den sozial-moralischen Milieus (29) oder auch kollektivbiographische Studien erst möglich gemacht haben, durch die präzise Beschreibungen gesellschaftlichen Verhaltens im Mikrobereich beziehungsweise auf lokaler oder regionaler Ebene durchgeführt wurden.

b) Gruppen des Widerstands

So umstritten wie der Begriff des Widerstands, so umstritten sind auch seine Träger bis heute geblieben. Erst Mitte der 1950er Jahre setzte eine breitere Rezeption des deutschen Widerstands nicht nur in der historischen Forschung, sondern auch in der interessierten Bevölkerung ein, die bis dahin immer noch in erheblichem Umfang von der diesbezüglichen Goebbels-Propaganda beeinflusst geblieben war. Die ehrende Rede von Bundespräsident Theodor Heuss anlässlich des 10. Jahrestages des Attentats vom 20. Juli 1944 hat zu dieser Umorientierung Wesentliches beigetragen. Dies war auch deshalb von besonderer Bedeutung, weil in der DDR zwar der kommunistische Widerstand zur Grundlage des Staatsaufbaus deklariert worden war, jede andere Form von Widerstand aber entweder ignoriert oder diffamiert wurde. Aus diesen Anfängen heraus und nicht zuletzt vor dem Hintergrund des Kalten Krieges erlangte die Tat der Wehrmachtsoffiziere am 20. Juli 1944 nun eine besondere Beachtung, die allerdings spätestens seit den 1970er Jahren durch eine Gegenbewegung unter dem Motto „Es gab nicht nur den 20. Juli" gebrochen wurde und den Widerstand der politischen Linken in das Zentrum des Interesses rückte. Förderung erfuhr diese Sichtweise noch durch das steigende Interesse an sozialwissenschaftlichen Forschungsansätzen. In den 1980er und 1990er Jahren wurde der Trend schließlich durch die zunehmende Beachtung umstrittener Rand- und Sondergruppen des Widerstands komplettiert und in ein „integrales Widerstandskonzept" (P. Steinbach) eingebunden.

20. Juli 1944

In dieser Entwicklung geriet zuerst und trotz oder vielleicht auch gerade wegen aller aufwändigen Gedenkfeierlichkeiten der Widerstand des 20. Juli in das Kreuzfeuer heftiger, teilweise polemischer Kritik, die mit immer neuen Einwendungen bis heute anhält.

Selbstrettung der militärischen Elite?

Sehr bald schon standen Zeitpunkt und Ausführung des Attentats in der Kritik. „Falsch und zu spät" – mit diesem abwertenden Zitat des früheren spanischen Militärattaché in Berlin, Oberst Valdivia, betitelte Otto John (374), ein ehemaliger Mitverschwörer, seine Erinnerungen an den 20. Juli, in denen er diese Kritik an den Attentätern zurückwies. Zwischen den nichtbeteiligten Militärs, denen John überwiegend Verachtung entgegenbrachte, und den Attentätern zog er eine scharfe Trennlinie. Den Vorwurf der dilettantischen Ausführung des Attentats ließ er ebenso wenig gelten wie den Verdacht, dass es sich hier nicht eigentlich um einen großen Versuch, sich vom Tyrannen zu befreien, gehandelt habe, sondern vielmehr um einen Putsch führender Militärs, die angesichts der katastrophalen Kriegslage nur ihr eigenes Überleben hätten retten wollen.

Es ist dann aber vor allem Peter Hoffmanns präziser, großer Darstellung „Widerstand – Staatsstreich – Attentat" (371) zu verdanken gewesen, dass der im bequemen Nachhinein geäußerten Kritik an Zeitpunkt und Ausführung des 20. Juli ganz grundsätzlich der Boden entzogen wurde durch den Nachweis einer langen Kette von Anläufen militärischer Verschwörerkreise, die spätestens seit 1938, also vor Beginn des Krieges, bemüht waren, die zweite Urkatastrophe des 20. Jahrhunderts zu verhindern. Hoffmanns detaillierte Beschreibung der Vorgänge um den 20. Juli lässt zudem keinen Zweifel daran aufkommen, dass die Verschwörer im Rahmen ihrer Möglichkeiten das Beste versuchten, wenngleich sie für Planung und Durchführung von Staatsstreichen alles andere als geschult oder geistig-moralisch vorbereitet waren. Die insgesamt geschickte Instrumentalisierung des „Walküreplans" für die Ziele des Widerstandes, eines Notfallszenarios, das zur Abwehr von inneren Unruhen und Zwangsarbeiteraufständen gedacht gewesen war, stellt jedenfalls einen durchaus realistischen und durchdachten Ansatz dar. Dass man einen Mann wie Claus Schenk Graf von Stauffenberg, der durch den Verlust einer Hand, eines Auges und zweier Finger an der verbliebenen Hand beeinträchtigt war, gleich zwei eigentlich unvereinbare Zentralaufgaben, nämlich die Durchführung des Attentats im Führerhauptquartier bei Rastenburg und die Initiierung des Staatsstreiches in Berlin übertragen musste, darf wohl weniger als ein bewusst angestrebtes fanalhaftes Scheitern gedeutet werden, sondern verweist vielmehr auf die dünne „Personaldecke" der Mitverschwörer und die zunehmende Schwierigkeit, überhaupt in die Nähe des Führers vorstoßen zu können.

Effizienz des 20. Juli 1944

Da der Attentatsversuch letztlich scheiterte, ist nicht zuletzt vor dem Hintergrund der methodischen Festlegungen des „Bayernprojektes" die Frage aufgeworfen worden, ob hier nicht gleichsam die „falschen Helden" gefeiert würden, ob nicht der „Widerstand" der „kleinen Leute", die durch ihr beharrliches Bewahren von Traditionen und Lebenshaltungen letztlich mit mehr Erfolg als die Attentäter nationalsozialistische Herrschaft begrenzt haben, deutlicher in den Vordergrund zu rücken wäre. In dieser Perspektive fielen freilich die Motive dieses aktiven Widerstands ganz aus der Betrachtung heraus und natürlich ignorierte eine solche Denkrichtung auch die Tatsache, dass eigentlich nur der größte Waffenträger der Nation, also die Wehrmacht, potenziell in der Lage war, eine grundlegende Änderung der Verhältnisse durch den Sturz des verbrecherischen Regimes durchzusetzen. Die eigentliche Ursache für diesen Forschungsdissens liegt allerdings, wie Ian Kershaw erläutert hat, in dem grundsätzlich unterschiedlichen Forschungsansatz (23, S. 308). Der „fundamentalistische Ansatz befasst sich mit organisierten Versuchen zur Bekämpfung des Nationalsozialismus und vor allem mit den mutigen, risikoreichen politischen Aktionen, die das Regime als Ganzes in Frage stellten. [...] Im Gegensatz dazu untersucht der gesellschaftliche Ansatz vor dem Hintergrund des ‚totalen Anspruchs' des NS-Regimes eine Vielzahl von Konfliktpunkten zwischen Regime und einfachem Bürger." Beides ist legitim und muss sich nicht notwendigerweise widersprechen.

Zukunftsvorstellungen der Verschwörer

Doch was hätte nach einem geglückten Attentatsversuch kommen sollen? So lautete eine weitere bohrende, kritische Frage, die zuerst Hermann Graml und Hans Mommsen aufgeworfen haben (365; 376). Im Zuge der Heroisierung der Verschwörer des 20. Juli 1944 erschienen während der 1950er und 1960er Jahre die Offiziere um Stauffenberg und seine zivilen Helfer gleichsam als Vordenker der demokratischen Neuordnung und des Grundgesetzes. Doch das waren sie nicht. Ihre Staats- und Gesellschaftsvorstellungen waren zumeist geprägt vom Scheitern der ersten deutschen Demokratie und bewegten sich einmal in ständestaatlichen, dann wieder in autoritären oder auch konstitutionell-monarchischen Bahnen, wie die beiden Autoren nachweisen konnten. Ob freilich dieser Umstand einen Schatten auf die Tat des 20. Juli 1944 werfen kann, ist von anderer Seite mit guten Argumenten angezweifelt worden. Die Verschwörer erfuhren ja gerade die Massenbegeisterung für Hitler, die sie selbst zu Außenseitern, ja zu „verlassenen Verschwörern" (K. v. Klemperer) in vielfacher Hinsicht machte. Eine Begeisterung für demokratische Regierungsformen war angesichts dieser Situation wohl nur schwer zu erwarten. Hinzu kommt, wie Schwerin in seiner grundlegenden Arbeit über den Generationenunterschied im Widerstand des 20. Juli nachgewiesen hat (387; 356), dass beträchtliche Differenzen in der Einschätzung der politischen Lage und über alternative Politikentwürfe zwischen den Jungen und der älteren Generation bestanden. Auch wird man davon ausgehen können, dass die vereinzelten Überlegungen angesichts der politisch wie weltanschaulich-konfessionell äußerst heterogen zusammengesetzten Verschwörergruppe keine wirkliche Realisierungschance gehabt hätten, allenfalls Grundlage für eine nach einem geglückten Attentat erst einsetzende Diskussion geworden wären. Nicht Verfassungspläne, so ist oft eingewendet worden, waren es, die die militärischen wie zivilen Verschwörer zusammenführten, sondern der Wunsch, mit den Verbrechen der Hitlerdiktatur endlich Schluss zu machen und die vollkommene „Majestät des Rechts", wie Carl Friedrich Goerdeler in seiner vorbereiteten Regierungserklärung ausgeführt hat, wieder herzustellen.

Solchen Präzisierungen und Differenzierungen zum Trotz ist die Frage nach dem Grad der Nähe zum Nationalsozialismus, nach politischen Schnittmengen mit dem Denken des Diktators bei den Widerständlern auch in der Folgezeit immer wieder aufgegriffen worden. Sie beschäftigt im Grunde die wissenschaftliche Diskussion in immer wieder neuen Nuancierungen bis heute.

Kontroverse um Generaloberst Beck

Größere Aufmerksamkeit erregte in den 1980er Jahren eine Auseinandersetzung zwischen Peter Hoffmann und Klaus-Jürgen Müller über das Bild, das Müller von einer Zentralfigur des militärischen Widerstands, von Generaloberst Ludwig Beck, in seiner Studie und Dokumentensammlung gezeichnet hatte (377). Müller sah den Generalstabschef des deutschen Heeres darin als einen typischen Vertreter der preußisch-deutschen Militärtradition, der sich in weitgehender Übereinstimmung mit Hitlers militärpolitischen Zielen befunden und deshalb sehr bereitwillig das neue Regime zunächst unterstützt habe. „Niemals war das Offizierskorps des Königsheeres ein professionelles Korps militärischer Fachleute gewesen, sondern stets machtmäßiger Ausdruck und Repräsentant der die Monarchie tragenden Gesellschaftsschichten. In der Sichtweise Becks bedurfte es daher keiner grundlegenden Umwandlung, sondern nur einer zeitgemäßen Anpassung der überlieferten Prinzipien und Strukturen an die veränderte, neuartige Problemstellung; konkret hieß das also Kooperation mit der politischen Führung unter militärischer Funktion, also maßgebliche Beteiligung an der Vorbereitung der Nation auf einen möglichen Krieg dieser neuen Art und, falls nötig, auch Beteiligung an der Führung eines solchen Krieges" (377, S. 53–57, 87–88, 99, 169). Dem hielt Hoffmann den Vorwurf entgegen, Müller habe sehr einseitig Belege für diese Einstellung Becks herbeigezogen, gegenläufige Dokumente zu wenig oder gar nicht beachtet. Auch sei es nicht angängig, Becks Widerstandstätigkeit völlig zu übergehen, selbst wenn sich Müllers Dokumentensammlung nur der Zeit bis 1938 widme, in der freilich auch schon der Widerstand gegen Hitlers Regime bei Beck aufgekeimt sei. So beachte Müller beispielsweise nicht Becks frühe Kritik an Hitlers Kriegsplänen, die in seinen Veröffentlichungen in der Militärwissenschaftlichen Rundschau 1937/38 steckten, auch informiere er seinen Leser nicht über Becks Ablehnung der Hitlerschen Außenpolitik 1935, die er als eine „Politik der Perfidie" bezeichnet habe. „Müller verzichtet aber darauf, die Belege für Becks Verdikte über die politische Führung so systematisch zusammenzustellen, wie für seine ‚Affinität' zur NSDAP und zu ihren nationalen Zielen, was natürlich ein anderes Bild ergäbe" (369, S. 108). Diesen Vorwurf einseitiger Quellenrezeption gab Müller in einer Erwiderung an Hoffmann zurück, indem er etwa die Datierung einiger von Hoffmann erwähnter Aussagen über Becks positive Rezeption der Weimarer Demokratie betonte, die aus dem Jahre 1942 stammten, mithin weit später und nach einem fundamentalen Umdenkungsprozess von Beck getätigt wurden. Im Gegenteil sei es so, dass Hoffmann zu sehr und ganz einseitig auf Becks Widerstandstätigkeit fixiert sei und daher die von der Widerstandsforschung offen gelassene Lücke in der Biographie Becks nicht berücksichtige. Diese zu schließen sei aber grundlegend wichtig für das richtige Verständnis dieses Generalstabsoffiziers, der „dann zum Oppositionellen wurde." „Wer nur den Widerständler Beck sieht, läuft Gefahr, die Komplexität des Sujets zu verkennen" (378, S. 356).

Antisemitismusvorwurf

Nur wenig später wurde die auch in Müllers Beckstudie bereits sichtbare tendenziell antisemitische Denkungsart einiger Widerständler zum Gegenstand eines weiteren historischen Streites. Auf diese wies insbesondere Christof Dipper hin. In einem durchaus provokant formulierten Aufsatz stellte er insbesondere die diesbezügliche Affinität eines vielfach gerühmten Widerstandskämpfers wie Carl Friedrich Goerdeler dar, der mit begrenzten gesetzlichen Maßnahmen gegen die Juden und auch mit dem Grundgedanken der Nürnberger Rassegesetze von 1935 durchaus einverstanden gewesen sei. Kurzerhand attestierte Dipper nahezu allen herausragenden Gestalten des deutschen Widerstandes einen tief sitzenden Antisemitismus. „So kam es, dass nicht schon die Entrechtung als solche, sondern lediglich die als ‚Exzesse' empfundenen Maßnahmen kritisiert wurden, und zwar nicht nur als sittliche Ungeheuerlichkeit, sondern als Verstoß gegen überlieferte Maßstäbe und auch – kein Wunder angesichts des in diesen Kreisen stets betonten Primats der Außenpolitik – als schwer wiegender außenpolitischer Schaden". Auch der Widerstand habe den Juden gegenüber alle „Maßstäbe" verloren. „1943/44 fand man im Widerstand manches erträglich, was 10 Jahre zuvor wohl für undenkbar gehalten worden wäre". Und an eine Rückkehr zur Normalität im Verhältnis zu den Juden für die Zeit nach Hitler habe man auch nicht gedacht (359, S. 378 f.).

Kein Geringerer als Martin Broszat hat dieser Position mit einem Plädoyer für die Historisierung des Nationalsozialismus, das, wie bereits dargelegt, dann seinerseits für einen neuen Gelehrtenstreit gesorgt hat, widersprochen. Schon allein die Tatsache, dass Goerdeler als Leipziger Oberbürgermeister demissionieren musste, weil er die Entfernung eines Denkmals für den jüdischen Komponisten Mendelssohn Bartholdy ablehnte, zeige jene auch für den Widerstand so typische Ambivalenz, die es wahrzunehmen und auszuhalten gelte. So wenig wie es angebracht sei, gleichsam zu Heiligen überhöhte Menschen im Widerstand zu feiern, so unangebracht sei es, die völlige Freiheit von den zeitbedingten Strömungen als Voraussetzung ehrenden Gedenkens zu fordern. „Unter dem Aspekt der späteren Entwicklung der nationalsozialistischen Judenpolitik muss die anfängliche zeitweilige Unterstützung des Nazi-Antisemitismus durch einen Mann wie Carl Goerdeler als eines jener typischen, entscheidenden und nicht mehr revidierbaren Versäumnisse der frühen konservativen Partner des Nationalsozialismus angesehen werden. In historischer Perspektive bildet die konkrete Zeitphase der ersten Jahre des Dritten Reiches, die damalige Nicht-Vorhersehbarkeit der künftigen mörderischen Radikalisierung der antijüdischen Maßnahmen und der auch qualitativen Strukturveränderung des Regimes ein wesentliches Moment zum Verständnis der Fehleinschätzung oder auch des Fehlverhaltens. Goerdelers später unter Beweis gestellte, mit dem Leben bezahlte moralische Leistung begründet sich in solcher Sicht gerade auch aus seiner Fähigkeit, sich durch Irrtümer hindurchzuarbeiten" (10, S. 170f.). Peter Steinbach hat dies wenig später auf die griffige Formel gebracht: „Der Widerstand verkörperte so einerseits eine Alternative zu seiner Zeit und war zugleich deren Produkt" (389, S. 310).

Bemerkenswert an dieser Auseinandersetzung ist der äußerst seltene Umstand, dass der so Kritisierte, Christof Dipper, die Fehleinschätzung Goerdelers einsah und jedenfalls in Teilen korrigierte. Einige Jahre später bekannte Dipper in aller Offenheit: „Ich selbst habe mich hingegen von Broszats Argumenten überzeugen lassen und befinde mich nun in der merkwürdigen Situation, dass vor allem israelische Kollegen meinen Beitrag über Antisemitismus und Widerstand in der Fassung von 1983 hochschätzen, während ich selbst vom Duktus meines damaligen Aufsatzes, also von seiner moralischen Besserwisserei, inzwischen abgerückt bin und deshalb heute anders argumentiere" (358, S. 15). Es wäre zum Wohle einer angemessenen historischen Streitkultur in Deutschland nur zu wünschen, wenn solche Haltungen Schule machen würden.

Die Notwendigkeit einer präzisen Differenzierung antisemitischen oder antijüdischen Denkens im deutschen Widerstand und dessen genaue Abgrenzung zum rassistisch ausgerichteten Antisemitismus der Nationalsozialisten hat Peter Hoffmann darüber hinaus mit einem aussagekräftigen Zitat aus den Gestapo-Untersuchungsberichten über den 20. Juli zu Recht betont. Dort heißt es zu diesem Thema nämlich: „Die ganze innere Fremdheit, die die Männer des reaktionären Verschwörerkreises gegenüber den Ideen des Nationalsozialismus kennzeichnete, kommt vor allem in der Stellung zur Judenfrage zum Ausdruck. Die Erlebnisse der Jahre [vor] 1933 und die auf ein breites Tatsachenmaterial gestützte unermüdliche Aufklärungsarbeit der NSDAP über die Judenfrage ist an diesem Kreis von Personen spurlos vorübergegangen. Trotz aller bitteren Erfahrungen, die das deutsche Volk und wahrscheinlich auch sie selbst bis 1933 haben machen müssen, stehen sie stur auf dem Standpunkt des liberalen Denkens, das den Juden grundsätzlich die gleiche Stellung zuerkennen will wie jedem Deutschen" (370, S. 11).

Beteiligung der Verschwörer an den Verbrechen im „Russlandfeldzug"

Die jüngste und wohl auch noch einige Zeit wirksame Tendenz kritischer Nachfragen über die Widerständler des 20. Juli richtet sich auf deren Beteiligung an den Kriegsverbrechen und Menschenrechtsverletzungen des Zweiten Weltkrieges, insbesondere im Russlandfeldzug, der von Anfang an ja als ein totaler Weltanschauungs- und Vernichtungskrieg propagiert worden war.

Zu unreflektiert seien, so etwa die Kritik Christian Gerlachs, in der Geschichtswissenschaft wie in der interessierten Öffentlichkeit die Memoiren der überlebenden Beteiligten und ihre Aussagen über die Haltung der Verschwörer hingenommen worden. Konfrontiere man das gezeichnete Bild mit den erhaltenen Akten über die Kriegführung im Osten, so zeigten sich „eklatante" Widersprüche. So ließe sich etwa anhand von Vermerken der Widerstandskämpfer in der Heeresgruppe Mitte Henning von Tresckow und Rudolf-Christoph Freiherr v. Gersdorff beweisen, „dass sie nicht erst, wie oft behauptet, nach und nach von den Morden der Einsatzgruppen erfahren haben", sondern „von Anfang an und kontinuierlich informiert [waren], auch über das Ausmaß dieser Aktionen". Ihr Gewissen habe sich mithin erst sehr allmählich gerührt, wie sich auch an Tresckows Plan zur Schaffung „toter Zonen" nachweisen ließe, mit dem die Partisanenbekämpfung unter Einkalkulierung klarer Besatzungsverbrechen intensiviert werden sollte. „Dass v. Tresckow Initiativen zu Besatzungsverbrechen entfaltete, nachdem er bereits bei einem Attentatsversuch auf Hitler im März 1943 sein Leben gewagt hatte und während er nicht zuletzt aus einer moralischen Position heraus das Regime stürzen wollte, passt nicht mit dem Bild der inneren Entwicklung oder Wandlung und dem Bild des reinen Helden zusammen" (363, S. 70). Unterstützung haben Gerlachs Thesen durch zwei Aktenfunde Johannes Hürters erfahren, die seiner Ansicht nach beweisen, dass das Heeresgruppenkommando weit früher noch als Gerlach meint, über die verbrecherischen Aktivitäten der Einsatzgruppe B Bescheid gewusst habe. Doch anfänglich habe man über all das hinweggesehen, und zwar bezeichnenderweise so lange wie man noch glaubte, den Russlandfeldzug gewinnen zu können. Moralische Bedenken seien bei Tresckow und Gersdorff erst aufgetaucht, als klar wurde, dass durch Hitlers militärische Fehlentscheidungen die Niederlage unabwendbar geworden war. Hürter resümiert: „Früher als die Abscheu über den Judenmord machte sich eine Enttäuschung über den militärischen Verlauf des Ostfeldzuges bemerkbar." Tatsächlich müsse man „von einem verzögerten Einsetzen der Moral ausgehen" (372, S. 543, 549).

Von Gerlach ebenso wie von Hürter unbestritten, fußen diese Interpretationen auf Indizienketten. Sie gehen von einzelnen Schriftstücken aus, die in Beziehung gesetzt werden zu etwa gleichzeitigen Tagebucheinträgen, Besprechungsprotokollen, auch späteren Erinnerungsberichten. Denn Quellen, die uns ausführlich und in der wünschbaren Dichte Auskunft geben könnten über die Entscheidungsprozesse, Beratungen und Einstellungen der Handelnden existieren nicht oder stammen nur aus quellenkritisch anfechtbaren Berichten der Nachkriegszeit. Notwendigerweise können solche Indizienketten nur einen mäßigen Grad an Wahrscheinlichkeit beanspruchen. Gleichwohl wird von „Denk-Möglichem" ausgegangen, man kombiniert dies mit Vermutetem oder Wahrscheinlichem, nutzt dabei auch das wissenschaftlich nicht zulässige „argumentum ex negativo" und landet schließlich ohne weitere Reflexion des angewandten Verfahrens bei angeblich sicheren oder höchst wahrscheinlichen historischen Aussagen. Schon dieses Vorgehen muss nachdenklich stimmen über den Geltungsgrad der getroffenen Aussage. Winfried Heinemanns Kritik an Gerlachs Interpretation ist daher sehr ernst zu nehmen: „Eine methodisch vertretbare Darstellung dieses diffizilen Komplexes kann sich [...] nicht darin erschöpfen, aus den Akten einzelne Stücke herauszusuchen, die für sich genommen eine Kenntnis von oder Beteiligung an Unrechtstaten zu belegen scheinen." Eine Beschränkung auf die erhaltenen Akten der Heeresgruppe Mitte sei a priori unzulässig. Gehe es um ein Abwägen von Beteiligung am Unrechtsregime und gleichzeitigem Widerstand, wie dies hier ja der Fall sei, bedürfe man in einer historisch korrekten Arbeitsweise auch der Unterlagen, die den Widerstand beleuchten – doch die existieren aus nahe liegenden Gründen eben nicht. Niemand dokumentierte seinen eigenen Weg in den Widerstand, sein inneres Ringen, seine Tarnung und dergleichen mehr – im Falle der Entdeckung hätte dies ja den sicheren Tod bedeutet. Zugleich lässt sich die psychologische Situation, in der die Widerständler handeln mussten, kaum schwierig genug denken. Doch auch diese entzieht sich einer historischen Wertung. „Die Angehörigen dieser Militäropposition waren der Doppelbelastung des täglichen Dienstbetriebs im Kriege und der Planung des Staatsstreichs ausgesetzt. In den überlieferten amtlichen Quellen finden nur die ‚offiziellen' Tätigkeiten dieser Verschwörer ihren Niederschlag, nicht jedoch ihre Umsturzpläne" (367, S. 77f.; zu Hürter vgl. jetzt auch 381).

Was schließlich von den Einwendungen gegen das Verhalten von Mitverschwörern des 20. Juli 1944 wie Tresckow und Gersdorff bleibt, wenn man danach fragt, was wir aus dem veröffentlichten Aktenmaterial *sicher* wissen können, ist die Tatsache, dass sie von den Verbrechen der Einsatzgruppen, auch von den Verbrechen, die durch Wehrmachtseinheiten begangen wurden, wussten, vielleicht früher wussten, als sie es selbst Jahre danach aus ihrer Erinnerung heraus berichtet haben. Diese Erkenntnis ist freilich nicht neu, sie führte bereits Annedore Leber zu der vielzitierten, griffigen Formel „Aufstand des Gewissens", deren Gehalt man nur ernst zu nehmen braucht, um zu jener Erkenntnis zu gelangen.

Zweifelsohne ist das Hitlerattentat vom 20. Juli 1944 das sichtbarste Zeichen des deutschen Widerstands gegen die Diktatur gewesen, so dass die Erinnerung daran wohl auch zu Recht bis heute im Zentrum der alljährlichen Gedenkveranstaltungen steht. Eben darum ist der 20. Juli 1944 aber vielleicht auch wie kaum ein anderes Ereignis des Widerstandes gegen Hitler in der historischen Forschung und interessierten Öffentlichkeit umstritten. Nach Art und Intensität vergleichbare Auseinandersetzungen um den Widerstand im Nationalsozialismus finden sich ansonsten nur im Umfeld lange tabuisierter Randgruppen des Widerstands oder regelrecht vergessener Einzelpersonen, deren Einbeziehung in die Widerstandstradition nicht zuletzt zu einem Anliegen der integralen Ausstellungskonzeption der Gedenkstätte Deutscher Widerstand in Berlin geworden ist.

Georg Elser

Ungeklärte Motivlage

Zu denken wäre hier zunächst an den schwäbischen Schreiner Georg Elser, der durch seinen Attentatsversuch auf Hitler am 8. November 1939 im Münchner Bürgerbräukeller die Ausweitung des Krieges verhindern wollte. Hitler, der den Saal früher als erwartet verließ, überlebte diesen Anschlag, dessen Erfolgsaussichten man im Nachhinein und im Vergleich zu anderen, späteren Anläufen als durchaus groß bezeichnen muss. Elser wurde bei dem Versuch, die Schweizer Grenze zu überschreiten, gefasst, über vier Jahre im KZ Sachsenhausen, später Dachau isoliert gefangen gehalten und am 9. April 1945 erschossen. Anders als der Attentatsversuch des 20. Juli 1944 ging jedoch Elsers einsame Unternehmung nicht in das kollektive Gedächtnis der Deutschen in der Nachkriegszeit ein und blieb weithin unbekannt. Das lag gewiss nicht nur an der außerordentlich schlechten Quellenlage in diesem Fall: Über Elsers Tat sind wir im Wesentlichen nur durch die Vernehmungsprotokolle der Gestapo informiert, die Lothar Gruchmann (366) 1970 erstmals veröffentlicht hat. Elsers Unbekanntheit war zweifelsohne auch dem Umstand geschuldet, dass er ein kaum einzuordnender Einzeltäter war, der zwar zeitweilig Interesse für kommunistisches Gedankengut gezeigt hatte, jedoch kaum ohne Einschränkungen für die politische Linke zu vereinnahmen blieb. Als Einzeltäter belegte er die Handlungsoptionen auch der „gewöhnlichen" Deutschen in der Diktatur – ein Umstand, der nicht unbedingt zu ehrendem Gedenken angeregt haben mag, weil dies ja die Frage nach dem eigenen Tun und Unterlassen aufgeworfen hätte. Zudem: Was die Ermittler der Gestapo schon irritiert hatte, begleitete den „Fall" dann auch in der Nachkriegszeit: Es war schlicht kaum vorstellbar, dass der unbekannte Schreiner ganz aus sich heraus, ganz ohne Kenntnis der internen Strukturen des Machtapparates, ganz alleine das vollbracht hatte, wofür die Wehrmachtsoffiziere noch weitere fünf Jahre brauchten. Die Vermutung, Elser habe im Auftrag anderer, womöglich ausländischer Geheimdienste oder aber der nationalsozialistischen Führung gehandelt, um den Mythos des von der „Vorsehung" geschützten Führers zu begründen, lag daher auf der Hand, konnte freilich nie erwiesen werden.

Es bedurfte daher noch 1998 der Initiative der Gedenkstätte Deutscher Widerstand, um in Elsers Geburtsort Königsbronn eine Stätte der Erinnerung an den Widerstandskämpfer einzurichten, die dem interessierten Besucher die Zeugnisse über sein Leben und seine Tat präsentiert und den Nachweis einer exzeptionellen Widerstandstat führt. Die entstandene Ausstellung kann sich dabei auf eine Reihe von wissenschaftlichen Einzelstudien stützen, die in den 1990er Jahren entstanden waren und die zahlreichen Legenden und Mythen um Elser widerlegten. Lothar Gruchmanns 1984 formuliertes Resümee fand damit gleichsam weitere Absicherung. „Elser war weder ein von krankhafter Ruhmsucht noch von niedrigen Tötungsinstinkten getriebener Krimineller, der von anderen als Werkzeug benutzt wurde. Seine – eigenen Überlegungen entsprungenen – Motive für die Tat berechtigen vielmehr, ihn unter die Männer des deutschen Widerstands gegen das NS-Regime einzureihen" (391).

Moralität der Tat

Kaum dass solche Klärungen erfolgt waren und Elser eine Ehrung etwa in der Rede von Bundeskanzler Helmut Kohl zum 50. Jahrestag des 20. Juli 1944 zuteil geworden war, erhob der Chemnitzer Privatdozent Lothar Fritze kritische Einwendungen gegen die Ehrung Elsers. Fritze hinterfragte in einer Antrittsvorlesung, die 1999 in der Frankfurter Rundschau unter der Überschrift „Der Ehre zuviel – Eine moralphilosophische Betrachtung zum Hitler-Attentat von Georg Elser" abgedruckt wurde, Elsers Berechtigung zur Tat, die Angemessenheit seiner Entschlussbildung und die Lauterkeit seiner Motive. Elser, so meinte Fritze, habe alle für eine moralisch positive Wertung seiner Tat notwendigen Vorbedingungen sträflich missachtet, dabei Menschenleben aufs Spiel gesetzt und unabsehbare Konsequenzen heraufbeschworen. Insbesondere die Gefährdung Dritter, die Elser billigend in Kauf genommen habe, erschien Fritze unter moralischen Gesichtspunkten höchst bedenklich. Schon deshalb sei Elser vorbildliches Handeln abzusprechen: „Selbst wenn wir zugunsten Elsers annehmen, dass er in guter Absicht und auf ein legitimes Ziel gerichtet handelte, haben wir einen Attentäter vor uns, der (so ist zu vermuten) von vornherein, ohne nach Alternativen Ausschau zu halten, zu einer Methode griff, bei der der Tod einer erheblichen Anzahl unbeteiligter Dritter und darunter auch Unschuldiger einkalkuliert war. Ohne nahe liegende Eventualfälle zu bedenken, hat er eine Durchführungsweise gewählt, bei welcher der Tod Dritter sogar für den Fall in Kauf genommen werden musste, dass sich das Zielobjekt, die Person Hitlers, zum Zeitpunkt des Attentats gar nicht am Ort befand. Dieses Vorgehen, das Momente von Mitleids- und Gedankenlosigkeit aufweist, ist nicht zu rechtfertigen. Der Umstand, dass Elser ein so genannter einfacher Mann aus dem Volke war, hat auf dieses Urteil keinen Einfluss. Da es dem Täter bei Erfüllung seiner Pflicht zum gehörigen Nachdenken möglich gewesen wäre, die Untragbarkeit seines geplanten Vorgehens zu erkennen, sein Fehlverhalten also vermeidbar war, ist ihm ein entsprechendes Versagen vorzuwerfen [...] Nach Abwägung der wesentlichen Aspekte bleibt das Urteil, dass es sich bei dem Anschlag von Elser um eine Tat gehandelt hat, deren Ausführungsweise moralisch nicht zu rechtfertigen ist. Auch unter Berücksichtigung aller Aspekte, die geeignet sind, Person und Vorgehen in ein milderes Licht zu rücken, ändert sich nichts an der Einschätzung, dass Person und Handlungsweise nicht traditionsbildend sein können" (361, S. 137f.).

Gegen diese moralisierende Argumentation haben sich Peter Steinbach und Johannes Tuchel in einer durchaus scharfen Ablehnung der Positionen Fritzes gewandt. Elsers Entschlussbildung zur Tat sei 1938 auf der Grundlage vieler, für jedermann zugänglicher und sichtbarer Rechtsbrüche und Verbrechen des Regimes gefallen, mithin moralisch vollständig zu rechtfertigen, wie im Übrigen die seit langem edierten Verhörprotokolle eindeutig bewiesen. Dem einfachen Bürger die Beurteilungskompetenz für Staatsverbrechen und Menschenrechtsverletzungen abzusprechen, formuliere längst überwundene Positionen der 1950er Jahre, die geeignet seien, Passivität und Anpassung an totalitäre Systeme zu rechtfertigen. Was Elser tat, war in höchstem Maße verantwortlich, so wie die Tat Stauffenbergs am 20. Juli 1944 es war. Es war der Versuch, der „größten kriminellen Vereinigung Deutschlands", die sich alljährlich im Münchner Bürgerbräukeller versammelte, zur rechten Zeit das Handwerk zu legen (391).

Wolfgang Benz kritisierte darüber hinaus, Fritze urteile „von der durch den Abstand von sechs Jahrzehnten und die realitätsferne Konstruktion einer absoluten Ethik doppelt gesicherten Bastion der theoretisch fixierten rigoristischen Moral" aus. Die „moralphilosophische Betrachtung" lehnte auch Klemens von Klemperer ab. „Sie ist dem Thema Widerstandshandlung des ‚Durchschnittsbürgers' gegen Zwangsherrschaft unangemessen. Schulden wir diesem Durchschnittsbürger nicht Anerkennung für seinen Mut, den viele Generäle nicht aufbrachten? Anerkennung auch für seinen common sense? [...] Ihm die Kompetenz zu dieser Voraussicht abzusprechen wäre reine Sophisterei." Und für Hartmut Mehringer stellt Fritzes Argumentation gar eine „Verhandlung vor einem Ehrengerichtshof" dar. „Die Kriterien des Moralsystems, denen Fritze Person und Tat Elsers unterwirft, sind keine historischen Kategorien, sondern abstrakt konstruierte Wert- und Normvorstellungen. Geschichte ist – zumal in ‚bewegten' Zeiten – keine Moralveranstaltung. Die Historie hat fünf Fragen zu beantworten: Wer, wo, wann, wie, warum? Dies schließt – auch moralische – Bewertungen keineswegs aus, doch sind sie nicht primäres Erkenntnisziel. In der Geschichte gibt es bekanntlich kein Weiß und kein Schwarz, sondern nur eine Vielzahl von Grautönen" (361, S. 167,162,148).

Die ,Rote Kapelle'

„Landesverräter"?

Wissenschaftliche Auseinandersetzungen entbrannten neben der Debatte um Georg Elser auch um die so genannte „Rote Kapelle", eine Gruppe von „Edelkommunisten" um den Oberleutnant im Luftfahrtministerium Harro Schulze-Boysen und den Oberregierungsrat im Wirtschaftsministerium Arvid Harnack, wie Gerhard Ritter 1954 formulierte. Sie habe eine „höchst individuelle Entwicklung in das kommunistische Lager" geführt, auch „der Reiz des geistigen Abenteuers" und ein „unklarer sozialer Enthusiasmus". Doch: „Was auch immer die Motive waren: Praktisch haben sie sich bedingungslos dem Landesfeind als höchst gefährliche Werkzeuge zur Verfügung gestellt. [...] Die wichtigste (und gefährlichste) Arbeit der Roten Kapelle bestand indessen in der laufenden Versorgung der russischen Heeresleitung mit wichtigen militärischen Nachrichten, und zwar nicht nur über den Stand der Rüstungsproduktion, sondern sogar über Angriffspläne und Unternehmungen hinter der feindlichen Front unter hemmungsloser Ausnutzung amtlich erworbener Spezialkenntnisse." Im August 1942 sei die Gruppe aufgeflogen. Der Prozess vor dem Reichskriegsgericht „konnte" nach Meinung Gerhard Ritters „in einwandfreier Form durchgeführt [...] nicht anders als mit einer Massenhinrichtung enden". In der DDR habe man die „Rote Kapelle" als Widerstandshelden gefeiert, aber „mit ,deutschem Widerstand' hatte diese Gruppe offenbar nichts zu tun; man sollte darüber keinen Zweifel lassen. Sie stand ganz eindeutig im Dienst des feindlichen Auslandes. Sie bemühte sich nicht nur, deutsche Soldaten zum Überlaufen zu bewegen, sondern verriet wichtige militärische Geheimnisse zum Verderben deutscher Truppen. Wer dazu als Deutscher imstande ist, mitten im Kampf auf Leben und Tod, hat sich von der Sache seines Vaterlandes losgelöst, er ist Landesverräter – nicht nur nach dem Buchstaben des Gesetzes" (382, S. 102 f.). Für Ritter also war die „Rote Kapelle" kein Teil der deutschen Widerstandsgeschichte, klar abzugrenzen und auszuschließen von den „Helden" seines Buches, unter denen sich freilich auch „Landesverräter" in seiner eigenen Diktion befanden: so etwa eine der bedeutendsten Figuren des militärischen Widerstands, Oberst Hans Oster, der, um Europa von vornherein einen neuen, furchtbaren Krieg zu ersparen, diverse Angriffstermine der Wehrmacht auf Frankreich, Belgien und die Niederlande an den befreundeten niederländischen Militärattaché Sas verraten hatte.

Erst Mitte der 1980er Jahre wurde dieses im Westen lange Zeit gültige und von der DDR-Historiographie zwar mit umgekehrten Vorzeichen der Wertung, in der Sache selbst aber bestätigte Bild kritisch geprüft. Der Gedenkstätte Deutscher Widerstand kommt in diesem Prozess das Verdienst zu, auf der Grundlage reichen, völlig neu erschlossenen Archivmaterials dieses „Zerrbild" (P. Steinbach) revidiert, die gesellschaftliche, weit über die kommunistische Gesinnungsgemeinschaft hinausgehende Breite in der Zusammensetzung der Gruppe aufgedeckt und eine erstmalige vorurteilsfreie Klärung der tatsächlichen Widerstandstätigkeit dieser Organisation bewirkt zu haben. Dabei wurde deutlich, dass sich die „Rote Kapelle“, darin anderen Widerstandsgruppen sehr ähnlich, zunächst um Aufklärung und Dokumentation der NS-Verbrechen bemüht hatte, sich zur Selbstvergewisserung der eigenen Regimegegnerschaft getroffen und mit Flugblättern ihre Umgebung zu sensibilisieren versucht hatte. Auch Kriegsgefangenen und Misshandelten versuchte man zu helfen, schließlich auch durch Kontakt mit dem Kriegsgegner Russland den Krieg zu verkürzen. Was bei diesem Kontakt weitergegeben wurde, erreichte freilich bei weitem nicht das in den zahlreichen Legenden um die Gruppe überhöhte Maß an „Landesverrat“. „Es kann doch nicht angehen“, so formulierte Peter Steinbach seine Kritik an dem vorherrschenden, verzerrten Geschichtsbild, „dass wir den Kalten Krieg weit in die dreißiger Jahre zurückverlegen und stillschweigend so tun, als hätten sich die Mitglieder der ‚Roten Kapelle‘ mit ihrem Widerstand gegen den NS-Staat vor allem für die Sowjetisierung Deutschlands eingesetzt. Es ging den Mitgliedern der ‚Roten Kapelle‘ wie anderen Regimegegnern vor allem um die Beseitigung dieses Regimes mit allen Mitteln, eines Regimes, das 1942 alle Voraussetzungen eines industriemäßig betriebenen Völkermords geschaffen hatte [...]“ (394, S. 61). Diese völlig neue, revidierte Sicht der „Roten Kapelle“ scheint sich, trotz gelegentlicher Vorbehalte, tatsächlich auch allmählich in der Forschung durchzusetzen.

Das „Nationalkomitee Freies Deutschland“

Instrumente sowjetischer Propaganda?

Ob dies im Falle des „Nationalkomitees Freies Deutschland“ (NKFD) und des „Bundes Deutscher Offiziere“ (BDO), zweier Organisationen, die sich in sowjetischer Kriegsgefangenschaft gebildet hatten, auch der Fall ist, bleibt fraglich. Das NKFD und der BDO galten unmittelbar nach dem Krieg als „unter exilkommunistischer Regie“ und sowjetischer Oberaufsicht erfolgte Zusammenschlüsse, deren Aktivitäten der gegnerischen Propaganda gedient hatten, aber nicht als Widerstand zu klassifizieren waren: „Nicht zum deutschen Widerstand, sondern zur sowjetischen Kriegspropaganda zu zählen ist das ‚Nationalkomitee Freies Deutschland‘“, stellte noch 1976 Karl Dietrich Erdmann in Gebhardts Handbuch der Deutschen Geschichte fest (360, S. 573). Die Offiziere im NKFD hätten sich zwar einen nationalen Anstrich gegeben, seien aber durch unterschiedlichste Mittel dazu gebracht worden, sich auch nach einer späteren Rückkehr aus der Kriegsgefangenschaft für die politischen Ziele der Sowjetunion in Deutschland einzusetzen. Diese Vorstellung war wegen der Beteiligung namhafter kommunistischer Emigranten am NKFD, die später im Staatsapparat der DDR Karriere machen sollten, wie etwa Wilhelm Pieck oder Walter Ulbricht, durchaus glaubwürdig. Schnell war daher der Vorwurf des „Verrats“ gegen die Mitglieder von NKFD und BDO formuliert, den als erster Bodo Scheurig (384; 385) mit gleich zwei Veröffentlichungen in den 1960er Jahren zu widerlegen suchte. Nach Scheurig war es das apokalyptische Erlebnis der Katastrophe von Stalingrad, das den Soldaten die Augen über den wahren Charakter des Regimes und seine Menschenverachtung geöffnet und sie sodann zu einer Aktion gegen Hitler getrieben hatte, die aber unter den Bedingnissen der Gefangenschaft nur unter den von der Sowjetmacht gesetzten Rahmenbedingungen erfolgen konnte. Ganz ähnlich waren die 1977 posthum erschienenen Memoiren des wohl prominentesten Mitglieds des NKFD, des Generals a. D. Walther von Seydlitz (388), gehalten. Diesen Ansätzen zum Trotz beherrschten die wissenschaftliche wie die öffentliche Diskussion auch in den Folgejahren NKFD-skeptische Darstellungen wie die Würzburger Dissertation von Karl-Heinz Frieser (362), der im NKFD eine „Trumpfkarte" Stalins sah, mit der dieser die Westmächte warnen, ein „Signal" an den deutschen Widerstand senden, die Frontpropaganda stärken und schließlich Kader für die kommende kommunistische Durchdringung Deutschlands habe bilden wollen. Diskreditierend wirkte darüber hinaus Friesers durch Zeitzeugeninterviews gewonnene Ansicht, die NKFD-Mitglieder hätten sich aus opportunistischen Gründen den bolschewistischen Gruppen angeschlossen und materielle Vorteile aus ihrer Willfährigkeit gezogen: Verrat an Deutschland, Verrat und Bespitzelung der Kameraden um einer warmen Suppe willen – so lautete der Vorwurf.

Gegen Friesers Einschätzung hat sich vielfacher Widerspruch erhoben, der zum einen die mangelnde Berücksichtigung der Gründungsphase des NKFD und des BDO, zum anderen eine zu enge Anlehnung an die quellenkritisch stark zu relativierende Sicht von DDR-Autoren betonte. Im Kern, so Ueberschär/Steinbach, zielten weit über Friesers Studie hinaus die immer wieder auch öffentlichen Angriffe auf das NKFD/BDO darauf, „bestimmte Widerstandsbereiche aus dem Gesamtspektrum der Gegnerschaft zu verdrängen und auf diese Weise auszugrenzen. Am Ende soll nicht die Beschäftigung mit allen Bereichen des Widerstands stehen, sondern die Auslöschung einzelner Gruppen aus der Geschichte der Gesamtgegnerschaft gegen den Nationalsozialismus durch Nichterwähnung. Letztlich würde dann auch die Geschichte des Exils Opfer einer politischen Bewertung und definitorischen Verengung sein, die Widerstand nur dann akzeptieren kann, wenn er vom Reichsgebiet aus unter unmittelbarem Risiko für Leib und Leben erfolgt ist. Vor allem wurde des Öfteren betont, Widerstand könne nur im Innern geleistet werden und setze ein persönliches Risiko voraus. Dies würde nun wiederum nicht nur die Ausgrenzung des Exils aus dem inhaltlichen Zusammenhang der Widerstandsgeschichte bedeuten, sondern hätte eine neue Auseinandersetzung über die Risikogröße zur Folge, die einzelne Widerstandskämpfer ganz unterschiedlicher Funktion und sozialer Stellung auf sich nahmen" (390, S. 152).

Streit um das „integrale" Ausstellungskonzept der GDW

Ende der 1980er Jahre mündete die Diskussion schließlich in eine immer polemischer ausgetragene Auseinandersetzung um die Berücksichtigung des NKFD und des BDO in der Berliner Gedenkstätte Deutscher Widerstand (GDW), die anlässlich des Gedenkjahres 1994 eine weitere Intensivierung erfuhr und zu einem Grundsatzstreit über die von Peter Steinbach entworfene integrale Konzeption der Dauerausstellung in dem ehemaligen Bendlerblock wurde. Dabei ging es um die Deutungsmacht für dieses politisch relevante und zugleich heikle Thema der Zeitgeschichte, es ging um historisch-politische Traditionsbildung für das demokratische Deutschland nach dem Ende der SED-Diktatur, es ging aber auch um ganz gegensätzliche Auffassungen über den Zweck, den eine Gedenkstätte für den deutschen Widerstand überhaupt haben könne.

Dies wurde in zwei Stellungnahmen deutlich, die eigentlich abseits von der medial angeheizten Auseinandersetzung in den bekannten Hauptorganen der Presse und des Rundfunks im „Rheinischen Merkur“ abgedruckt wurden und damals wahrscheinlich eher weniger aufgefallen sind (392). Dort erläuterte Peter Steinbach unter der Überschrift „Widerstand gleich Widerstand?“ sein integrales Ausstellungskonzept, das „nicht nur die Breite und Vielfalt, sondern auch die Widersprüchlichkeit eines Widerstands erschließt als Gegensatz und Produkt seiner Zeit“. Es sei seine Absicht, „mit Hilfe der Ausstellung die Widerstandsgeschichte in möglichst vielen Differenzierungen dokumentieren“ zu können. Es sei aber nicht Aufgabe einer solchen Ausstellung, „rote Fäden“ aufzuzeigen und ein „richtiges“ Verständnis zu definieren, Ausstellungen sollten im Gegenteil „Angebote“ sein und „müssen daher Pluralität spiegeln“.

Steinbachs Position gegenüber vertrat Konrad Repgen unter der gleichen Überschrift die Auffassung, dass „zeitgeschichtliche Ausstellungen […] mehr als abstrakte Wissensvermehrung“ zu betreiben hätten. Dass der kommunistische Widerstand Teil der deutschen Widerstandsgeschichte ist, sei sinnvollerweise gar nicht zu bestreiten. Doch bei einer solchen Ausstellung gehe es darum, jungen Menschen klarzumachen, „welche Teile seiner eigenen Vergangenheit und der Vergangenheit seiner Eltern und Großeltern zustimmungsfähig sind oder nicht“. Wer allzu objektiv das Geschehen nur darstelle unter Ausblendung der Ziele und Motive des Handelns der Widerständler, der komme am Ende in die Lage, bei einer künftigen Ausstellung über den Widerstand „gegen den Kommunismus und Realsozialismus“ auch noch Adolf Hitler dokumentieren zu müssen.

Deutlicher waren die divergierenden Positionen um die Ausstellungskonzeption, die völlig unterschiedlichen zu Grunde liegenden historisch-politisch-pädagogischen Ansätze kaum zu definieren. Sie lassen sich auch theoretisch kaum vereinbaren und werden wohl auch weiter nebeneinander existieren.

6. „Vergangenheitsbewältigung“: die umstrittene „Hinterlassenschaft“

Eine „zweite Schuld“?

Die Auseinandersetzung um die Frage, ob und wie die Deutschen nach 1945 mit ihrer NS-Vergangenheit umgegangen sind, sie aufgearbeitet oder „bewältigt“ haben, gehört seit über 50 Jahren ebenso zum Kernbestand der historisch-politischen Selbstvergewisserung in Westdeutschland wie die Beschäftigung mit der Geschichte und dem Wesen des Nationalsozialismus selbst. Diese Auseinandersetzung ist von einer hohen „Meinungsintensität“ geprägt, quer durch alle Bevölkerungsschichten über Stammtische wie Podien wissenschaftlicher Tagungen hinweg. Sie umfasst das ganze Spektrum von abwehrendem Überdruss bis hin zu, wie es Kurt Schumacher einmal genannt hat, nationaler „Zerknirschungsmentalität“. Dabei sind die Positionen so konträr wie überhaupt nur denkbar. Das eine Extrem ließe sich etwa darstellen anhand Ralph Giordanos Buch „Die zweite Schuld oder Von der Last, Deutscher zu sein“, in dem er den Deutschen nach den Massenverbrechen der NS-Zeit, die die erste Schuld darstellen, nun eine zweite Schuld attestiert, die in dem kollektiven Verschweigen und Verdrängen der ersten Schuld bestehe. Dabei habe die Bundesjustiz z. B. in besonderem Maße versagt: „Die Reinwaschung der eigenen Kaste", so Giordano, sei geradezu das „abstoßendste Kapitel in der Geschichte der an Widerwärtigkeiten wahrlich nicht armen Bundesjustiz" (224, S. 15).

Giordano steht mit seiner Auffassung in einer Tradition, die maßgeblich von dem Ehepaar Mitscherlich geprägt wurde, das 1967 ein weithin bekannt gewordenes, von psychologischer Warte aus argumentierendes Buch über „Die Unfähigkeit zu trauern" veröffentlicht hat. Darin beschreiben und erklären sie bereits ein gesellschaftliches „Verdrängungsphänomen", das dazu geführt habe, dass die schreckliche NS-Vergangenheit von den Deutschen eben noch in keiner Hinsicht „bewältigt" worden sei (419). Dieser Ansicht haben sich in der Folgezeit cum grano salis die allermeisten Historiker, ganz gleich von welcher methodischen oder politischen Position aus sie argumentierten, angeschlossen.

Lübbes Gegenthese

An der Ablehnung dieser Sichtweise hat es auf der anderen Seite freilich auch nie gefehlt. Sie wurde in steigendem Maße in den 1980er Jahren formuliert. Schon in der großen Adenauer-Biographie von Hans-Peter Schwarz findet sich eine andere Sicht der Dinge. Schwarz betont, Adenauer sei es, „bis Ende der fünfziger Jahre gelungen, die negativen Auswirkungen der jüngsten Vergangenheit zu neutralisieren". Der Bundeskanzler sei sich bewusst gewesen, dass er ein „Volk von ‚Wendehälsen'" zu regieren gehabt habe, habe aber auch gewusst, wie dieses Volk in einen neuen demokratischen Staat eingebunden werden konnte. Dies sei realistischer und erfolgreicher gewesen als das „neurotische[n] Dauergeschwätz über die NS-Vergangenheit" (422, S. 526–528). Hermann Lübbe hat diese Perspektive 1983 in einem viel zitierten Aufsatz in der „Historischen Zeitschrift" vertiefend ausgeführt und dabei festgestellt, dass die Auseinandersetzung der Deutschen mit der NS-Vergangenheit ja gerade nicht abgenommen, sondern beständig „an Aufdringlichkeit gewonnen" habe. „Wie man auch immer sich das definitive Resultat der nun schon seit langem so genannten Bewältigung der Vergangenheit vorstellt – man wird sie sich schwerlich als einen Vorgang progressiven Vergessens denken können. An ein Vergessen war natürlich in den ersten Jahren nach dem Ende des Dritten Reiches noch weniger zu denken als nach den Jahrzehnten, die inzwischen vergangen sind" (418, S. 581). Denn „die öffentliche Anerkennung der politischen und moralischen Niederlage der nationalsozialistischen Herrschaft" sei evident gewesen und habe daher „zu den zentralen legitimatorischen Elementen dieser Republik" gehört. Deshalb sei die „Verdrängungs-These falsch" (418, S. 588), allenfalls habe es eine „gewisse Zurückhaltung in der öffentlichen Thematisierung individueller oder auch institutioneller Nazi-Vergangenheiten" gegeben, die „eine Funktion der Bemühung war, zwar nicht diese Vergangenheiten, aber doch ihre Subjekte in den neuen demokratischen Staat zu integrieren" (418, S. 587). Obwohl die Verdrängungsthese also abwegig sei, habe sie einen großen Erfolg erzielt, nicht weil vielleicht doch etwas Wahres daran sei, sondern schlicht, weil sie der „Selbsternennung ihrer Repräsentanten zu Angehörigen einer durch bessere Moral und größere emanzipatorische Bewusstheit privilegierten Intellektuellen-Elite" gedient habe (418, S. 589).

Nach Hermann Graml (406) hat Manfred Kittel 1993 die prinzipielle Sichtweise Lübbes in einer breiten, empirisch angelegten Untersuchung bestätigt und eine Vielzahl von Hinweisen zusammengetragen, die die These von einer verdrängten Vergangenheit fragwürdig erscheinen lassen. Nicht die NS-Vergangenheit sei in der Ära Adenauer verdrängt worden, vielmehr sei nach 1960 die bis dahin „schon geleistete Erinnerungsarbeit verdrängt" worden (415, S. 367). Bezeichnenderweise betitelte Kittel sein Buch denn auch in markantem Gegensatz zu Giordano „Die Legende von der zweiten Schuld" (415).

Unterschiedlicher könnten die Befunde über die Arbeit der Deutschen an ihrer NS-Vergangenheit also wohl kaum sein. Fragt man nach den Ursachen dieser Diskrepanz, so fällt zunächst auf, dass sich in der Diskussion permanent verschiedene methodisch-begriffliche Verständnisebenen überlagern und disparate Themenkomplexe zusammengebunden werden. Es gilt daher, verschiedene Verständnisebenen auseinander zu halten und im Folgenden die divergierenden Sichtweisen auf die diversen Subthemen zu beleuchten.

a) Der Begriff „Vergangenheitsbewältigung"

Unschärfe des Begriffs

Im Grunde ist schon die Bezeichnung dessen, was zu untersuchen ist, ein umstrittenes Problem. Wie nur wenige Begriffe ist nämlich der Terminus „Vergangenheitsbewältigung" eine reichlich unglückliche, in sich widersprüchliche Wortschöpfung, als „contradictio in terminis" seit seiner Entstehung von vielen, übrigens auch von Psychoanalytikern, aus deren Wissenschaft der Begriff entlehnt ist, brüsk abgelehnt worden. Wer das Wort erfunden hat, ist unbekannt: Gelegentlich wird die Evangelische Akademie in Berlin, wo 1955 im Rahmen einer Tagung das Wort benutzt worden sein soll, verantwortlich gemacht, gelegentlich wird der Historiker Hermann Heimpel als Schöpfer des Wortes benannt. Sicher ist nur, dass Bundespräsident Theodor Heuss es oft gebraucht hat und vermutlich auf diese Weise ein schnelles Eindringen in den Sprachgebrauch befördert wurde. Deshalb plädierte Peter Steinbach auch für einen (modifizierten) Gebrauch des Begriffs. Man solle die Debatte, ob es wohl besser „'Auseinandersetzung mit der Vergangenheit' oder ‚Aufarbeitung', vielleicht ‚Bearbeitung'" heißen solle, nicht fortsetzen. „Die Herkunft dieser Begriffe aus der politischen Psychologie ist deutlich, und deshalb haben sie im politisch-psychologischen Kontext auch ihren Wert und ihren Platz" (425, S. 8).

Damit ist das Wort „Vergangenheitsbewältigung" ein gutes Beispiel dafür, dass sich Begriffe, auch wenn sie semantisch unpassend sind und von vielen abgelehnt werden, durchsetzen können.

Gleichwohl sind immer wieder auch Alternativvorschläge gemacht worden: So etwa von Theodor W. Adorno, der anstatt von „Vergangenheitsbewältigung", von der „Aufarbeitung der Vergangenheit" (395) spricht. Anders hingegen zum Beispiel Michael Wolffsohn, der den Prozess „Vergangenheitsbewältigung" als „Wissen, Werten, Weinen und Wollen" umschreibt (426, S. 17).

Spätestens hier aber wird das Hauptproblem für den wissenschaftlich arbeitenden Historiker deutlich: Nicht nur, dass der Begriff ein reichlich diffuses Kompendium von Verhaltensdispositionen zu beschreiben sucht, sondern er transportiert auch historisch-kritisch eher unzugängliche und obendrein moralisch-politische Wertungen. Für solche politisch-moralischen Dimensionen aber steht dem wissenschaftlich arbeitenden Historiker eigentlich kein hinlängliches Analyseinstrumentarium zur Verfügung. Hierauf *kann* er eigentlich keine klärende Antwort geben – genau genommen ist das auch nicht seine genuine Aufgabe. Und dennoch wurde dies immer wieder versucht, woraus die zum Teil äußerst heftigen Debatten zu erklären sind.

Hinzu kommt, dass auch die historischen Gegenstände selbst, mit denen sich der Historiker bei diesem, wenn auch noch so unscharf definierten Thema zu beschäftigen hat, reichlich ungeklärt sind und oft ineinander verschränkt auftauchen. Ereignisgeschichtlich und sachlich relativ klar unterscheidbar sind immerhin die folgenden drei Themenbereiche, die daher im Folgenden auch im Zentrum der Betrachtung der gegensätzlichen Auffassungen stehen sollen:

1. Die rechtsförmige und die strafrechtliche Auseinandersetzung mit der NS-Zeit
Hierunter fällt etwa die Tätigkeit von Tribunalen, die Strafverfolgung von NS-Verbrechen durch in- wie ausländische Behörden, aber auch die nichtstrafrechtliche Arbeit von Entnazifizierungs- oder politischen Säuberungsbehörden.
2. Wiedergutmachung und Entschädigung
Hierzu sind nicht nur finanzielle Leistungen an unterschiedlichste Opfergruppen zu rechnen, sondern auch die oft übersehenen Rehabilitierungen, Rückerstattungen, berufliche Kompensationen und dergleichen mehr.
3. Der öffentliche Umgang, gleichsam die Auseinandersetzung mit der NS-Vergangenheit im gesellschaftlichen Diskurs
Dieses quellenmäßig sehr weite, schwer zugängliche Gebiet umfasst so disparate Themen wie Traditionsbildungen, Gedenktage, Denkmäler, künstlerische, schulische Umsetzung/Bearbeitung der historischen Stoffe und anderes mehr.

b) Rechtsförmige Auseinandersetzungen mit der NS-Zeit nach 1945

Entnazifizierung

Der gewiss einschneidendste und daher in der Erinnerung der Zeitgenossen bis heute besonders präsente Vorgang der „Vergangenheitsbewältigung" war zweifelsohne die so genannte „Entnazifizierung", die von jedem deutschen Staatsbürger eine persönliche Überprüfung seiner Beteiligung am NS-Verbrechensstaat einforderte. Während diese politische Überprüfung anfänglich insbesondere in der amerikanischen Besatzungszone mit großer Energie betrieben wurde, geriet sie angesichts des allzu ausufernden Schematismus sowie der daraus entstehenden enormen verwaltungstechnischen Schwierigkeiten und vor dem Hintergrund des aufziehenden Kalten Krieges immer mehr in Verfall. Aus der ambitionierten Überprüfung millionenfacher Verstrickung in das Unrechtsregime wurde je länger, je mehr eine regelrechte „Mitläuferfabrik" – so der viel zitierte Titel einer frühen Studie zur Entnazifizierung von Lutz Niethammer (420). Und in der Tat: Nimmt man nur einmal die amerikanische Zone pars pro toto, so sind die dort mit schwereren Strafen abgeurteilten ganzen 1654 Hauptschuldigen ein jedenfalls mehr als dürftiges Ergebnis der Entnazifizierungsarbeit.

Strafrechtliche Ahndung der Verbrechen

Als allenfalls „halbherzig" ist auch die strafrechtliche Auseinandersetzung mit den NS-Verbrechen nach 1945 zu bezeichnen – so befindet jedenfalls einer der profiliertesten Kritiker dieses historischen Vorgangs, Gotthard Jasper (413). Nachdem die bundesdeutsche Justiz von den Alliierten die uneingeschränkte Befugnis zur Verfolgung von NS-Verbrechen erhalten hatte, seien alle „rasch enttäuscht" worden, die gehofft hatten, dass nun mit „Energie Ermittlungen und Strafverfahren" betrieben würden. Sehr schnell nahm die Zahl der Prozesse ab und pendelte sich in der zweiten Hälfte der 1950er Jahre bei rund 20 Verurteilungen pro Jahr ein. Doch nicht nur die Zahl der Prozesse, sondern auch das Strafmaß nahm rapide ab. „Trotz gleicher Rechtslage wurden die Urteile immer milder". Dies habe seine Ursache in einer „inneren Abneigung und Zurückhaltung von Gerichten wie Staatsanwaltschaften bei der Verfolgung von NS-Verbrechen" gehabt, die durch die Rückkehr von politisch belasteten Juristen in den Justizapparat der Bundesrepublik noch gesteigert worden sei. Hinzu kam, so Jasper, dass die von alliierten Tribunalen verurteilten NS-Verbrecher in den 50er Jahren aufgrund der Intervention einer einflussreichen „Gnadenlobby" im Zuge von Amnestien freikamen und damit die über sie verhängten Strafen selbst dann nicht verbüßen mussten, wenn sie sich schwerste Verbrechen in Konzentrationslagern oder andernorts hatten zu Schulden kommen lassen. Ein weiterer in diesem Zusammenhang relevanter Gesichtspunkt sei die ausgebliebene strafrechtliche Verfolgung und Verurteilung von offensichtlichem Justizunrecht gewesen. Kein einziger Richter etwa des Volksgerichtshofes wurde wegen seiner Justizverbrechen nach 1945 strafrechtlich zur Verantwortung gezogen.

Ein „Scheitern" der deutschen „Vergangenheitsbewältigung" in strafrechtlicher Hinsicht also? Eine solche Schlussfolgerung wäre gewiss voreilig, wie Peter Steinbach im Gegensatz zu der allfälligen Kritik an der deutschen „Vergangenheitsbewältigung" als einer der Ersten hervorgehoben hat. Dass es in der Bundesrepublik Deutschland keine „angemessene Auseinandersetzung mit der Vergangenheit" gegeben habe, hält auch er für einen „Mythos" (423, S. 13). Denn zu beachten ist, dass weder Entnazifizierungskommissionen noch deutsche Strafgerichte zunächst für die Aburteilung der NS-Gewaltverbrecher zuständig waren, dies vielmehr den alliierten Gerichten überlassen blieb, die, so vermutet man, etwa 50000–60000 Strafurteile erlassen haben. Aufgabe der Entnazifizierung war eine regelrechte Totalüberprüfung der Bevölkerung, die hierdurch gezwungen wurde, sich über ihr Verhalten in der NS-Zeit Rechenschaft zu geben – ein beispielloser historischer Vorgang, der freilich auch viele Schwächen zeitigte und unerwünschte Solidarisierungseffekte mit sich brachte. Aber das gesamte Unternehmen war eben doch nicht nur eine „Mitläuferfabrik", sondern es sorgte dafür, dass in der Bundesrepublik „niemals das Bewusstsein aufkommen [konnte], die Epoche des Dritten Reiches stelle einen abgeschlossenen, nicht mehr in das Heute hineinwirkenden Zeitabschnitt dar; vielmehr war das Bewusstsein vorherrschend, die Mörder lebten noch unter uns" (424, S. 37).

Als dann den deutschen Gerichten die Strafkompetenz wieder zugebilligt wurde, sind bis Ende 1997 immerhin 912 Prozesse gegen 1875 Personen wegen NS-Tötungsverbrechen durchgeführt worden. In 14 Fällen wurde die Todesstrafe, 150mal eine lebenslange Freiheitsstrafe und 842mal eine begrenzte Freiheitsstrafe verhängt.[2] Auch hier ist die Zahl selbst wohl von geringerer Bedeutung als die öffentliche Wirkung jener Prozesse, die zu einer Distanzierung der großen Mehrheit der deutschen Bevölkerung von der nationalsozialistischen Ideologie Wesentliches beigetragen haben: „Neben den strafprozessrelevanten Gesichtspunkten müssen auch die pädagogischen dieser Verfahren gewürdigt werden: Die Tatsache, dass unter den Nationalsozialisten ungeheure Verbrechen begangen worden waren, blieb durch die Prozesse im öffentlichen Bewusstsein. Wenn der Neonazismus heute keine Basis hat, dann ist das unter anderem der Aufklärungsarbeit zu verdanken, die Staatsanwälte (vor allem in der Zentralen Stelle der Landesjustizverwaltungen in Ludwigsburg), Gutachter und Gerichte leisteten. In den Debatten des Deutschen Juristentages wurde der ‚Rechts- und Unrechtsgehalt' einer Ära ausgelotet und zugleich der Wille bekräftigt, die NS-Strafverfahren in einem streng eingehaltenen rechtsstaatlichen Rahmen durchzuführen. Beide Prinzipien dienten dazu, das Selbstverständnis der Bundesrepublik zu bekräftigen – als das einer Gesellschaft, die als Gegenbild einer totalitären und damit potentiell wie tendenziell Verbrechen ermöglichenden Herrschaftsordnung gedacht und ausgestaltet wurde" (424, S. 73). Dies unterschied die deutsche Vergangenheitsbewältigung im Übrigen von den geradezu wilden Formen der Abrechnung mit den Kollaborateuren in anderen europäischen Staaten – man denke nur an das Kahlscheren von Frauen in Frankreich, die sich mit deutschen Soldaten eingelassen hatten.

Hier trifft sich Steinbachs Befund in gewisser Weise mit Lübbes Interpretation, dass eine solche, weniger mit Paukenschlägen als in „Ruhe" ablaufende Arbeit an der nationalsozialistischen Vergangenheit überhaupt erst die Voraussetzung für die Integration der belasteten Bevölkerungsteile und damit für eine sich entwickelnde Funktionsfähigkeit der bundesdeutschen Gesellschaft gewesen sei: „Diese gewisse Stille war das sozialpsychologisch und politisch nötige Medium der Verwandlung unserer Nachkriegsbevölkerung in die Bürgerschaft der Bundesrepublik Deutschland" (418, S. 585).

c) Wiedergutmachung und Entschädigung

Streit um Begriffe

Einen zweiten Themenkomplex unterhalb der Generaldebatte über die „Vergangenheitsbewältigung" stellt die Frage nach „Wiedergutmachung und Entschädigung" dar. Auch hier zeigt schon der Streit um den Begriff,

[2] Rüter, C. F., D. W. de Mildt: Die Westdeutschen Strafverfahren wegen nationalsozialistischer Tötungsverbrechen 1945–1997, Amsterdam 1998, S. IX.

wie unterschiedlich die historischen Befunde ausfallen und gewertet werden. Aleida Assmann und Ute Frevert halten den Wiedergutmachungsbegriff z.B. für „unerträglich verharmlosend" (396, S. 57), Hartmut Berghoff spricht gar davon, er sei „ein an relativierenden und exkulpatorischen Inhalten kaum zu überbietender Begriff" (397, S. 103). Und Lea Fleischmann fordert: „Gegen das Wort Wiedergutmachung hätte man sofort gerichtlich Einspruch erheben und verbieten müssen, es im Zusammenhang mit den Judenverfolgungen zu nennen" (401, S. 70). Diese Abwehr ist insofern verständlich, wie Hans Günter Hockerts (411, S. 91) zu Recht betont, als millionenfacher Mord und unermessliches Leid im umgangssprachlichen Wortsinn überhaupt nicht „wieder gut" gemacht werden können. „Schuld" lasse sich nicht einfach und mit einem Federstrich in „Schulden" verwandeln. Von der eigentlichen Wortbedeutung her meint „gutmachen" jedoch seit alters her in der deutschen Sprache „ersetzen, bezahlen, sühnen", und genau das sei unter dem Stichwort „Wiedergutmachung" nach 1945 in Westdeutschland auch geschehen. Konkret, so Hockerts weiter (412), sind fünf Teilbereiche unter „Wiedergutmachung" zu verstehen: „(1) Rückerstattung von Vermögenswerten, die den Verfolgten geraubt oder entzogen worden sind. (2) Entschädigung für die Eingriffe in die Lebenschancen, für den Verlust an Freiheit, Gesundheit, beruflichem Fortkommen und anderes mehr. Dazu kommen (3) Sonderregelungen, vor allem im öffentlichen Dienst und in der Sozialversicherung, sowie (4) die juristische Rehabilitierung, deren Aufgabe es ist, Unrechtsurteile zu beseitigen – vor allem in der Strafjustiz; aber man denke auch an Unrechtsakte wie die Ausbürgerung und die Aberkennung akademischer Grade. [...] Diese bilden den Hintergrund für (5) eine Reihe zwischenstaatlicher Abkommen, die als weitere Kategorie dem Sammelbegriff der Wiedergutmachung zuzurechnen sind" (411, S. 94). Prüfe man unter diesen Teilbereichen nur die wichtigsten, nämlich Rückerstattung und Entschädigung (unter Einschluss der zwischenstaatlichen Abkommen), so lässt sich feststellen, dass die unter Kontrolle der Westalliierten erfolgte Rückerstattung bereits Ende der 50er Jahre abgeschlossen worden ist und trotz einiger Versäumnisse das geschehen ist, was menschenmöglich war (410, S. 21).

Stolz auf die Wiedergutmachung?

Eine ähnliche Bilanz zog der wohl wichtigste Experte in Entschädigungsfragen, Walter Schwarz, ein Sohn jüdisch-polnischer Einwanderer, der 1938 nach Palästina emigriert war und ab 1952 in Westberlin eine Anwaltskanzlei aufgebaut hatte, die sich rasch zu einem Expertenzentrum für Wiedergutmachungsfragen entwickelte. Trotz mancher Probleme, die es bei der Durchführung der Entschädigung zweifelsohne gegeben habe, so meinte der 74-jährige 1984 in der ZEIT, glaube er, „dass ein Deutscher das Recht hätte, auf das Werk der Wiedergutmachung *stolz* zu sein".

Diese Bewertung wollten die Kritiker der Wiedergutmachung Mitte der 1980er Jahre allerdings so nicht akzeptieren, sie sahen das bisher Geleistete „als skandalös missraten". So konnte Schwarz allenfalls „ironisch den ‚Schneid' junger Deutscher [bewundern, d. Verf.] die ‚weder Verfolgung noch Wiedergutmachung miterlebt hatten, mit dem ‚juristischen ABC' nicht vertraut seien, aber nun um so selbstgerechter zu Gericht sitzen wollten" (411, S. 124).

Auf der Seite der Kritiker der Wiedergutmachung stand freilich mehr als eine ignorante Ablehnung jeder irgendwie positiven Leistungsbilanz. Durchaus gewichtige Argumente wurden artikuliert, die die rein statistische, monetäre Leistungsbilanz in einem anderen Licht erscheinen ließen. Zuvorderst verwies man auf die gesellschaftliche Stimmung im Nachkriegsdeutschland, die alles andere als entschädigungsfreundlich gewesen sei: Mehr unter Druck der Alliierten und ohne besondere Einsicht in die eigene Schuld habe man sich beispielsweise bei der Rückerstattung arisierten Eigentums zur Herausgabe des Gutes verstanden. Constantin Goschler weist zudem darauf hin, dass bei einer repräsentativen Umfrage in Berlin etwa ein halbes Jahr nach Kriegsende zwar 60% der Befragten die Rückerstattung entzogenen Eigentums befürworteten, fast alle Befragten aber jedwede weitere Entschädigungsmaßnahme zugunsten der Verfolgten des NS-Regimes abgelehnt hätten (404, S. 341; 405; 409). Auch in dem Sonderausschuss des Länderrates habe es mehr Vorbehalte, Einwendungen und Bedenken gegeben als das der Situation einzig angemessene Bemühen um eine gerechte Rückgabe des geraubten Gutes. Symptomatisch erscheint in diesem Zusammenhang die Erklärung des hessischen Finanzministers Werner Hilpert Anfang 1950, der den Umfang des rückzuerstattenden Vermögens an NS-Verfolgte, darunter das meiste wohl an jüdische Geschädigte, auf 37 Mrd. DM schätzte. „Wenn wir diese Summe aufzubringen hätten", so meinte Hilpert, „müssten wir alle den Gashahn aufdrehen". Kein Wunder, so folgern die Kritiker, dass sich auch bei der praktischen Durchführung der Rückerstattung eine Vielzahl von Problemen ergeben habe, die den Anspruchsberechtigten teilweise das Leben schwer machten.

Gerade hier setzt ein weiterer wichtiger Kritikpunkt an: Die Durchführung der gesetzlichen Regelungen führte oft genug zur Ausstellung von unerhörten Ablehnungsbescheiden an Betroffene (421), denen, nur weil sie in irgendeinem nebensächlichen Punkt den Anforderungen des Gesetzes nicht entsprachen, ihre Verfolgteneigenschaften abgesprochen wurden. Wie müssen sich wohl all jene, die unter dem NS-Regime gelitten hatten, angesichts einer solch rüden Verwaltungspraxis gefühlt haben? – so wurde oft genug mit moralischer Empörung gefragt. Zudem stellte sich mit der Zeit heraus, dass längst nicht alle Opfergruppen durch die einschlägigen Gesetze erfasst waren – Homosexuelle, ‚Asoziale' oder auch ausländische Zwangsarbeiter, vor allem aus den osteuropäischen Staaten, konnten lange Zeit an den Entschädigungsleistungen nicht partizipieren.

Gegen solch kritische Betrachtungsweisen sind allerdings gleichfalls bedenkenswerte Argumente ins Feld geführt worden. Ob das Rückerstattungsgesetz tatsächlich zu einer Art „Kleinkrieg" der Bürokratie gegen die Opfer geführt hat, ist bis auf Einzelfälle, die immer wieder zitiert worden sind, keineswegs erforscht. Zu bedenken gilt es zudem, dass der Gesetzgeber Missbrauch ausschließen musste, der zweifelsohne häufig genug versucht wurde. Dass die Mehrheit der Bevölkerung gegen die Wiedergutmachung voreingenommen gewesen sein mag, konzedieren auch diejenigen, die in diesem Prozess eine Erfolgsgeschichte sehen. Doch ob man daraus ableiten kann, dass es sich um das Werk „eines Elitenkartells gegen die Volksmehrheit" gehandelt habe, wird bezweifelt. Denn schließlich formierte sich auch keine irgendwie bedeutsame Protestbewegung gegen die Entschädigung, wobei auch für diese Fragestellung ein beträchtlicher Forschungsbedarf zu konstatieren ist. Dass einzelne Verfolgtengruppen in den einschlägigen Gesetzestexten nicht berücksichtigt worden sind – an herausragender Stelle wären hier wohl die Sinti und Roma zu nennen –, sollte wiederum nicht dem Gesetzgeber oder dem Gesetz angelastet werden, reflektierte dieser Zustand doch eher gesellschaftliche Dispositionen (Vorurteile gegen „Zigeuner"), die erst allmählich überwunden werden konnten. Nicht zu übersehen ist schließlich auch, dass die vom Gesetz Begünstigten selbst die Abgrenzung zu anderen Opfergruppen („Politische" versus „Kriminelle" z. B.) suchten, weil nach ihrer Ansicht deren Ansprüche auf anderen Wegen zu regulieren seien. Und schließlich ist auch der Verweis auf (pauschale) Entschädigungsleistungen an osteuropäische Staaten wichtig, weil dort, wie im Falle Polens etwa, die deutschen Entschädigungen von der kommunistischen Regierung zwar entgegengenommen, nicht aber an die Opfer weitergegeben wurden oder aber – so im Falle der UdSSR – abgelehnt wurden, weil man in den russischen Zwangsarbeitern selbst Kollaborateure sah, die keine Entschädigung verdient hätten.

d) Der öffentliche Umgang mit der NS-Vergangenheit

Dieser Gesichtspunkt der Rezeption des Opferstatus berührt bereits das dritte Subthema der „Vergangenheitsbewältigung". Obwohl die Frage nach dem öffentlichen Umgang mit der NS-Zeit auch selbst wieder sehr facettenreich ist, und viele, zudem noch sehr unterschiedliche Quellen für die entsprechende wissenschaftliche Auseinandersetzung zur Verfügung stehen, ist dieser Bereich wohl wegen seiner besonderen politischen Implikationen und seiner Öffentlichkeitswirksamkeit auch unter Historikern besonders beliebt.

Erinnerungsarbeit der 1950er und 1960er Jahre

Dabei ist die historische Tatsachenbasis so vielgestaltig, dass sie sich auch nur einem groben Überblick entzieht.

Die eine Seite beruft sich etwa auf so integre Persönlichkeiten wie Romano Guardini, der 1952 in Tübingen ähnlich nachdrücklich wie Karl Jaspers in Heidelberg für das Annehmen der geschichtlichen Verantwortung eintrat, oder auf die Gründung des Instituts für Zeitgeschichte in München, auf die Gründung der Bundeszentrale für Heimatdienst (später Bundeszentrale für politische Bildung) und den nicht zuletzt von diesen Institutionen produzierten reichen Büchersegen. Überall finden sich Hinweise, Mahner, wissenschaftliche oder politische Anläufe, sich der Vergangenheit zu stellen und sie aufzuarbeiten – weit vor dem von den Kritikern der Vergangenheitsbewältigung hervorgehobenen Fernsehfilm „Holocaust" in den 70er Jahren, nach dessen bewegenden Bildern vorgeblich überhaupt erst eine adäquate Auseinandersetzung mit dem vergangenen NS-Staat eingesetzt habe.

Dieser vielfach diskutierte Film dient Hermann Lübbe ganz im Gegenteil als Beweis für eine erfolgreiche „Vergangenheitsbewältigung". Denn „wäre die politische Alltagskultur in der Bundesrepublik Deutschland in der Tat eine vom Kleinfaschismus ‚nebenan' durchsetzte Kultur gewesen, so hätte ja die mediale Konfrontation mit den Holocaust-Konsequenzen des Nationalsozialismus nicht diese Bewegtheit, vielmehr in erster Linie Abwehrreaktionen auslösen müssen. Dass die gegenteilige Reaktion die vorherrschende war – das war entsprechend, zumal für die Anhänger des Verdrängungstheorems, die große Überraschung. Man kam ihr bei durch die verdrängungstheoremkonsequente Erklärung, jene Bewegtheit sei ein Phänomen eruptiver Entbindung kollektiv verdrängter Wirklichkeiten gewesen. Ich halte diese Verdrängungstheorie [...] für eine Pseudotheorie, mit der die Zumutung verbunden ist, die Mehrheit des Volkes als Patient in die intellektuelle Obhut emanzipatorisch tätiger Verdrängungsanalytiker genommen wissen zu sollen" (418, S. 597).

Gleichwohl: Auch für die Negativbilanz gibt es stichhaltiges Argumentationsmaterial. Zeigt nicht beispielsweise die so genannte „Gauleiter-Verschwörung" zur Unterwanderung der FDP in Nordrhein-Westfalen, wie weitmaschig das Netz der politischen Abwehr gegen eine Rückkehr nationalsozialistischen Geistes war? Wie oft man sogar die Rückkehr schwer belasteter Funktionsträger des NS-Staates in hohe und höchste Funktionen der neuen Demokratie eingestehen musste, wirft ebenfalls kein positives Licht auf die Abrechnung mit der totalitären Vergangenheit in der jungen Bundesrepublik. Nicht nur in der viel zitierten Justiz, auch in der Wirtschaft, der Wissenschaft oder dem Journalismus herrschte bald ein allgemeines Verschweigen der politischen Belastungen von Kollegen vor, manchmal, wie etwa bei der Gruppe ehemaliger Militärrichter, sogar stetig lauter werdende Selbstrechtfertigung und scharfe Ablehnung jeglicher Kritik.

Der Fall Globke

Als ein besonders markantes Beispiel dieser Tendenz zum Verschweigen der Vergangenheit und zur Reintegration belasteter Führungseliten des NS-Staates wird häufig auf Hans Globke verwiesen, der 1953 zum Staatssekretär im Bundeskanzleramt ernannt wurde – ein Mann, der in der NS-Zeit hochrangiger Beamter im Reichsinnenministerium gewesen und mit keiner geringeren Aufgabe als der Kommentierung der Nürnberger Gesetze beauftragt worden war. Einen politisch so belasteten Beamten in die unmittelbare Nähe des Bundeskanzlers zu berufen und dort zu halten – bedarf es da noch einer Diskussion über die „Vergangenheitsbewältigung" in der deutschen Nachkriegsgesellschaft? So wird oft provokant gefragt und es wird zugleich die nähere Auseinandersetzung mit diesem prominenten „Fall" verabsäumt, die jüngst Erik Lommatzsch (417) geleistet hat. In Lommatzschs bemerkenswert unaufgeregter Analyse werden die Argumente, die für Globkes Berufung sprachen (Hilfeleistung für Verfolgte, Kontakte zum Widerstand) ebenso nüchtern bilanziert wie seine Tätigkeit und seine Verstrickung in das Unrechtsregime. Dass Margarete Sommer, die Leiterin des „Hilfswerkes beim Bischöflichen Ordinariat zu Berlin", die sich um verfolgte „Nichtarier" bemüht hatte, Globkes Berufung ins Bundeskanzleramt für einen Fehler hielt, obwohl sie von seinen Hilfen unterrichtet war, mag, wie Lommatzsch hervorhebt, eine wichtige Orientierung in diesem bisweilen heftigen Streit gerade um Globkes Person geben. Alles in allem, so sieht es jedenfalls Detlef Garbe, also mehr „äußerliche Abkehr" und „Erinnerungsverweigerung" wie es schon der ausdrucksarme Begriff „Vergangenheitsbewältigung" andeute, der „das Nicht-Erfassen der wirklichen Dimensionen der gestellten Aufgabe und damit [...] eine Verharmlosung des Geschehenen" beweise (403, S. 693).

Vor diesem Hintergrund zieht sich der Streit bis in die Diskussion der Quellen, die überhaupt für valide Aussagen zum Thema zu nutzen wären. Dies lässt sich beispielhaft an der Auseinandersetzung zwischen Manfred Kittel und Norbert Frei ablesen.

Methodische Differenzen

Während Manfred Kittel sich geradezu „klassisch" und in der direkten Konfrontation mit dem Anfang der 90er Jahre herrschenden Diskussionsstand durch eine Untersuchung der Publizistik der 50er und 60er Jahre einer Antwort zu nähern versuchte und dabei zu dem bereits erwähnten Ergebnis kam, dass, anders als damals weithin behauptet, auch in dieser Zeit bereits in beträchtlichem Umfang die NS-Vergangenheit in der deutschen Gesellschaft diskutiert wurde, hält Norbert Frei, ohne die in Kittels Arbeit selbst vorgenommene Problematisierung des Ansatzes zu rezipieren, genau dieses Verfahren für verfehlt und Kittels Quellen für wenig aussagekräftig. Denn wer sich nur an das halte, was öffentlich verlautbart worden sei, könne nicht „hinter die Fassade rasch erlernter politischer Verdammungsrituale" dringen. Es gelte vielmehr, die „Interessen bezüglich der ‚jüngsten Vergangenheit' und die oft prekären Formen ihrer Befriedigung", dann auch „die Positionen der Parteien dazu und die Haltungen der Gesellschaft" zu erforschen und dabei „Entscheidungsprozesse", „Einflussstrukturen" und „Diskussionszusammenhänge" zu berücksichtigen – ein gewiss zweckdienliches, methodisch und quellenkritisch aber wohl nicht weniger problematisches Verfahren (402, S. 10–13). In jedem Fall führt es, wie Frei in seiner Studie zeigt, zu dem Nachweis beträchtlicher Defizite in der deutschen „Vergangenheitsbewältigung", die im Wesentlichen das bekannte Bild einer „Verdrängungsgesellschaft" zu bestätigen scheinen.

Komparatistik als Aufgabe

Wenn methodische Ansätze, unterschiedliche Quellen und die variierende Definition von Subthemen zu so gegensätzlichen Positionen führen, liegt es auf der Hand, nach Auswegen aus diesem Erkenntnisdilemma zu suchen, die sich gleichsam von dem mittlerweile eingeübten, etwas ritualhaft wirkenden Streit entfernen. Dieser Ausweg könnte am ehesten in einer komparatistischen Betrachtung bestehen, die seit einigen Jahren versucht wird. Dabei ist die methodische Frage, inwiefern der deutsche Fall über die Konfrontation mit Österreich oder der DDR hinaus mit der Abrechnung anderer Kollaborationsregime in Europa vergleichbar ist, ernst zu nehmen. Die ersten Studien in dieser Richtung, die bereits Peter Steinbach zu Beginn der 1990er Jahre forderte, zeigen allerdings trotz aller unterschiedlichen gesellschaftlich-politischen Rahmenbedingungen eine bemerkenswerte Überspannung der deutschen Perspektive. Eine nüchterne, komparative Bilanz scheint jedenfalls besser in der Lage zu sein, die Aktiva und Passiva des deutschen Falls angemessen zu beschreiben (398; 399; 400; 407; 408; 414). Das zeigt auch der von Manfred Kittel neuerdings mit einem deutsch-japanischen Vergleich beschrittene Weg (416).

IV. Ausblick – Perspektiven der NS-Forschung

Mit der Feststellung, dass auch sechzig Jahre nach dem Ende des Dritten Reiches das Thema „Nationalsozialismus" noch kein Forschungsgegenstand wie jeder andere ist, wurde dieser Band eingeleitet: Man könnte ihn mit der gleichen Feststellung nach der Darlegung so vielfältiger Kontroversen beenden.

Historisierung

Für die weiteren Aufgaben und Perspektiven der NS-Forschung wäre daraus wohl an erster Stelle abzuleiten, dass die von Martin Broszat erhobene, im guten Sinne verstandene Forderung nach „Historisierung" in der Erforschung und Darstellung der Geschichte des Nationalsozialismus, immer noch eine unerfülltes Postulat darstellt. Denn nach wie vor ist in manchen Fachkreisen nicht anders als in der breiten Öffentlichkeit jene lang eingeübte „Schwarz-Weiß-Skizzierung" der NS-Zeit geläufig, die zweifellos eine wichtige Funktion für die gesellschaftliche Distanzierung gegenüber der Hitlerdiktatur und ihrem Geist in den ersten Jahrzehnten nach 1945 hatte. Doch über die Verwerflichkeit des Dritten Reiches und die Unmoral seiner „Ideologie" bedarf es heute keiner Auseinandersetzung mehr: Darüber ist längst und eindeutig entschieden (18, S. XIII). Für eine produktive wissenschaftliche Arbeit aber kann eine stark moralisierende, verurteilende Perspektive heute nicht mehr genügen. Forschung darf nicht präfiguriert werden, sondern muss grundsätzlich die Möglichkeit zur Überschreitung gewohnter Denkmuster und zu sinnvoller Thesenbildung haben. Dies entlässt sie allerdings auch nicht aus ihrer gesellschaftlichen Verantwortung.

Viele der vorstehend geschilderten Kontroversen sind aus den politisch-moralischen Implikationen des Themas „Nationalsozialismus" geboren, viele haben trotz alledem einen reichhaltigen wissenschaftlichen Ertrag gebracht, unser Wissen und Verstehen des Dritten Reiches bereichert und differenziert. Wohin sich eine von solchen Implikationen freiere Forschung in Zukunft entwickeln könnte, ist angesichts des diffusen Erscheinungsbildes in der Breite der vorliegenden Forschungsarbeiten nur schwer zu sagen. Die Richtung wird sich vermutlich, wie bei aller historischen Forschung, in Abhängigkeit vom jeweils aktuellen Problemhorizont und den dadurch bedingten Fragen an die Geschichte ergeben. Die „Totalitarismus-Faschismus-Debatte" hat nach Meinung einiger Historiker nur wenig zu unserem Verständnis des „inneren Gefüges" des Dritten Reiches beigetragen, so dass von daher keine neuen Anstöße zu erwarten seien (16, S. 114).

„Faktor Hitler"

Es bleibt der „Faktor Hitler", ein nach wie vor kaum hinlänglich zu erklärendes Phänomen, mit dem nunmehr auch die Öffentlichkeit in filmischer Darstellung beschäftigt wird. Es bleibt aber auch jenes Phänomen, das Michael Burleigh in seiner Monographie so beschrieben hat: „Dieses Buch handelt davon, was geschah, als Teile der deutschen Eliten und Massen deutscher Normalbürger sich dafür entschieden, das kritische Denken einzustellen und sich stattdessen mit Haut und Haar einer Politik zu verschreiben, die auf Glaube, Hoffnung, Hass und einem sentimentalen Kollektivstolz auf die eigene Rasse und Nationalität basierte. Es erzählt daher ganz und gar eine Geschichte aus dem zwanzigsten Jahrhundert" (428, S. 13).

Integration in die Geschichte des 20. Jahrhunderts

Die hier angesprochene Integration des Nationalsozialismus in die Geschichte des 20. Jahrhunderts, das bereits als das „Jahrhundert der Diktaturen" bezeichnet worden ist, mit all seinen positiven, innovativen wie auch seinen zerstörerischen und Menschen verachtenden Kräften wird zweifelsohne die Hauptaufgabe künftiger Forschung darstellen. Einer Forschung, die die Gefährdungen dieses Jahrhunderts weit über die deutschen Grenzen hinaus herausarbeitet, aber in stetem Bewusstsein um die besondere Verantwortlichkeit, die durch die deutsche Geschichte im Nationalsozialismus bedingt ist.

Nationalsozialismus und Region

Um solche Wege zu beschreiten, gilt es allerdings, noch erhebliche Forschungsdefizite zu überwinden, die trotz intensivster Bemühungen in den vergangenen 60 Jahren nach wie vor bestehen. Diese Desiderate betreffen zunächst und vor allem die Regionen in Deutschland, die aufgrund der langjährigen Konzentration auf die obersten Führungsebenen sehr vernachlässigt worden sind. Zwar ist seit einigen Jahren damit begonnen worden, diese Lücke zu schließen, doch liegen für viele Regionen Deutschlands noch gar keine oder nur ganz unzureichende Untersuchungen vor, was freilich auch mit der bisweilen defizitären Quellenlage zusammenhängt. In manchen Städten, vornehmlich aber auch in vielen Landgemeinden ist die Realität nationalsozialistischer Herrschaft und die Verstrickung der örtlichen Repräsentanten in die Verbrechen des Nationalsozialismus noch überhaupt nicht aufgeklärt. Solche auf wissenschaftlicher Basis erstellten Lokal- und Regionalstudien wären zur weiteren Differenzierung unseres Wissens um die Herrschaftsausübung des Nationalsozialismus und seine Alltagsgeschichte hoch willkommen. Denn die regionale Differenzierung ist ein besonderes Kennzeichen der deutschen Geschichte – auch, ja vor allem in der Zeit des Nationalsozialismus. Allerdings müssten solche Studien, um der Gefahr der Atomisierung und Verinselung des Wissens zu entgehen, mit dem notwendigen Blick für übergeordnete Fragestellungen konzipiert werden. Auf ihrer Grundlage wären dann überregionale Vergleiche, an denen derzeit noch ein besonderer Mangel herrscht, möglich, so dass der Region endlich der gebührende Stellenwert auch bei der Betrachtung des Nationalsozialismus zukommt (432). Wie außerordentlich fruchtbar ein solches Vorgehen sein kann, hat in jüngster Zeit ein von Hermann Rumschöttel und Walter Ziegler herausgegebener Sammelband über „Staat und Gaue in der NS-Zeit. Bayern 1933–1945" gezeigt (431), in dem die faktische Tätigkeit der ja weiter existierenden Länderbehörden in Bayern in der NS-Zeit erstmals überhaupt untersucht und festgehalten wurde. Gleiches demonstriert für die kommunale Ebene zum Beispiel ein von Joachim Scholtyseck und Klaus Eisele herausgegebener Sammelband über Offenburg in den Jahren 1919 bis 1948 (429). Nimmt man solche Forschungsergebnisse der regionalen Zeitgeschichte angemessen wahr, so kann kein Zweifel darüber bestehen, dass der NS-Forschung aus diesem Zweig ganz wesentliche und neue Impulse erwachsen können, auf die mit Nachdruck auch Michael Ruck und Karl Heinrich Pohl hingewiesen haben (430).

Reichsstatthalter, Landwirtschaft, Ende

Beträchtliche Forschungslücken bestehen aber nicht nur auf der regionalen Ebene. Auch auf der nationalen, zentralen Ebene ergeben sich bei genauem Hinsehen immer wieder Desiderate, von denen hier nur drei besonders markante erwähnt sein sollen. So existiert bislang zum Beispiel keine Darstellung zu den Reichsstatthaltern, die in der Anfangsphase des Dritten Reiches von Ausschlag gebender Bedeutung für die Gleichschaltung und die Etablierung der nationalsozialistischen Macht waren. Schwach dokumentiert ist auch der gesamte Bereich der Landwirtschaft, zu dem in jeder denkbaren Hinsicht detaillierte Studien wünschenswert wären. Und auch das Ende des Dritten Reiches ist sowohl was die militärgeschichtlichen Aspekte wie auch den „Zusammenhalt" der inneren Front anbelangt, durchaus in vielen Bereichen noch ein wissenschaftlich unzulänglich dokumentierter und erforschter Zeitabschnitt. Es ist zu hoffen, dass mit der zunehmenden Wahrnehmung der Vertriebenenproblematik auch diese Lücke erkannt und geschlossen werden wird.

Wirtschaft

Selbst bei den seit vielen Jahren im Zentrum der Forschungsbemühungen stehenden Themen ergeben sich nach wie vor Desiderate, die sich freilich dann auch schon weitgehend auf das interpretatorische Gebiet erstrecken. So ist, wie Klaus Hildebrand angemerkt hat (18, S. 214), bislang keine schlüssige Erklärung dafür vorgelegt worden, warum im Bereich der an sich relativ „freien" Wirtschaft so wenig widerständiges Verhalten festzustellen ist, während die deutlichsten Ansätze, dem Verbrechen endlich in den Arm zu fallen, im Zusammenhang mit dem 20. Juli 1944 aus dem Militär kamen, das hinsichtlich seiner Eidbindung, Gehorsamspflicht und Tradition im Vergleich zu den Führern der Wirtschaft ungleich ungeeigneter für einen solchen Schritt war.

Auch fehlt es, obwohl die neuere Gestapoforschung den Aufbau und die Wirkungsweise dieses Staatsschutzorgans beleuchtet hat, an einer schlüssigen Erklärung, warum die Gestapo als so gefährlich und allwissend wahrgenommen wurde. Hier wären rezeptionsgeschichtliche Studien, vor allem solche, die die Selbstdarstellung der Gestapo in den Blick nehmen, sicherlich weiterführend.

Genese des Holocaust

Trotz aller Anstrengungen ist, so Wolfgang Benz (427, S. 118), auch nach wie vor keine schlüssige Erklärung für die Genese und Umsetzung des Holocaust in Sicht. Eine Fortführung der gesellschafts- und sozialgeschichtlichen Bemühungen auf angemessener theoretischer Grundlage könnte hier unter Umständen neue Erkenntnisse bringen. So wie eine „Geschichte solidarischen Verhaltens in der NS-Zeit" trotz der vom Berliner Zentrum für Antisemitismusforschung ausgehenden Bemühungen um die Identifizierung von „Judenrettern" nach wie vor aussteht, mangelt es auch an einer Erklärung des unsolidarischen Verhaltens. „Was wussten die Deutschen?" – auch diese Frage harrt einer befriedigenden Antwort auf wissenschaftlicher Grundlage.

Nationalismusforschung

Möglicherweise kann zu einer solchen Antwort die Nationalismusforschung beitragen, die im Bezug auf die NS-Zeit noch ein reiches Forschungsfeld vorfindet. Zum einen fehlt es an trennscharfen Abgrenzungen der beiden Ideologien, zum anderen wäre die Untersuchung der Transformation konservativ-nationaler Mileuverbände in der Zeit des Nationalsozialismus eine wichtige Forschungsaufgabe. Sodann müsste nach generationellen Verhaltensmustern und deren Veränderung sowohl im Nationalismus wie im Nationalsozialismus gefragt werden. Mit solchen Forschungen könnte auch den übergeordneten Fragestellungen nach der

Einordnung der nationalsozialistischen Zeit in die deutsche Geschichte des 19. und 20. Jahrhunderts zugearbeitet werden.

Komparatistik

Schließlich ist nicht zu übersehen, dass die Komparatistik zur Erklärung des Nationalsozialismus noch nicht hinreichend genutzt wurde, ihre Erklärungspotentiale noch längst nicht ausgeschöpft sind. Dies gilt sowohl für die NS-Diktatur und ihren Vergleich mit anderen totalitären Regimen wie insbesondere auch bei der Bewertung Ihrer Folgen und der damit zusammenhängenden „Vergangenheitspolitik" in der Nachkriegszeit.

Literatur

I. Einleitung und II. Überblick

(1) Akten der Reichskanzlei. Die Regierung Hitler 1933–1938. Hrsg. v. K. Repgen/H. Booms. Teil 1 und 2. Boppard a. Rh. 1999.
(2) Akten deutscher Bischöfe über die Lage der Kirche 1933–1945. 6 Bände. Bearbeitet v. B. Stasiewski/L. Volk. Mainz 1968–1985.
(3) Akten zur deutschen auswärtigen Politik 1918–1945. Serie C. Bde. 1–6, Serie D. Bde. 1–13, Serie E. Bde. 1–8. Göttingen u.a. 1950–1995.
(4) Benz, Wolfgang (Hrsg.): Enzyklopädie des Nationalsozialismus. München 1997.
(5) Boberach, Heinz (Bearb.): Inventar archivalischer Quellen des NS-Staates. Die Überlieferung von Behörden und Einrichtungen des Reichs, der Länder und der NSDAP. 2 Bde., München 1991/1995.
(6) Boberach, Heinz (Hrsg.): Meldungen aus dem Reich. Die geheimen Lageberichte des Sicherheitsdienstes der SS 1938–1945. 18 Bde. Herrsching 1984/85.
(7) Bohrmann, Hans (Hrsg.): NS-Presseanweisungen der Vorkriegszeit: Edition und Dokumentation. Bearb. v. G. Toepser-Ziegert. München 1984–2001.
(8) Bracher, Karl Dietrich: Die deutsche Diktatur. Entstehung, Struktur, Folgen des Nationalsozialismus. Köln 1969, 7. Aufl. 1993.
(9) Brechtken, Magnus: Die nationalsozialistische Herrschaft 1933–1939 (Geschichte kompakt). Darmstadt 2004.
(10) Broszat, Martin: Plädoyer für eine Historisierung des Nationalsozialismus. In: H. Graml/K.-D. Henke: Nach Hitler. Der schwierige Umgang mit unserer Geschichte. Beiträge von Martin Broszat. München 1986, S. 150–177.
(11) Fest, Joachim: Der Untergang: Hitler und das Ende des Dritten Reiches. 2. Aufl., Berlin 2002.
(12) Fröhlich, Elke (Hrsg.): Die Tagebücher von Joseph Goebbels: sämtliche Fragmente. Teil 1 und Teil 2. München 1993 ff.
(13) Gessner, Dieter: Die Weimarer Republik (Kontroversen um die Geschichte). Darmstadt 2002.
(14) Goldhagen, Daniel Jonah: Hitlers willige Vollstrecker. Berlin 1996.
(15) Gutman, Yisrael (Hrsg.): Enzyklopädie des Holocaust. Die Verfolgung und Ermordung der europäischen Juden. 4 Bde., München 1995.
(16) Hehl, Ulrich von: Nationalsozialistische Herrschaft (Enzyklopädie Deutscher Geschichte 39). 2. Aufl., München 2001.
(17) Heiber, Helmut (Hrsg.): Lagebesprechungen im Führerhauptquartier: Protokollfragmente aus Hitlers militärischen Konferenzen 1942–1945. Neubearb. u. komment. Aufl., München 1964.
(18) Hildebrand, Klaus: Das Dritte Reich (Oldenbourg Grundriss der Geschichte 17). 6. Aufl., München 2003.
(19) „Historikerstreit". Die Dokumentation der Kontroverse um die Einzigartigkeit der nationalsozialistischen Judenvernichtung. München/Zürich 1987.
(20) Hockerts, Hans Günter (Bearb.): Weimarer Republik, Nationalsozialismus, Zweiter Weltkrieg (1919–1945). T. 1: Akten und Urkunden (Quellenkunde zur deutschen Geschichte der Neuzeit von 1500 bis zur Gegenwart Bd. 6). Darmstadt 1996.
(21) Hubatsch, Walter (Hrsg.): Hitlers Weisungen für die Kriegführung 1939–1945. Dokumente des Oberkommandos der Wehrmacht. Neuausgabe der 2. Aufl., Utting 2000.
(22) Hürten, Heinz/Wolfgang Jäger/Hugo Ott: Hans Filbinger, der „Fall" und die Fakten: eine historische und politologische Analyse. Mainz 1980.
(23) Kershaw, Ian: Der NS-Staat. Geschichtsinterpretationen und Kontroversen im Überblick. Hamburg ²2001.
(24) Kershaw, Ian: Hitler. 1889–1936, Bd. 1. Stuttgart 1998.
(25) Kershaw, Ian: Hitler. 1936–1945, Bd. 2. Stuttgart 2000.
(26) Kißener, Michael: Zwischen Diktatur und Demokratie. Badische Richter 1918–1952 (Karlsruher Beiträge zur Geschichte des Nationalsozialismus 7). Konstanz 2003.
(27) Kogon, Eugen: Der SS-Staat. Das System der deutschen Konzentrationslager. 10. Aufl., München 1981 (EA 1947).
(28) Lehmann, Hartmut: Clios streitbare Priester: Zur Einführung. In: Ders. (Hrsg.): Historikerkontroversen (Göttinger Gespräche zur Geschichtswissenschaft 10). Göttingen 2000, S. 7–14.
(29) Lepsius, Mario R.: Extremer Nationalismus: Strukturbedingungen vor der nationalsozialistischen Machtergreifung. Stuttgart 1966.
(30) Maier, Hans: Deutungen totalitärer Herrschaft 1919–1989. In: Vierteljahrshefte für Zeitgeschichte 50 (2002), S. 349–366.

(31) Moll, Martin (Bearb.): „Führer-Erlasse" 1939–1945. Edition sämtlicher überlieferter, nicht im Reichsgesetzblatt abgedruckter, von Hitler während des Zweiten Weltkrieges schriftlich erteilter Direktiven aus den Bereichen Staat, Partei, Wirtschaft, Besatzungspolitik und Militärverwaltung. Stuttgart 1997.

(32) Möller, Horst/Udo Wengst (Hrsg.): 50 Jahre Institut für Zeitgeschichte. Eine Bilanz. München 1999.

(33) Möller, Horst: Was ist Zeitgeschichte? In: Ders./U. Wengst (Hrsg.): Einführung in die Zeitgeschichte. München 2003, S. 13–51.

(34) Niethammer, Lutz: Über Kontroversen in der Geschichtswissenschaft. In: Merkur 41/1 (1989), S. 73–81.

(35) Der Prozeß gegen die Hauptkriegsverbrecher vor dem Internationalen Militärgerichtshof. Nürnberg, 14. 11. 1945–1. 10. 1946. 42 Bde. Nürnberg 1947–1949; Studienausgabe der Verhandlungsniederschriften: Unveränderter Nachdruck der 23-bändigen Originalausg. in 13 Bänden. München/Zürich 1984.

(36) Repgen, Konrad: Methoden- oder Richtungskämpfe in der deutschen Geschichtswissenschaft seit 1945? In: Ders.: Von der Reformation zur Gegenwart. Beiträge zu Grundfragen der neuzeitlichen Geschichte. Hrsg. v. K. Gotto/H. G. Hockerts. Paderborn 1988, S. 299–316.

(37) Ruck, Michael: Bibliographie zum Nationalsozialismus. 2 Bde., Darmstadt 2000.

(38) Ruck, Michael: Korpsgeist und Staatsbewußtsein. Beamte im deutschen Südwesten 1928 bis 1972 (Nationalsozialismus und Nachkriegszeit in Südwestdeutschland 4). München 1996.

(39) Schmiechen-Ackermann, Detlef (Hrsg.): Anpassung, Verweigerung, Widerstand. Soziale Milieus, Politische Kultur und der Widerstand gegen den Nationalsozialismus in Deutschland im regionalen Vergleich (Schriften der Gedenkstätte Deutscher Widerstand 13). Berlin 1997.

(40) Siever, Holger: Kommunikation und Verstehen: der Fall Jenninger als Beispiel einer semiotischen Kommunikationsanalyse. Frankfurt a. M. 2001.

(41) Stadler, Peter: Rückblick auf einen Historikerstreit. Versuch einer Beurteilung aus nichtdeutscher Sicht. In: Historische Zeitschrift 247 (1988), S. 15–26.

(42) Steinbach, Peter/Johannes Tuchel (Hrsg.): Lexikon des Widerstandes 1933–1945. 2. Aufl., München 1998.

(43) Thamer, Hans-Ulrich: Das Dritte Reich. Interpretationen, Kontroversen und Probleme des aktuellen Forschungsstandes. In: K.-D. Bracher/M. Funke/H.-A. Jacobsen (Hrsg.): Deutschland 1933–1945. Neue Studien zur nationalsozialistischen Herrschaft (Bonner Schriften zur Politik und Zeitgeschichte 23). 2. Aufl., Düsseldorf 1993, S. 507–531.

(44) Thamer, Hans-Ulrich: Verführung und Gewalt. Deutschland 1933–1945. Berlin 1986.

(45) Trevor-Roper, Hugh R.: Hitlers letzte Tage (Engl. EA 1947). Berlin 1995.

(46) Wehler, Hans-Ulrich: Aus der Geschichte lernen? Essays. München 1988, S. 130–151.

(47) Winkler, Heinrich August: Der lange Weg nach Westen, 2 Bde., München 2002.

(48) Wippermann, Wolfgang: Faschismustheorien. Zum Stand der gegenwärtigen Diskussion (Erträge der Forschung 17). 6. Aufl., Darmstadt 1995.

(49) Wippermann, Wolfgang: Umstrittene Vergangenheit. Fakten und Kontroversen zum Nationalsozialismus. Berlin 1998.

(50) Wolfrum, Edgar: Geschichtspolitik in der Bundesrepublik Deutschland: der Weg zur bundesrepublikanischen Erinnerung 1948–1990. Darmstadt 1999.

III. Forschungsprobleme und Kontroversen

1. Adolf Hitler: Starker oder schwacher Diktator?

(51) Arendt, Hannah: Elemente und Ursprünge totaler Herrschaft. (Am. EA 1951, dt. 1955). München/Zürich 1991.

(52) Bajohr, Frank: Parvenüs und Profiteure. Korruption in der NS-Zeit. Frankfurt a. M. 2001.

(53) Berger-Waldenegg, Georg Christoph: Hitler, Göring, Mussolini und der „Anschluss" Österreichs an das Deutsche Reich. In: Vierteljahrshefte für Zeitgeschichte 51(2003), S. 147–182.

(54) Binion, Rudolf: „... dass ihr mich gefunden habt". Hitler und die Deutschen: eine Psychohistorie. Stuttgart 1978.

(55) Bollmus, Reinhard: Das Amt Rosenberg und seine Gegner. Studien zum Machtkampf im nationalsozialistischen Herrschaftssystem. Stuttgart 1970.

(56) Bracher, Karl Dietrich/Wolfgang Sauer/Gerhard Schulz: Die nationalsozialistische Machtergreifung. Studien zur Errichtung des totalitären Herrschaftssystems in Deutschland 1933/34. Köln 1960, 2. Aufl. 1962.

(57) Bracher, Karl Dietrich: Die Auflösung der Weimarer Republik: eine Studie zum Problem des Machtverfalls in der Demokratie. Stuttgart 1955.

(58) Bracher, Karl Dietrich: Stufen totalitärer Machtergreifung. In: Vierteljahrshefte für Zeitgeschichte 4 (1956), S. 30–42.

(59) Bracher, Karl Dietrich: Zeitgeschichtliche Kontroversen. Um Faschismus, Totalitarismus, Demokratie. München 1976.

(60) Breitman, Richard: Heinrich Himmler. Der Architekt der „Endlösung". Himmler und die Vernichtung der europäischen Juden. Zürich, München 2000.
(61) Broszat, Martin: Der Staat Hitlers. Grundlagen und Entwicklungen seiner inneren Verfassung. München 1975.
(62) Broszat, Martin: Soziale Motivation und Führerbindung des Nationalsozialismus. In: Vierteljahrshefte für Zeitgeschichte 18 (1970), S. 392–409.
(63) Bullock, Alan: Hitler. Eine Studie über Tyrannei (Engl. EA 1952). Kronberg 1977.
(64) Fest, Joachim C.: Hitler. Eine Biographie. Frankfurt 1973, 5. Aufl., Frankfurt/Berlin 1995.
(65) Fraenkel, Ernst: Der Doppelstaat (Engl. EA 1940). Frankfurt 1974.
(66) Funke, Manfred: Starker oder schwacher Diktator? Hitlers Herrschaft und die Deutschen. Ein Essay. Düsseldorf 1989.
(67) Haffner, Sebastian: Anmerkungen zu Hitler. München 1978, 26. Auflage 1994.
(68) Hildebrand, Klaus: Hitlers „Programm" und seine Realisierung 1939–1942. In: M. Funke (Hrsg.): Hitler, Deutschland und die Mächte. Düsseldorf 1976, S. 63–93.
(69) Hildebrand, Klaus: Monokratie oder Polykratie. Hitlers Herrschaft und das Dritte Reich. In: G. Hirschfeld/L. Kettenacker (Hrsg.): Der „Führerstaat": Mythos und Realität. Studien zur Struktur und Politik des Dritten Reiches. Stuttgart 1981, S. 73–97.
(70) Hildebrand, Klaus: Nationalsozialismus ohne Hitler? In: Geschichte in Wissenschaft und Unterricht 31 (1980), S. 289–305.
(71) Hillgruber, Andreas: Hitlers Strategie. Politik und Kriegsführung 1940–1941. München 1965, 2. Auflage 1982.
(72) Jäckel, Eberhard: Hitlers Herrschaft. Vollzug einer Weltanschauung. Stuttgart 1986, 2. Auflage 1988.
(73) Jäckel, Eberhard: Rezension über Rebentisch, Führerstaat. In: Archiv für Sozialgeschichte 31 (1991), S. 784 f.
(74) Jacobsen, Hans-Adolf: Nationalsozialistische Außenpolitik 1933–1938. Frankfurt a. M. 1968.
(75) Kißener, Michael/Joachim Scholtyseck (Hrsg.): Die Führer der Provinz. NS-Biographien aus Baden und Württemberg. Konstanz 1996, 2. Auflage 1999.
(76) Kley, Stefan: Hitler, Ribbentrop und die Entfesselung des Zweiten Weltkrieges. Paderborn u. a. 1996.
(77) Kube, Alfred: Pour le mérite und Hakenkreuz. Hermann Göring im Dritten Reich. 2. Aufl., München 1987.
(78) Longerich, Peter: Hitlers Stellvertreter. Führung der Partei und Kontrolle des Staatsapparates durch den Stab Heß und die Partei-Kanzlei Bormanns. München 1992.
(79) Martens, Stefan: Hermann Göring. „Erster Paladin des Führers" und „Zweiter Mann im Reich". Paderborn 1985.
(80) Michels, Helmut: Ideologie und Propaganda. Die Rolle von Joseph Goebbels in der nationalsozialistischen Außenpolitik bis 1939 (Europäische Hochschulschriften Reihe III, Bd. 527). Frankfurt a. M. u. a. 1992.
(81) Moll, Martin: Steuerungsinstrument im „Ämterchaos"? Die Tagungen der Reichs- und Gauleiter der NSDAP. In: Vierteljahrshefte für Zeitgeschichte 49 (2001), S. 215–274.
(82) Möller, Horst u. a. (Hrsg): Nationalsozialismus in der Region. München 1996.
(83) Mommsen, Hans: Ausnahmezustand als Herrschaftstechnik des NS-Regimes. In: M. Funke (Hrsg.): Hitler, Deutschland und die Mächte. Düsseldorf 1978, S. 30–45.
(84) Mommsen, Hans: Führerstaat und Verwaltung im Zweiten Weltkrieg. In: Das Historisch-politische Buch 38 (1990), S. 321 f.
(85) Mommsen, Hans: Hitlers Stellung im nationalsozialistischen Herrschaftssystem. In: G. Hirschfeld/L. Kettenacker (Hrsg): Der „Führerstaat": Mythos und Realität. Studien zur Struktur und Politik des Dritten Reiches. Stuttgart 1981, S. 43–72.
(86) Mommsen, Hans: Nationalsozialismus oder Hitlerismus? In: Manfred Bosch (Hrsg.): Persönlichkeit und Struktur in der Geschichte, Düsseldorf 1977, S. 62–71.
(87) Mommsen, Hans: Nationalsozialismus. In: Sowjetsystem und demokratische Gesellschaft, Bd. 4. Freiburg 1971, S. 695–713.
(88) Mommsen, Hans: Reflections on the Position of Hitler and Göring in the Third Reich. In: T. Childers/J. Caplan (Hrsg.): Reevaluating the Third Reich. New York/London 1993, S. 86–97.
(89) Neliba, Günter: Wilhelm Frick. Der Legalist des Unrechtsstaates. Eine politische Biographie. Paderborn 1992.
(90) Neumann, Franz: Behemoth. Struktur und Praxis des Nationalsozialismus 1933–1944 (Engl. EA 1944). Frankfurt 1984.
(91) Peterson, Edward N.: The Limits of Hitler's Power. Princeton 1969.
(92) Rebentisch, Dieter/Karl Teppe (Hrsg.): Verwaltung contra Menschenführung im Staat Hitlers. Studien zum politisch-administrativen System. Göttingen 1986.
(93) Rebentisch, Dieter: Führerstaat und Verwaltung im Zweiten Weltkrieg. Verfassungsentwicklung und Verwaltungspolitik 1939–1945. Stuttgart 1989.

(94) Rich, Norman: Hitler's War Aims. Bd. 1. New York 1973. Bd. 2. New York 1974.
(95) Smelser, Ronald: Robert Ley: Hitlers Mann an der „Arbeitsfront". Eine Biographie (Engl. EA 1988). Paderborn 1989.
(96) Ziegler, Walter: Gaue und Gauleiter im Dritten Reich. In: H. Möller/A. Wirsching/W. Ziegler (Hrsg.): Nationalsozialismus in der Region. Beiträge zur regionalen und lokalen Forschung und zum internationalen Vergleich. München/Wien 1996, S. 139–159.

2. Der Holocaust: Plan oder Entwicklung?

(97) Adam, Uwe Dietrich: Judenpolitik im Dritten Reich. Düsseldorf 1972, 2. Auflage 2003.
(98) Adler, Hans-Günther: Der verwaltete Mensch. Tübingen 1974.
(99) Altgeld, Wolfgang: Katholizismus – Protestantismus – Judentum. Über religiös begründete Gegensätze und nationalreligiöse Ideen in der Geschichte des deutschen Nationalismus (Veröffentlichungen der Kommission für Zeitgeschichte, Bd. 59). Mainz 1992.
(100) Aly, Götz/Susanne Heim: Sozialplanung und Völkermord. In: W. Schneider (Hrsg.): „Vernichtungspolitik". Eine Debatte über den Zusammenhang von Sozialpolitik und Genozid im nationalsozialistischen Deutschland. Hamburg 1991, S. 11–24.
(101) Aly, Götz: „Endlösung". Völkerverschiebung und der Mord an den europäischen Juden. Frankfurt 1995.
(102) Aly, Götz: Erwiderung auf Dan Diner. In: Vierteljahrshefte für Zeitgeschichte 41 (1993), S. 621–635.
(103) Bajohr, Frank: „Arisierung" in Hamburg: die Verdrängung der jüdischen Unternehmer 1933–1945. Hamburg 1997.
(104) Bajohr, Frank: Unser Hotel ist judenfrei: Bäder-Antisemitismus im 19. und 20. Jahrhundert. Frankfurt a.M. 2003.
(105) Balfour, Michael/Julian Frisberg: Helmuth James von Moltke 1907–1945. Anwalt der Zukunft. Stuttgart 1975.
(106) Bankier, David: The Germans and the Final Solution. Public Opinion under Nazism. Oxford 1992.
(107) Benz, Wolfgang: Die Deutschen und die Judenverfolgung. Mentalitätsgeschichtliche Aspekte. In: U. Büttner (Hrsg.): Die Deutschen und die Judenverfolgung im Dritten Reich (Hamburger Beiträge zur Sozial- und Zeitgeschichte, Bd. 24). Hamburg 1992, S. 51–65.
(108) Blaschke, Olaf: Die Anatomie des katholischen Antisemitismus. Eine Einladung zum internationalen Vergleich. In: O. Blaschke, A. Mattioli (Hrsg.): Katholischer Antisemitismus im 19. Jahrhundert. Ursachen und Traditionen im internationalen Vergleich. Zürich 2000, S. 3–54.
(109) Blaschke, Olaf: Katholizismus und Antisemitismus im Deutschen Kaiserreich. Göttingen 1997, 2. Auflage 1999.
(110) Boberach, Heinz: Quellen für die Einstellung der deutschen Bevölkerung zur Judenverfolgung. Analyse und Kritik. In: U. Büttner (Hrsg.): Die Deutschen und die Judenverfolgung im Dritten Reich (Hamburger Beiträge zur Sozial- und Zeitgeschichte, Bd. 29). Hamburg 1992, S. 31–49.
(111) Boehm, Eric H.: We survived. Fourteen Histories of the Hidden and Hunted in Nazi Germany. Neuaufl. Oxford 2003.
(112) Brechtken, Magnus: Nationalsozialistisches Deutschland Teil 1. In: Geschichte in Wissenschaft und Unterricht 52 (2001), S. 757–776; Teil 2. In: Geschichte in Wissenschaft und Unterricht 53 (2002), S. 54–65.
(113) Brechenmacher, Thomas: Görres und das Judentum. Eine Bestandsaufnahme. In: H. Dickerhof (Hrsg.): Görres-Studien. Festschrift zum 150. Todestag von Joseph Görres. Paderborn 1999, S. 105–127.
(114) Broszat, Martin: Hitler und die Genesis der „Endlösung". In: Vierteljahrshefte für Zeitgeschichte 25 (1977), S. 739–775
(115) Browning, Christopher: Der Weg zur „Endlösung": Entscheidungen und Täter. Bonn 1998.
(116) Browning, Christopher: Die Entfesselung der „Endlösung": nationalsozialistische Judenpolitik 1939–1942. München 2003.
(117) Browning, Christopher: Ganz normale Männer. Das Reserve-Polizeibataillon 101 und die „Endlösung" in Polen (Am. EA 1992). Reinbek 1993.
(118) Browning, Christopher: Zur Genesis der „Endlösung". Eine Antwort an Martin Broszat. In: Vierteljahrshefte für Zeitgeschichte 29 (1981), S. 97–109.
(119) Burrin, Philippe: Hitler und die Juden. Die Entscheidung für den Völkermord. Frankfurt a.M. 1993.
(120) Büttner, Ursula: Die deutsche Bevölkerung und die Judenverfolgung 1933–1945. In: U. Büttner (Hrsg.): Die Deutschen und die Judenverfolgung im Dritten Reich (Hamburger Beiträge zur Sozial- und Zeitgeschichte 24). Hamburg 1992, S. 67–88.
(121) Dawidowicz, Lucy: Der Krieg gegen die Juden 1933–1945 (Engl. EA 1975). München 1979.
(122) Dieckmann, Christoph: Der Krieg und die Ermordung der litauischen Juden. In: U. Herbert (Hrsg.): Nationalsozialistische Vernichtungspolitik

1939–1945. Neue Forschungen und Kontroversen. Frankfurt a. M. 1998, S. 292–329.
(123) Diner, Dan (Hrsg.): Ist der Nationalsozialismus Geschichte? Zu Historisierung und Historikerstreit. Frankfurt a. M. 1987.
(124) Diner, Dan: Rationalisierung und Methode. Zu einem neuen Erklärungsversuch der „Endlösung". In: Vierteljahrshefte für Zeitgeschichte 40 (1992), S. 359–382.
(125) Fleming, Gerald: Hitler und die Endlösung. „Es ist des Führers Wunsch ...". Wiesbaden/München 1982.
(126) Frei, Norbert: Goldhagen, die Deutschen und die Historiker. Über die Repräsentation des Holocaust im Zeitalter der Visualisierung. In: M. Sabrow/R. Jessen/K. Große Kracht (Hrsg.): Zeitgeschichte als Streitgeschichte. Große Kontroversen nach 1945. München 2003, S. 138–151.
(127) Gerlach, Christian: Krieg, Ernährung, Völkermord. Forschungen zur deutschen Vernichtungspolitik im Zweiten Weltkrieg. Hamburg 1998.
(128) Goldhagen, Daniel Jonah: Die katholische Kirche und der Holocaust: Eine Untersuchung über Schuld und Sühne. Berlin 2002.
(129) Graml, Hermann: Irregeleitet und in die Irre führend. Widerspruch gegen eine „rationale" Erklärung von Auschwitz. In: Jahrbuch für Antisemitismusforschung 1 (1992), S. 286–295.
(130) Hannot, Walter: Die Judenfrage in der katholischen Tagespresse Deutschlands und Österreichs 1923–1933. Mainz 1990.
(131) Hartog, Leendert Johan: Der Befehl zum Judenmord. Bodenheim 1997.
(132) Heer, Hannes/Klaus Naumann (Hrsg.): Vernichtungskrieg. Verbrechen der Wehrmacht 1941–1944. Hamburg 1995.
(133) Heil, Johannes/Rainer Erb (Hrsg.): Geschichtswissenschaft und Öffentlichkeit. Der Streit um Daniel J. Goldhagen. Frankfurt a. M. 1998.
(134) Herbert, Ulrich (Hrsg.): Nationalsozialistische Vernichtungspolitik 1939–1945. Neue Forschungen und Kontroversen. Frankfurt 1998.
(135) Herbert, Ulrich: Best: biographische Studien über Radikalismus, Weltanschauung und Vernunft, 1903–1989. Bonn 1996, 2. Auflage 1997.
(136) Hesse, Klaus/Philipp Springer: Vor aller Augen. Fotodokumente des nationalsozialistischen Terrors in der Provinz. Essen 2002.
(137) Hilberg, Raul: Die Vernichtung der europäischen Juden. Die Gesamtgeschichte des Holocaust. 3 Bde. (Engl. EA 1961). 2. Aufl., Frankfurt 1990.
(138) Hilberg, Raul: Täter, Opfer, Zuschauer. Die Vernichtung der Juden 1933–1945. Frankfurt 1992.
(139) Hillgruber, Andreas: Der geschichtliche Ort der Judenvernichtung. Eine Zusammenfassung. In: E. Jäckel/J. Rohwer (Hrsg.): Der Mord an den Juden im Zweiten Weltkrieg. Stuttgart 1985, S. 213–247.
(140) Hillgruber, Andreas: Die „Endlösung" und das deutsche Ostimperium als Kernstück des rassenideologischen Programms des Nationalsozialismus. In: Ders.: Deutsche Großmacht- und Weltpolitik im 19. und 20. Jahrhundert. Düsseldorf 1977, S. 252–277.
(141) Hofer, Walter: 50 Jahre danach. Über den wissenschaftlichen Umgang mit dem Dritten Reich. In: Geschichte in Wissenschaft und Unterricht 34 (1983), S. 1–28.
(142) Irving, David: Hitlers Krieg. Die Siege 1939–1942 (Engl. EA 1977). München/Berlin 1983.
(143) Jersak, Tobias: Die Interaktion von Kriegsverlauf und Judenvernichtung. Ein Blick auf Hitlers Strategie im Spätsommer 1941. In: Historische Zeitschrift 268 (1999), S. 311–374.
(144) Jochmann, Werner: Gesellschaftskrise und Judenfeindschaft in Deutschland. Hamburg 1988.
(145) Kershaw, Ian: Antisemitismus und Volksmeinung. In: M. Broszat u. a. (Hrsg.): Bayern in der NS-Zeit, 6 Bde. München/Wien 1977–1983. Bd. 2, S. 281–348.
(146) Kißener, Michael (Hrsg.): Widerstand gegen die Judenverfolgung (Portraits des Widerstands 5). Konstanz 1996.
(147) Kißener, Michael: „Betr.: Maßnahmen aus Anlass des Krieges". Ein Dokument über die Veräußerung jüdischen Vermögens in Baden 1940. In: Mannheimer Geschichtsblätter N.F. 9 (2002), S. 553–560.
(148) Königseder, Angelika: Streitkulturen und Gefühlslagen. Die Goldhagen-Debatte und der Streit um die Wehrmachtsausstellung. In: J. Heil u. a. (Hrsg.): Geschichtswissenschaft und Öffentlichkeit. Der Streit um Daniel J. Goldhagen. Frankfurt a. M. 1998, S. 295–311.
(149) Krausnick, Helmut/Hans-Heinrich Wilhelm: Die Truppe des Weltanschauungskrieges. Die Einsatzgruppen der Sicherheitspolizei und des SD 1938–1942. Stuttgart 1981.
(150) Kwiet, Konrad: „Historians of the German Democratic Republic on Antisemitism and Persecution". In: Yearbook of the Leo Baeck Institute 21 (1976), S. 173–198.
(151) Laqueur, Walter: Was niemand wissen wollte. Die Unterdrückung der Nachrichten über Hitlers „Endlösung". Frankfurt 1981.
(152) Lill, Rudolf: Die deutschen Katholiken und die Juden in der Zeit von 1850 bis zur Machtübernahme Hitlers. In: K. H. Rengstorf/S. v. Kortzfleisch (Hrsg.): Kirche und Synagoge. Handbuch zur Geschichte von Christen und Juden, Bd. 2. Stuttgart 1970, S. 370–420.

(153) Longerich, Peter: Politik der Vernichtung. Eine Gesamtdarstellung der nationalsozialistischen Judenverfolgung. München 1998.
(154) Mayer, Arno J.: Der Krieg als Kreuzzug. Das Deutsche Reich, Hitlers Wehrmacht und die „Endlösung" (Am. EA 1988). Reinbek 1989.
(155) Mazura, Uwe: Zentrumspartei und Judenfrage 1870/71–1933. Verfassungsstaat und Minderheitenschutz. Mainz 1994.
(156) Mommsen, Hans: Auschwitz, 17. Juli 1942. Der Weg zur europäischen „Endlösung der Judenfrage" (20 Tage im 20. Jahrhundert). München 2002.
(157) Mommsen, Hans: Die Realisierung des Utopischen: Die „Endlösung der Judenfrage" im „Dritten Reich". In: Geschichte und Gesellschaft 9 (1983), S. 381–420.
(158) Musial, Bogdan: Bilder einer Ausstellung. Kritische Anmerkungen zur Wanderausstellung: „Vernichtungskrieg. Verbrechen der Wehrmacht 1941 bis 1944". In: Vierteljahrshefte für Zeitgeschichte 47 (1999), S. 563–591.
(159) Musial, Bogdan: Deutsche Zivilverwaltung und Judenverfolgung im Generalgouvernement. Eine Fallstudie zum Distrikt Lublin 1939–1944. Wiesbaden 1999.
(160) Pätzold, Kurt: Von der Vertreibung zum Genozid. Zu den Ursachen, Triebkräften und Bedingungen der antijüdischen Politik des faschistischen deutschen Imperialismus. In: D. Eichholtz/K. Gossweiler (Hrsg.): Faschismusforschung. Positionen, Probleme, Polemik. Berlin 1980, S. 181–208.
(161) Pohl, Dieter. Nationalsozialistische Judenverfolgung in Ostgalizien. Organisation und Durchführung eines staatlichen Massenverbrechens. München 1996.
(162) Pohl, Dieter: Die Holocaustforschung und Goldhagens Thesen. In: Vierteljahrshefte für Zeitgeschichte 45 (1997), S. 1–48.
(163) Pohl, Dieter: Verfolgung und Massenmord in der NS-Zeit 1933–1945. Darmstadt 2003.
(164) Repgen, Konrad: 1938 – Judenpogrom und katholischer Kirchenkampf. In: G. Brakelmann (Hrsg.): Antisemitismus: von religiöser Judenfeindschaft zur Rassenideologie. Göttingen 1989, S. 118–146.
(165) Roseman, Mark: Die Wannsee-Konferenz. Wie die NS-Bürokratie den Holocaust organisierte. Berlin 2002.
(166) Sandkühler, Thomas: Die Täter des Holocaust. Neuere Überlegungen und Kontroversen. In: K. H. Pohl (Hrsg.): Wehrmacht und Vernichtungspolitik. Militär im nationalsozialistischen System. Göttingen 1999, S. 39–65.
(167) Sandkühler, Thomas: Endlösung in Galizien. Der Judenmord in Ostpolen und die Rettungsinitiativen von Berthold Beitz. Bonn 1996.
(168) Scheffler, Wolfgang: Zur Entstehungsgeschichte der „Endlösung". In: Aus Politik und Zeitgeschichte (30. Okt. 1982), S. 3–10.
(169) Schewick, Burkhard van: Katholische Kirche und nationalsozialistische Rassenpolitik. In: Klaus Gotto/Konrad Repgen (Hrsg.): Die Katholiken und das Dritte Reich. Mainz 1990, S. 151–171.
(170) Schleunes, Karl A.: The Twisted Road to Auschwitz. Nazi Policy towards German Jews. 1933–1939. Chicago 1970.
(171) Schoeps, Julius H. (Hrsg.): Ein Volk von Mördern? Die Dokumentation zur Goldhagen-Kontroverse um die Rolle der Deutschen im Holocaust. 3. Aufl., Hamburg 1996.
(172) Schoeps, Julius H./Karl E. Grözinger/Willi Jesper/Gert E. Mattenklott: Goldhagen, der Vatikan und die Judenfeindschaft (Menora 2003). Berlin/Wien 2003.
(173) Thiele, Hans-Günther (Hrsg.): Die Wehrmachtsausstellung. Dokumentation einer Kontroverse. Bremen 1997.
(174) Ungváry, Krisztián: Echte Bilder – problematische Aussagen. Eine quantitative und qualitative Fotoanalyse der Ausstellung „Vernichtungskrieg – Verbrechen der Wehrmacht 1941 bis 1944". In: Geschichte in Wissenschaft und Unterricht 50 (1998), S. 584–595.
(175) Verbrechen der Wehrmacht: Dimensionen des Vernichtungskrieges 1941–1944. Hamburger Institut für Sozialforschung (Hrsg.): Ausstellungskatalog. Hamburg 2002.
(176) Volkov, Shulamit : Das geschriebene und das gesprochene Wort. Über Kontinuität und Diskontinuität im deutschen Antisemitismus. In: Ders.: Jüdisches Leben und der Antisemitismus im 19. und 20. Jahrhundert: 10 Essays. München 1990, S. 45–75.
(177) Walter, Dirk: Antisemitische Kriminalität und Gewalt in der Weimarer Republik. Berlin 1998.
(178) Winkler, Heinrich August: Die deutsche Gesellschaft der Weimarer Republik und der Antisemitismus. In: B. Martin/E. Schulin (Hrsg.): Die Juden als Minderheit in der Geschichte. Freiburg 1983, S. 271–289.
(179) Witte, Peter u. a. (Hrsg.): Der Dienstkalender Heinrich Himmlers 1941/42. Hamburg 1999.
(180) Zimmermann, Moshe: Die deutschen Juden 1914–1945 (Enzyklopädie Deutscher Geschichte 43). München 1997.
(181) Zmarzlik, Hans Günter: Antisemitismus im deutschen Kaiserreich 1871–1918. In: B. Martin/E. Schulin (Hrsg.): Die Juden als Minderheit in der Geschichte. Freiburg 1983, S. 249–270.

3. Der NS-Staat: Streit um Eliten, Ereignisse und Institutionen

(182) Elektronische Informationssysteme: Reichstagsbrand, Internetforum1 (www.zlb.de/projekte/kulturbox-archiv/brand).

(183) Abelshauser, Werner: Kriegswirtschaft und Wirtschaftswunder. Deutschlands wirtschaftliche Mobilisierung für den Zweiten Weltkrieg und die Folgen für die Nachkriegszeit. In: Vierteljahrshefte für Zeitgeschichte 47 (1999), S. 530–538.

(184) Ambrosius, Gerold: Staat und Wirtschaft im 20. Jahrhundert. München 1990.

(185) Angermund, Ralph: Deutsche Richterschaft 1919–1945. Frankfurt a. M. 1990.

(186) Aretin, Karl Otmar Frhr. von: Das Ende der Zentrumspartei und der Abschluss des Reichskonkordats vom 10. Juli 1933. In: Frankfurter Hefte 17 (1962), S. 237–243.

(187) Bahar, Alexander/Wilfried Kugel: Der Reichstagsbrand. Wie Geschichte gemacht wird; mit Dokumenten. Berlin 2001.

(188) Barkai, Avraham: Das Wirtschaftssystem des Nationalsozialismus. Der historische und ideologische Hintergrund 1933–1936. Köln 1977.

(189) Barkai, Avraham: Die „stillen Teilhaber" des NS-Regimes, in: L. Gall/M. Pohl (Hrsg.): Unternehmen im Nationalsozialismus (Schriftenreihe zur Zeitschrift für Unternehmensgeschichte 1). München 1998, S. 117–120.

(190) Bartov, Omar: Hitlers Wehrmacht. Soldaten, Fanatismus und die Brutalisierung des Krieges. Hamburg 1992.

(191) Baumgärtel, Friedrich: Wider die Kirchenkampflegenden. Neuendettelsau 1958, 2. Aufl. 1959.

(192) Becker, Josef: Das Ende der Zentrumspartei und die Problematik des politischen Katholizismus in Deutschland. In: Die Welt als Geschichte 23 (1963), S. 149–172.

(193) Berghahn, Volker R. : Wehrmacht und Nationalsozialismus. In: Neue Politische Literatur 14 (1970), S. 44–52.

(194) Bethge, Eberhard: Adam von Trott und der deutsche Widerstand. In: Vierteljahrshefte für Zeitgeschichte 11(1963), S. 213–223.

(195) Bethge, Eberhard: Zwischen Bekenntnis und Widerstand: Erfahrungen in der Altpreußischen Union. In: J. Schmädeke/P. Steinbach (Hrsg.): Der Widerstand gegen den Nationalsozialismus. München 1985, S. 281–294.

(196) Blet, Pierre: Pius XII. und der Zweite Weltkrieg. Die Akten des Vatikan. Paderborn 2000.

(197) Bock, Gisela: Die Frauen und der Nationalsozialismus. Bemerkungen zu einem Buch von Claudia Koonz. In: Geschichte und Gesellschaft 15 (1989), S. 563–579.

(198) Bock, Gisela: Zwangssterilisation im Nationalsozialismus. Studien zur Rassenpolitik und Frauenpolitik (Schriften des Zentralinstitutes für sozialwissenschaftliche Forschung der Freien Universität Berlin 48). Opladen 1986.

(199) Böckenförde, Ernst Wolfgang: Der deutsche Katholizismus im Jahr 1933. Stellungnahme zu einer Diskussion. In: Hochland 54 (1961/62), S. 217–245.

(200) Böckenförde, Ernst Wolfgang: Der deutsche Katholizismus im Jahr 1933. Eine kritische Betrachtung. In: Hochland 53 (1960/61), S. 215–239.

(201) Bracher, Karl Dietrich: Vorwort. In: H. Hannover/E. Hannover-Drück: Politische Justiz 1918–1933. Frankfurt a. M. 1966.

(202) Braunbuch (I): Über Reichstagsbrand und Hitlerterror, Band 1933 (Braunbuch II) u. d. Titel: Dimitroff contra Göring. Enthüllungen über die wahren Brandstifter, Paris 1934. 8 Neudrucke Frankfurt a. M., Köln 1978 und 1981.

(203) Broszat, Martin: Der Zweite Weltkrieg. Ein Krieg der „alten" Eliten, der Nationalsozialisten oder der Krieg Hitlers? In: Ders./K. Schwabe (Hrsg.): Die deutschen Eliten und der Weg in den Zweiten Weltkrieg. München 1989, S. 25–71.

(204) Broszat, Martin: Zum Streit um den Reichstagsbrand. In: Vierteljahrshefte für Zeitgeschichte 8 (1960), S. 275–279.

(205) Buchheim, Christoph: Die Wirtschaftsentwicklung im Dritten Reich – mehr Desaster als Wunder. Eine Erwiderung auf Werner Abelshauser. In: Vierteljahrshefte für Zeitgeschichte 49 (2001), S. 653–664.

(206) Buchheim, Hans: Der deutsche Katholizismus im Jahr 1933. Eine Auseinandersetzung mit Ernst Wolfgang Böckenförde. In: Hochland 53 (1960/61), S. 497–515.

(207) Conway, John S. : Die nationalsozialistische Kirchenpolitik 1933–1945. München 1969.

(208) Cornwell, John: Pius XII. Der Papst, der geschwiegen hat. München 1999.

(209) Deichmann, Hans/Peter Hayes: „Standort Auschwitz": Eine Kontroverse über die Entscheidungsgründe für den Bau des I.G. Farben-Werkes in Auschwitz. In: 1999. Zeitschrift für Sozialgeschichte 11 (1996), S. 79–101.

(210) Deist, Wilhelm u. a. (Hrsg.): Ursachen und Voraussetzungen der deutschen Kriegspolitik (Das Deutsche Reich und der Zweite Weltkrieg, Bd. 1). Stuttgart 1979, ND 1991.

(211) Delarue, Jacques: Geschichte der Gestapo. Düsseldorf 1964.

(212) Erdmann, Dietrich: Zeitgeschichte, Militärjustiz und Völkerrecht. Zu einer aktuellen Kontroverse. In: Geschichte in Wissenschaft und Unterricht 30 (1979), S. 129–139.

(213) Falter, Jürgen: Hitlers Wähler. München 1991.

(214) Feldkamp, Michael: Pius XII. und Deutschland. Göttingen 2000.

(215) Fischer, Fritz: Bündnis der Eliten. Zur Kontinuität der Machtstrukturen in Deutschland 1871–1945. Düsseldorf 1979.

(216) Fischer, Wolfram: Deutsche Wirtschaftspolitik 1918–1949. 3. Aufl., Opladen 1968.

(217) Fischler, Hersch/Gerhard Brack: Zur Kontroverse um den Reichstagsbrand. In: Vierteljahrshefte für Zeitgeschichte 50 (2002), S. 329–348.

(218) Foertsch, Hermann: Schuld und Verhängnis. Die Fritsch-Krise im Frühjahr 1938 als Wendepunkt in der Geschichte der nationalsozialistischen Zeit. Stuttgart 1951.

(219) Frei, Norbert: Zwischen Terror und Integration. Zur Funktion der politischen Polizei im Nationalsozialismus. In: C. Dipper/R. Hudemann/J. Petersen (Hrsg.): Faschismus und Faschismen im Vergleich. Wolfgang Schieder zum 60. Geburtstag. Köln 1998, S. 217–238.

(220) Friedländer, Saul: Pius XII. und das Dritte Reich. Eine Dokumentation. Reinbek 1965.

(221) Gall, Lothar (Hrsg.): Krupp im 20. Jahrhundert. Die Geschichte des Unternehmens vom Ersten Weltkrieg bis zur Gründung der Stiftung. Berlin 2002.

(222) Gall, Lothar u. a.: Die Deutsche Bank 1870–1995. München 1995.

(223) Gellately, Robert: Die Gestapo und die deutsche Gesellschaft. Die Durchsetzung der Rassenpolitik 1933–1945. Paderborn u. a. 1993.

(224) Giordano, Ralph: Die zweite Schuld oder Von der Last, ein Deutscher zu sein. Hamburg 1987.

(225) Graf, Christoph: Politische Polizei zwischen Demokratie und Diktatur. Die Entwicklung der preußischen Politischen Polizei vom Staatsschutzorgan der Weimarer Republik zum Geheimen Staatspolizeiamt des Dritten Reiches. Berlin 1983.

(226) Graml, Hermann. Die Wehrmacht im Dritten Reich. In: Vierteljahrshefte für Zeitgeschichte 45 (1997), S. 365–384.

(227) Gregor, Neil: Daimler-Benz in the Third Reich. New Haven, London 1998.

(228) Gruchmann, Lothar: Justiz im Dritten Reich 1933–1940. Anpassung und Unterwerfung in der Ära Gürtner (Quellen und Darstellungen zur Zeitgeschichte 28). München 1988.

(229) Gusy, Christoph: Weimar – die wehrlose Republik? Verfassungsschutzrecht und Verfassungsschutz in der Weimarer Republik (Beiträge zur Rechtsgeschichte des 20. Jahrhunderts). Tübingen 1991.

(230) Haase, Norbert: Das Reichskriegsgericht und der Widerstand gegen die nationalsozialistische Herrschaft. Katalog zur Sonderausstellung der Gedenkstätte Deutscher Widerstand. Berlin 1993.

(231) Hamburger Stiftung für Sozialgeschichte (Hrsg.): Die Daimler-Benz AG. Schlüsseldokumente zur Konzerngeschichte 1926–1948 (Schriften der Hamburger Stiftung für Sozialgeschichte des 20. Jahrhunderts, Bd. 5). Hamburg 1987.

(232) Hamburger Stiftung für Sozialgeschichte des 20. Jahrhunderts (Hrsg.): Das Daimler-Benz-Buch. Ein Rüstungskonzern im „Tausendjährigen Reich" (Schriften der Hamburger Stiftung für Sozialgeschichte des 20. Jahrhunderts, Bd. 3). Hamburg 1987.

(233) Hartmann, Christian: Verbrecherischer Krieg – verbrecherische Wehrmacht? Überlegungen zur Struktur des deutschen Ostheeres 1941–1944. In: Vierteljahrshefte für Zeitgeschichte 52 (2004), S. 1–75.

(234) Hass, Gerhard: Zum Bild der Wehrmacht in der Geschichtsschreibung der DDR. In: R.-D. Müller/H.-E. Volkmann (Hrsg.): Die Wehrmacht. Mythos und Realität. München 1999, S. 1100–1112.

(235) Hayes, Peter: Die IG-Farbenindustrie. In: L. Gall/M. Pohl (Hrsg.): Unternehmen im Nationalsozialismus (Schriftenreihe zur Zeitschrift für Unternehmensgeschichte 1). München 1998, S. 107–116.

(236) Hayes, Peter: Industry and Ideology. IG-Farben in the Nazi Era. New Edition Cambridge 2001.

(237) Hehl, Ulrich von: Die Kontroverse um den Reichstagsbrand. In: Vierteljahrshefte für Zeitgeschichte 36 (1988), S. 259–280.

(238) Hehl, Ulrich von: Kirche und Nationalsozialismus. Ein Forschungsbericht. In: Rottenburger Jahrbuch für Kirchengeschichte 2 (1983), S. 11–29.

(239) Henning, Hans-Joachim: Kraftfahrzeugindustrie und Autobahnbau in der Wirtschaftspolitik des Nationalsozialismus 1933 bis 1936. In: Vierteljahrsschrift für Sozial- und Wirtschaftsgeschichte 65 (1978), S. 217–242.

(240) Hentschel, Volker: Daimler-Benz im Dritten Reich. Zu Inhalt und Methode zweier Bücher zum gleichen Thema. In: Vierteljahrsschrift für Sozial- und Wirtschaftsgeschichte 75 (1988), S. 74–100.

(241) Herbert, Ulrich: Geschichte der Ausländerbeschäftigung in Deutschland 1880 bis 1980. Saisonarbeiter, Zwangsarbeiter, Gastarbeiter. Berlin/Bonn 1986.

(242) Heusinger, Adolf: Befehl im Widerstreit. Schicksalsstunden der deutschen Armee 1923–1945. Tübingen/Stuttgart 1950.

(243) Hildebrand, Klaus: Die deutsche Reichsbahn in der nationalsozialistischen Diktatur 1933–1945. In: L. Gall/M. Pohl (Hrsg.): Die Eisenbahn in Deutschland. Von den Anfängen bis zur Gegenwart. München 1999, S. 165–243.
(244) Hochhuth, Rolf: Der Stellvertreter. Ein christliches Trauerspiel. Reinbek 1963.
(245) Hofer, Walter u. a. (Hrsg.): Der Reichstagsbrand. Eine wissenschaftliche Dokumentation, Bd. 1, Berlin 1972. Bd. 2, München/New York 1978.
(246) Hürten, Heinz: Deutsche Katholiken 1918–1945, Paderborn 1992.
(247) Institut für Zeitgeschichte: Zur Kontroverse über den Reichstagsbrand. In: Vierteljahrshefte für Zeitgeschichte 49 (2001), S. 555.
(248) Janßen, Karl-Heinz/Fritz Tobias: Der Sturz der Generäle. Hitler und die Blomberg-Fritsch-Krise 1938. München 1994.
(249) Jasper, Gotthard: Justiz in der Weimarer Republik – Richterschaft zwischen Monarchie und Drittem Reich. In: Justiz im Nationalsozialismus – kein Thema für deutsche Richter? Bergisch Gladbach 1984, S. 2–26.
(250) Justizbehörde Hamburg (Hrsg.): „Für Führer, Volk und Vaterland …". Hamburger Justiz im Nationalsozialismus. Hamburg 1992.
(251) Kershaw, Ian: Der 30. Januar 1933. Ausweg aus der Staatskrise und Anfang des Staatsverfalls. In: H. A. Winkler (Hrsg.): Die deutsche Staatskrise 1930–1933 (Schriften des Historischen Kollegs, Kolloquien 26). München 1992, S. 277–284.
(252) Kielmansegg, Johann Adolf Graf: Der Fritsch-Prozess 1938. Ablauf und Hintergründe. Hamburg 1949.
(253) Kißener, Michael/Joachim Scholtyseck: Gedenkjahrnachlese. Monographien zum deutschen Widerstand gegen den Nationalsozialismus aus den Jahren 1993–1996. In: Historisches Jahrbuch der Görres-Gesellschaft 118 (1998), S. 304–344.
(254) Kißener, Michael: Versagen – überall? Gesellschaftliche Eliten zwischen Weimarer Demokratie und nationalsozialistischer Diktatur. In: O. Gabriel/B. Neuss/G. Rüther: Eliten in der modernen Wissensgesellschaft. Düsseldorf 2004.
(255) Koch, Anton: Vom Widerstand der Kirche 1933–1945. In: Stimmen der Zeit 140 (1947), S. 468–472.
(256) Kolb, Eberhard: Die Weimarer Republik. 5. Aufl., München/Wien 2000.
(257) Koonz, Claudia: Mothers in the Fatherland. Women, the Family and Nazi Politics. New York 1987.
(258) Krüger, Peter: Die deutschen Diplomaten in der Zeit zwischen den Weltkriegen. In: H. A. Winkler (Hrsg.): Die deutsche Staatskrise 1930–1933 (Schriften des Historischen Kollegs, Kolloquien 26). München 1992, S. 281–291.
(259) Kundrus, Birthe: Frauen und Nationalsozialismus. Überlegungen zum Stand der Forschung. In: Archiv für Sozialgeschichte 36 (1996), S. 481–499.
(260) Kundrus, Birthe: Widerstreitende Geschichte. Ein Literaturbericht zur Geschlechtergeschichte des Nationalsozialismus. In: Neue Politische Literatur 45 (2002), S. 67–92.
(261) Kuropka, Joachim (Hrsg): Clemens August Graf von Galen: neue Forschungen zum Leben und Wirken des Bischofs von Münster. Münster 1993.
(262) Lang, Jochen von: Die Gestapo. Instrument des Terrors. Hamburg 1990.
(263) Lapide, Pinchas E.: Rom und die Juden. Freiburg i. Br. 1967.
(264) Leiber, Robert: Reichskonkordat und Ende der Zentrumspartei. In: Stimmen der Zeit 167 (1960), S. 213–223.
(265) Lewy, Guenter: Die katholische Kirche und das Dritte Reich. München 1965.
(266) Lohalm, Uwe: Hamburgs Verwaltung und öffentlicher Dienst im Dritten Reich. In: Zeitschrift des Vereins für Hamburgische Geschichte 82 (1996), S. 190–208.
(267) Loth, Wilfried: Rezension über Paul/Mallmann „Herrschaft und Alltag". In: Geschichte und Gesellschaft 19 (1993), S. 270.
(268) Ludewig, Hans-Ulrich: Zwangsarbeit im Zweiten Weltkrieg. Forschungsstand und Ergebnisse regionaler und lokaler Fallstudien. In: Archiv für Sozialgeschichte 31 (1991), S. 558–577.
(269) Mallmann, Klaus-Michael/Gerhard Paul: Die Gestapo – Mythos und Realität. Darmstadt 1996.
(270) Mann, Reinhard: Protest und Kontrolle im Dritten Reich. Nationalsozialistische Herrschaft im Alltag einer rheinischen Großstadt. Frankfurt a. M. 1987.
(271) Martini, Angelo u. a. (Hrsg.): Actes et Documents du Saint Siège relatifs à la seconde guerre mondiale. 11 Bde. Città del Vaticano 1965–1981
(272) Marxen, Klaus: Das Volk und sein Gerichtshof. Eine Studie zum nationalsozialistischen Volksgerichtshof. Frankfurt a. M. 1984.
(273) Mason, Timothy: Arbeiterklasse und Volksgemeinschaft. Dokumente und Materialien zur deutschen Arbeiterpolitik 1936–1939. Opladen 1975.
(274) Matzerath, Horst: Bürokratie und Judenverfolgung. In: U. Büttner (Hrsg.): Die Deutschen und die Judenverfolgung im Dritten Reich. Hamburg 1992, S. 105–129.
(275) Mehlhausen, Joachim: Nationalsozialismus und Kirchen. In: G. Krause/G. Müller (Hrsg.): Theologische Realenzyklopädie Bd. 24. Berlin, New York 1994, S. 43–78.

(276) Meier-Welcker, Hans: Aufzeichnungen eines Generalstabsoffiziers 1939–1942. Freiburg 1982.

(277) Messerschmidt, Manfred/Fritz Wüllner: Die Wehrmachtsjustiz im Dienste des Nationalsozialismus. Zerstörung einer Legende. Baden-Baden 1989.

(278) Messerschmidt, Manfred: Die Wehrmacht im NS-Staat. Zeit der Indoktrination. Hamburg 1969.

(279) Michel, Anette: Parteifunktionärinnen der NS-Frauenschaft. Politische Biographien von der Weimarer Republik bis in die Nachkriegszeit. Diss. phil. Karlsruhe, im Druck.

(280) Mikat, Paul: Zur Kundgebung der Fuldaer Bischofskonferenz über die nationalsozialistische Bewegung vom 28. März 1933. In: Freiheit und Verantwortung in der modernen Gesellschaft, FS für Gustav Gundlach. Münster 1962, S. 209–235.

(281) Mommsen, Hans/Manfred Grieger: Das Volkswagenwerk und seine Arbeiter im Dritten Reich 1933–1948. 3. Aufl., Düsseldorf 1997.

(282) Mommsen, Hans: „Bündnis zwischen Dreizack und Hakenkreuz". In: Der Spiegel Nr. 20, 11. Mai 1978, S. 118–129.

(283) Mommsen, Hans: Beamtenpolitik im Dritten Reich. Mit ausgewählten Quellen zur nationalsozialistischen Beamtenpolitik. Stuttgart 1966.

(284) Mommsen, Hans: Der Nationalsozialismus und die deutsche Gesellschaft. Ausgewählte Aufsätze. Reinbek 1991.

(285) Mommsen, Hans: Der Reichstagsbrand und seine Folgen. In: Vierteljahrshefte für Zeitgeschichte 12 (1964), S. 351–413.

(286) Mommsen, Hans: Die verspielte Freiheit. Der Weg der Republik von Weimar in den Untergang 1918 bis 1933. Berlin 1989.

(287) Mommsen, Hans: Nichts Neues in der Reichstagsbrandkontroverse. Anmerkungen zu einer Donquichotterie. In: Zeitschrift für Geschichtswissenschaft 49 (2001), S. 352–357.

(288) Mommsen, Hans: Regierung ohne Parteien. Konservative Pläne zum Verfassungsumbau am Ende der Weimarer Republik. In: H. A. Winkler (Hrsg.): Die deutsche Staatskrise 1932–1933 (Schriften des Historischen Kollegs, Kolloquien 26). München 1992, S. 1–18.

(289) Morsey, Rudolf: Die deutsche Zentrumspartei. In: E. Matthias/R. Morsey (Hrsg.): Das Ende der Parteien, Düsseldorf 1960, S. 281–453.

(290) Mühl-Benninghaus, Sigrun: Das Beamtentum in der NS-Diktatur bis zum Ausbruch des Zweiten Weltkrieges. Zu Entstehung, Inhalten und Durchführung der einschlägigen Beamtengesetze (Schriften des Bundesarchivs Bd. 48). Düsseldorf 1996.

(291) Müller, Ingo: Furchtbare Juristen. Die unbewältigte Vergangenheit unserer Justiz. München 1987.

(292) Müller, Klaus-Jürgen: Das Heer und Hitler. Armee und nationalsozialistisches Regime 1932–1940 (Beiträge zur Militär- und Kriegsgeschichte 10). Stuttgart 1969.

(293) Müller, Rolf-Dieter: Die Wehrmacht – Historische Last und Verantwortung. Die Historiographie im Spannungsfeld von Wissenschaft und Vergangenheitsbewältigung. In: Ders./H.-E. Volkmann (Hrsg.): Die Wehrmacht. Mythos und Realität. München 1999. S. 3–35.

(294) Neuhäusler, Johann: Kreuz und Hakenkreuz. Der Kampf des Nationalsozialismus gegen die katholische Kirche und der kirchliche Widerstand. Münster 1946.

(295) Nicholls, Anthony: I. G. und NS – eine merkwürdige Ambivalenz. In: L. Gall, M. Pohl (Hrsg.): Unternehmen im Nationalsozialismus (Schriftenreihe zur Zeitschrift für Unternehmensgeschichte 1). München 1998, S. 121–123.

(296) Otte, Hans: Evangelische Kirchengemeinden als resistentes Milieu? Einige Beobachtungen anhand der vorliegenden Regionalstudien. In: D. Schmiechen-Ackermann (Hrsg.): Anpassung, Verweigerung, Widerstand. Soziale Milieus, Politische Kultur und der Widerstand gegen den Nationalsozialismus in Deutschland im regionalen Vergleich (Gedenkstätte Deutscher Widerstand 13). Berlin 1997, S. 165–191.

(297) Pätzold, Kurt/Manfred Weissbecker: Geschichte der NSDAP 1920–1945. Köln 1998.

(298) Paul, Gerhard/Klaus-Michael Mallmann: Allwissend, allmächtig, allgegenwärtig? Gestapo, Gesellschaft und Widerstand. In: Zeitschrift für Geschichtswissenschaft 41 (1992), S. 984–999.

(299) Paul, Gerhard/Klaus-Michael Mallmann: Milieus und Widerstand. Eine Verhaltensgeschichte der Gesellschaft im Nationalsozialismus (Widerstand und Verweigerung im Saarland 3). Bonn 1995.

(300) Plumpe, Gottfried: Die I. G. Farbenindustrie AG. Wirtschaft, Technik und Politik 1914–1945. Berlin 1990.

(301) Pohl, Hans/Stephanie Habeth/Beate Brüninghaus: Die Daimler-Benz AG in den Jahren 1933 bis 1945 (Zeitschrift für Unternehmensgeschichte Beiheft 47). Stuttgart 1986.

(302) Pribilla, Max: Deutsche Schicksalsfragen. Rückblick und Ausblick. 2. Aufl., Frankfurt a. M. 1950.

(303) Raithel, Thomas/Irene Strenge: Die Reichstagsbrandverordnung. Grundlegung der Diktatur mit den Instrumenten des Weimarer Ausnahmezustandes. In: Vierteljahrshefte für Zeitgeschichte 48 (2000), S. 413–460.

(304) Repgen, Konrad: Die Historiker und das Reichskonkordat. Eine Fallstudie über historische

Lyrik. In: K. Gotto/H. G. Hockerts (Hrsg.): Von der Reformation zur Gegenwart. Beiträge zu Grundfragen der neuzeitlichen Geschichte. Paderborn u. a. 1988, S. 196–213. Erstabdruck u. d. T. Reichstagskonkordatskontroversen und Historische Logik. In: Manfred Funke u. a. (Hrsg.): Demokratie und Diktatur. Geist und Gestalt politischer Herrschaft in Deutschland und Europa. FS für Karl Dietrich Bracher. Düsseldorf 1978, S. 138–177.

(305) Reynolds, Nicholas: Der Fritsch-Brief vom 11. Dezember 1938. In: Vierteljahrshefte für Zeitgeschichte 28 (1980), S. 358–371.

(306) Ringshausen, Gerhard: Evangelischer Kirchenkampf und Widerstand. In: Ders. (Hrsg.): Perspektiven des Widerstands. Der Widerstand im Dritten Reich und seine didaktische Erschließung. Pfaffenweiler 1994, S. 171–188.

(307) Roth, Karl Heinz: Zum Forschungsstand 1992. Mit einer Korrekturliste zu den Erstausgaben „Das Daimler-Benz-Buch" und „Die Daimler-Benz-AG 1916–1948". Frankfurt a. M. 1993.

(308) Ruck, Michael: Beharrung im Wandel: neuere Forschungen zur deutschen Verwaltung im 20. Jahrhundert (I + II). In: Neue Politische Literatur 42/43 (1997/98).

(309) Sandkühler, Thomas/Hans Walter Schmuhl: Noch einmal: IG Farben und Auschwitz. In: Geschichte und Gesellschaft 19 (1993), S. 259–267.

(310) Sandstede-Auzelle, Marie Corentine/Gerd Sandstede: Clemens August Graf von Galen, Bischof von Münster im Dritten Reich. Münster 1986.

(311) Schmädeke, Jürgen/Alexander Bahar/Wilfried Kugel: Der Reichstagsbrand in neuem Licht. In: Historische Zeitschrift 269 (1999), S. 603–652.

(312) Schmaltz, Florian/Karl Heinz Roth: Neue Dokumente zur Vorgeschichte des I.G. Farben-Werkes Auschwitz-Monowitz. Zugleich eine Stellungnahme zur Kontroverse zwischen Hans Deichmann und Peter Hayes. In: 1999. Zeitschrift für Sozialgeschichte 13 (1998), S. 100–116.

(313) Scholder, Klaus: Altes und Neues zur Vorgeschichte des Reichskonkordates. In: Vierteljahrshefte für Zeitgeschichte 26 (1978), S. 535–570.

(314) Scholder, Klaus: Politischer Widerstand oder Selbstbehauptung als Problem der Kirchenleitung. In: J. Schmädeke/P. Steinbach (Hrsg.): Der Widerstand gegen den Nationalsozialismus. München 1985, S. 254–264.

(315) Scholtyseck, Joachim: Robert Bosch und der liberale Widerstand gegen Hitler 1933–1945. München 1999.

(316) Schorn, Hubert: Der Richter im Dritten Reich. Geschichte und Dokumente. Frankfurt a. M. 1959.

(317) Schulz, Gerhard: Die Anfänge des totalitären Maßnahmenstaates. Köln 1974.

(318) Schweitzer, Arthur: Big Business in the Third Reich. ND Bloomington 1977.

(319) Schweling, Otto Peter: Die deutsche Militärjustiz in der Zeit des Nationalsozialismus. Bearbeitet, eingeleitet und herausgegeben von Erich Schwinge. Marburg 1977.

(320) Seidler, Franz W. : Die Militärgerichtsbarkeit der Deutschen Wehrmacht 1939–1945. Berlin 1991.

(321) Siegele-Wenschkewitz, Leonore: Nationalsozialismus und Kirchen. Düsseldorf 1974.

(322) Siewert, Curt: Schuldig? Die Generale unter Hitler. Stellung und Einfluss der hohen militärischen Führer im nationalsozialistischen Staat. Das Maß ihrer Verantwortung und Schuld. Bad Nauheim 1968.

(323) Sontheimer, Kurt: Einleitung. In: Hans Müller: Katholische Kirche und Nationalsozialismus. Dokumente 1930–1935. München 1963.

(324) Spoerer, Mark: Zwangsarbeit unter dem Hakenkreuz: ausländische Zivilarbeiter, Kriegsgefangene und Häftlinge im Deutschen Reich und im besetzten Europa 1939–1945. Stuttgart 2001.

(325) Stegmann, Dirk: Zum Verhältnis von Großindustrie und Nationalsozialismus 1930–1933. In: Archiv für Sozialgeschichte 13 (1973), 399–482.

(326) Stephenson, Jill: The Nazi Organisation of Women. London 1981.

(327) Stolle, Michael: Die Geheime Staatspolizei in Baden: Personal, Organisation, Wirkung und Nachwirken einer regionalen Verfolgungsbehörde im Dritten Reich (Karlsruher Beiträge zur Geschichte des Nationalsozialismus 6). Konstanz 2001.

(328) Szejnmann, Claus-Christian W. : Theoretisch-methodische Chancen und Probleme regionalgeschichtlicher Forschungen zur NS-Zeit. In: M. Ruck/K. H. Pohl (Hrsg.): Regionen im Nationalsozialismus (IZRG-Schriftenreihe 10). Bielefeld 2003, S. 43–57.

(329) Tobias, Fritz: Der Reichstagsbrand. Legende und Wirklichkeit. Rastatt 1962.

(330) Tornielli, Andrea: Pio XII. Il papa degli ebrei. 3. Aufl., Casale Monferrato 2004.

(331) Tuchel, Johannes/Reinold Schattenfroh: Zentrale des Todes. Prinz-Albrecht-Straße 8: Hauptquartier der Gestapo. Berlin 1987.

(332) Turner, Henry A.: „Alliance of Elites" as cause of Weimar's collapse and Hitler's triumph? In: H. A. Winkler (Hrsg.): Die deutsche Staatskrise 1930–1933 (Schriften des Historischen Kollegs, Kolloquien, Bd. 26). München 1992, S. 204–214.

(333) Turner, Henry A.: Die Großunternehmer und der Aufstieg Hitlers. Berlin 1985.

(334) Turner, Henry A.: Faschismus und Kapita-

lismus in Deutschland. Studien zum Verhältnis zwischen Nationalsozialismus und Wirtschaft. 3. Aufl., Göttingen 1980.
(335) Turner, Henry A.: Unternehmen unter dem Hakenkreuz. In: L. Gall/M. Pohl (Hrsg.): Unternehmen im Nationalsozialismus (Schriftenreihe zur Zeitschrift für Unternehmensgeschichte 1). München 1998, S. 15–23.
(336) Volk, Ludwig: Das Reichskonkordat vom 20. Juli 1933. Mainz 1972.
(337) Volk, Ludwig: Zwischen Geschichtsschreibung und Hochhuthprosa. Kritisches und Grundsätzliches zu einer Neuerscheinung über Kirche und Nationalsozialismus. In: Ders.: Katholische Kirche und Nationalsozialismus. Ausgewählte Aufsätze, hrsg. v. D. Albrecht (Veröffentlichungen der Kommission für Zeitgeschichte 346). Mainz 1987, S. 335–347.
(338) Wegner, Bernd: Kriegsgeschichte – Politikgeschichte – Gesellschaftsgeschichte. Der Zweite Weltkrieg in der westdeutschen Historiographie der siebziger und achtziger Jahre. In: J. Rohwer/H. Müller (Hrsg.): Neue Forschungen zum Zweiten Weltkrieg. Koblenz 1990, S. 102–129.
(339) Weinkauff, Hermann: Die deutsche Justiz und der Nationalsozialismus. Ein Überblick (Quellen und Darstellungen zur Zeitgeschichte 16,1). Stuttgart 1968.
(340) Winkler, Heinrich August: Vom Mythos der Volksgemeinschaft. In: Archiv für Sozialgeschichte 17 (1977), S. 484–490.
(341) Wolf, Ernst: Kirche im Widerstand? München 1965.
(342) Wolff, Richard: Der Reichstagsbrand 1933. Ein Forschungsbericht. In: Aus Politik und Zeitgeschichte. Beilage zur Wochenzeitung Das Parlament, Nr. B3/56 v. 18. Januar 1956, S. 25–52.
(343) Wüllner, Fritz: Die NS-Militärjustiz und das Elend der Geschichtsschreibung – ein grundlegender Forschungsbericht. Baden-Baden 1991.
(344) Zahn, Gordon C.: Die deutschen Katholiken und Hitlers Kriege. Graz, Köln 1965.
(345) Zipfel, Friedrich: Gestapo und Sicherheitsdienst. Berlin 1960.
(346) Zitelmann, Rainer: Hitler als Revolutionär. 3. Aufl., Stuttgart 1990.

4. Der Krieg: Arbeit an Legenden

(347) Frieser, Karl-Heinz: Blitzkrieg-Legende. Der Westfeldzug 1940 (Operationen des Zweiten Weltkrieges Bd. 2). 2. Aufl., München 1996.
(348) Herbst, Ludolf: Der totale Krieg und die Ordnung der Wirtschaft. Die Kriegswirtschaft im Spannungsfeld von Politik, Ideologie und Propaganda 1939–1945. Stuttgart 1982.
(349) Hoffmann, Joachim: Stalins Vernichtungskrieg 1941–1945. 3. Aufl., München 1996.
(350) Klein, Burton H.: Germany's Economic Preparation for War. Cambridge 1989.
(351) Milward, Alan S.: Der Einfluß ökonomischer und nicht-ökonomischer Faktoren auf die Strategie des Blitzkrieges. In: F. Forstmeier/H.-E. Volkmann (Hrsg.): Wirtschaft und Rüstung am Vorabend des Zweiten Weltkrieges. Düsseldorf 1975, S. 189–201.
(352) Müller, Rolf-Dieter/Gerd R. Ueberschär: Hitlers Krieg im Osten 1941–1945. Ein Forschungsbericht. Darmstadt 2000.
(353) Post, Walter: Unternehmen Barbarossa: deutsche und sowjetische Angriffspläne 1940/41. Hamburg 1995.
(354) Schmidt, Rainer F.: „Appeasement oder Angriff". Eine kritische Bestandsaufnahme der sog. „Präventivkriegsdebatte" über den 22. Juni 1941. In: J. Elvert/S. Krauß (Hrsg.): Historische Debatten und Kontroversen im 19. und 20. Jahrhundert (Historische Mitteilungen im Auftrag der Ranke-Gesellschaft 46). Stuttgart 2003, S. 220–233.
(355) Wegner, Bernd: Präventivkrieg 1941? Zur Kontroverse um ein militärhistorisches Scheinproblem. In: J. Elvert/S. Krauß (Hrsg.): Historische Debatten und Kontroversen im 19. und 20. Jahrhundert (Historische Mitteilungen im Auftrag der Ranke-Gesellschaft 46). Stuttgart 2003, S. 206–219.

5. Widerstand gegen den Nationalsozialismus

(356) Blasius, Rainer A.: Deutschland und Europa im Denken des Widerstandes. In: M. Kißener u. a. (Hrsg.): Widerstand in Europa. Zeitgeschichtliche Erinnerungen und Studien (Karlsruher Beiträge zur Geschichte des Nationalsozialismus 1). Konstanz 1995, S. 39–65.
(357) Broszat, Martin/Elke Fröhlich: Alltag und Widerstand. Bayern im Nationalsozialismus. 2. Aufl., München 1987.
(358) Dipper, Christof: Der „Aufstand des Gewissens" und die „Judenfrage" – ein Rückblick. In: G. R. Ueberschär (Hrsg.): NS-Verbrechen und der militärische Widerstand gegen Hitler. Darmstadt 2000, S. 14–18.
(359) Dipper, Christof: Der deutsche Widerstand und die Juden. In: Geschichte und Gesellschaft 9 (1983), S. 349–380.
(360) Erdmann, Karl Dietrich: Die Zeit der Weltkriege. 2. Teilband (Gebhard – Handbuch der deutschen Geschichte 4). 9., neu bearb. Aufl., Stuttgart 1976.
(361) Forum. Der Streit um den Widerstandskämp-

fer Georg Elser. In: Jahrbuch Extremismus & Demokratie 12 (2000), S. 95–178.
(362) Frieser, Karl-Heinz: Krieg hinter Stacheldraht. Die deutschen Kriegsgefangenen in der Sowjetunion und das „Nationalkomitee Freies Deutschland". Mainz 1981.
(363) Gerlach, Christian: Hitlergegner bei der Heeresgruppe Mitte und die „verbrecherischen Befehle". In: G. R. Ueberschär (Hrsg.): NS-Verbrechen und der militärische Widerstand gegen Hitler. Darmstadt 2000, S. 61–76.
(364) Gotto, Klaus/Hans-Günter Hockerts/Konrad Repgen: Nationalsozialistische Herausforderung und kirchliche Antwort. Eine Bilanz. In: K. Gotto/ K. Repgen (Hrsg.): Die Katholiken und das Dritte Reich. 3. Aufl., Mainz 1990, S. 173–190.
(365) Graml, Hermann: Die außenpolitischen Vorstellungen des deutschen Widerstandes. In: W. Schmitthenner/H. Buchheim: Der deutsche Widerstand gegen Hitler. Vier historisch-kritische Studien. Köln, Berlin 1966, S. 15–72.
(366) Gruchmann, Lothar (Hrsg.): Autobiographie eines Attentäters. Der Anschlag auf Hitler im Bürgerbräu 1939. (EA 1970). Neuaufl., Stuttgart 1989.
(367) Heinemann, Winfried: Kriegsführung und militärischer Widerstand im Bereich der Heeresgruppe Mitte an der Ostfront. In: G. R. Ueberschär (Hrsg.): NS-Verbrechen und der militärische Widerstand gegen Hitler. Darmstadt 2000, S. 77–89.
(368) Hofer, Walter: Diskussionen zur Geschichte des Widerstands. In: J. Schmädeke/P. Steinbach (Hrsg.): Der Widerstand gegen den Nationalsozialismus. Die deutsche Gesellschaft und der Widerstand gegen Hitler (EA 1985). 2. Aufl., München/ Zürich 1994, S. 1120–1122.
(369) Hoffmann, Peter. Generaloberst Ludwig Becks militärpolitisches Denken. In: Historische Zeitschrift 234 (1982), S. 101–121.
(370) Hoffmann, Peter: Claus Schenk Graf von Stauffenberg und seine Brüder. Stuttgart 1992.
(371) Hoffmann, Peter: Widerstand, Staatsstreich, Attentat. Der Kampf der Opposition gegen Hitler. (EA 1969). 4. Aufl., München/Zürich 1985.
(372) Hürter, Johannes: Auf dem Weg zur Militäropposition. Tresckow, Gersdorff, der Vernichtungskrieg und der Judenmord. Neue Dokumente über das Verhältnis der Heeresgruppe Mitte zur Einsatzgruppe B im Jahre 1941. In: Vierteljahrshefte für Zeitgeschichte 52 (2004), S. 527–562.
(373) Hüttenberger, Peter: Vorüberlegungen zum „Widerstandsbegriff". In: J. Kocka (Hrsg.): Theorien in der Praxis des Historikers. Göttingen 1977, S. 116–134.
(374) John, Otto: „Falsch und zu spät": der 20. Juli 1944. Epilog. Frankfurt/Berlin 1989.
(375) Löwenthal, Richard: Widerstand im totalen Staat. In: Ders. u. a. (Hrsg.): Widerstand und Verweigerung in Deutschland 1933 bis 1945. Berlin/Bonn 1982, S. 11–24.
(376) Mommsen, Hans: Gesellschaftsbild und Verfassungspläne des deutschen Widerstandes. In: W. Schmitthenner/H. Buchheim: Der deutsche Widerstand gegen Hitler. Vier historisch-kritische Studien. Köln, Berlin 1966, S. 73–167.
(377) Müller, Klaus-Jürgen: General Ludwig Beck. Studien und Dokumente zur politisch-militärischen Vorstellungswelt und Tätigkeit des Generalstabschefs des deutschen Heeres 1933–1938 (Schriften des Bundesarchivs 30). Boppard a. Rh. 1980.
(378) Müller, Klaus-Jürgen: Militärpolitik, nicht Militäropposition! Eine Erwiderung. In: Historische Zeitschrift 235 (1982), S. 355–371.
(379) Paul, Gerhard/Klaus-Michael Mallmann: Resistenz oder loyale Widerwilligkeit? Anmerkungen zu einem umstrittenen Begriff. In: Zeitschrift für Geschichtswissenschaft 41 (1993), S. 99–116.
(380) Peukert, Dieter: Volksgenossen und Gemeinschaftsfremde. Anpassung, Ausmerze und Aufbegehren unter dem Nationalsozialismus. Köln 1982.
(381) Ringshausen, Gerhard: Der Aussagewert von Paraphen und der Handlungsspielraum des militärischen Widerstands. Zu Johannes Hürter: Auf dem Weg zur Militäropposition. In: Vierteljahrshefte für Zeitgeschichte 53 (2005), S. 141–147.
(382) Ritter, Gerhard: Carl Goerdeler und die deutsche Widerstandsbewegung. (EA 1954). Stuttgart 1984.
(383) Rothfels, Hans: Die deutsche Opposition gegen Hitler. Eine Würdigung. (Engl. EA 1948). 8. Aufl., Frankfurt 1977.
(384) Scheurig, Bodo (Hrsg.): Verrat hinter Stacheldraht? Das Nationalkomitee „Freies Deutschland" und der Bund Deutscher Offiziere in der Sowjetunion 1942–1945. München 1965.
(385) Scheurig, Bodo: Freies Deutschland. Das Nationalkomitee und der Bund Deutscher Offiziere in der Sowjetunion 1943–1945. 2. Aufl., München 1961.
(386) Schnabel, Thomas (Hrsg.): Formen des Widerstandes im Südwesten 1933–1945. Scheitern und Nachwirken. Ulm 1994.
(387) Schwerin, D. Graf v.: „Dann sind's die besten Köpfe, die man henkt." München 1991.
(388) Seydlitz, Walther von: Stalingrad. Konflikt und Konsequenz. Erinnerungen. Oldenburg 1977.
(389) Steinbach, Peter: Antisemitismus und Widerstand. In: Ders.: Widerstand im Widerstreit. Der Widerstand gegen den Nationalsozialismus in der Erinnerung der Deutschen. 2. Aufl., Paderborn 2001, S. 302–317.

(390) Steinbach, Peter/Gerd R. Ueberschär: Die Geschichtsschreibung zum NKFD und BDO in der Bundesrepublik Deutschland und in den westlichen Ländern. In: G. R. Ueberschär (Hrsg.): Das Nationalkomitee „Freies Deutschland" und der Bund Deutscher Offiziere. Frankfurt a. M. 1993, S. 141–160.

(391) Steinbach, Peter/Johannes Tuchel: Es schien, als schreckte die Öffentlichkeit vor Elser zurück. In: Frankfurter Rundschau, 18. November 1999.

(392) Steinbach, Peter/Konrad Repgen: Widerstand gleich Widerstand? In: Rheinischer Merkur, 24. Juni 1994, S. 3f.

(393) Steinbach, Peter: Der Widerstand als Thema der politischen Zeitgeschichte. Ordnungsversuche vergangener Wirklichkeit und politischer Reflexionen. In: P. Steinbach: Widerstand im Widerstreit. Der Widerstand gegen den Nationalsozialismus in der Erinnerung der Deutschen. 2. Aufl., Paderborn u. a. 2001, S. 39–102.

(394) Steinbach, Peter: Die Rote Kapelle – 50 Jahre danach. In: H. Coppin/J. Dengel/J. Tuchel (Hrsg.): Die Rote Kapelle im Widerstand gegen den Nationalsozialismus (Schriften der Gedenkstätte Deutscher Widerstand A 1). Berlin 1994, S. 54–67.

6. „Vergangenheitsbewältigung":
die umstrittene „Hinterlassenschaft"

(395) Adorno, Theodor W.: Was bedeutet: Aufarbeitung der Vergangenheit? In: Ders.: Eingriffe. Neun kritische Modelle. Frankfurt a. M. 1963, S. 125–146.

(396) Assmann, Aleida/Ute Frevert: Geschichtsvergangenheit, Geschichtsvergessenheit. Vom Umgang mit deutschen Vergangenheiten nach 1945. Stuttgart 1999.

(397) Berghoff, Hartmut: Zwischen Verdrängung und Aufarbeitung. Die bundesdeutsche Gesellschaft und ihre nationalsozialistische Vergangenheit in den fünfziger Jahren. In: Geschichte in Wissenschaft und Unterricht 49 (1998), S. 96–114.

(398) Bergmann, W./R. Erb/A. Lichtblau (Hrsg.): Schwieriges Erbe. Der Umgang mit Nationalsozialismus und Antisemitismus in Österreich, der DDR und der Bundesrepublik Deutschland. Frankfurt/New York 1995.

(399) Buruma, Ian: Erbschaft der Schuld. Vergangenheitsbewältigung in Deutschland und Japan (Am. EA 1994). Hamburg 1996.

(400) Danyel, Jürgen (Hrsg.): Die geteilte Vergangenheit. Zum Umgang mit dem Nationalsozialismus und Widerstand in beiden deutschen Staaten. Berlin 1995.

(401) Fleischmann, Lea: Dies ist nicht mein Land. Eine Jüdin verlässt die Bundesrepublik. Hamburg 1980.

(402) Frei, Norbert: Vergangenheitspolitik. Die Anfänge der Bundesrepublik und die NS-Vergangenheit. München 1996.

(403) Garbe, Detlef: Äußerliche Abkehr, Erinnerungsverweigerung und „Vergangenheitsbewältigung": Der Umgang mit dem Nationalsozialismus in der frühen Bundesrepublik. In: A. Schild/A. Sywottek (Hrsg.): Modernisierung im Wiederaufbau. Die westdeutsche Gesellschaft der 50er Jahre. Bonn 1993, S. 693–716.

(404) Goschler, Constantin: Die Auseinandersetzung um die Rückerstattung „arisierten" jüdischen Eigentums nach 1945. In: U. Büttner (Hrsg.): Die Deutschen und die Judenverfolgung im Dritten Reich. Hamburg 1992, S. 339–356.

(405) Goschler, Constantin: Wiedergutmachung. Westdeutschland und die Verfolgten des Nationalsozialismus 1945–1954 (Quellen und Darstellungen zur Zeitgeschichte 34). München 1992.

(406) Graml, Hermann: Die verdrängte Auseinandersetzung mit der NS-Vergangenheit. In: M. Broszat (Hrsg.): Zäsuren nach 1945. München 1990, S. 169–183.

(407) Henke, Klaus-Dietmar/Hans Woller (Hrsg.): Politische Säuberung in Europa. Die Abrechnung mit Faschismus und Kollaboration nach dem Zweiten Weltkrieg. München 1991.

(408) Herbert, Ulrich/Olaf Gröhler (Hrsg.): Zweierlei Bewältigung. Vier Beiträge über den Umgang mit der NS-Vergangenheit in den beiden deutschen Staaten. Hamburg 1992.

(409) Herbst, Ludolf/Constantin Goschler (Hrsg.): Wiedergutmachung in der Bundesrepublik Deutschland. München 1989.

(410) Hirsch, Martin: Folgen der Verfolgung. Schädigung – Wiedergutmachung – Rehabilitierung. In: Die Bundesrepublik Deutschland und die Opfer des Nationalsozialismus. Tagung vom 25. bis 27. November 1983 in der Evangelischen Akademie Bad Boll. Protokolldienst 14/84. Bad Boll 1984, S. 19–32.

(411) Hockerts, Hans-Günter: Wiedergutmachung in Deutschland: Eine historische Bilanz 1945–2000. In: K. Doehring/B. J. Fehn/H. G. Hockerts (Hrsg): Jahrhundertschuld, Jahrhundertsühne. Reparationen, Wiedergutmachung, Entschädigung für nationalsozialistisches Kriegs- und Verfolgungsunrecht. München 2001, S. 91–142.

(412) Hockerts, Hans-Günter: Wiedergutmachung in Deutschland: Eine historische Bilanz 1945–2000. In: Vierteljahrshefte für Zeitgeschichte 49 (2001), S. 167–214.

(413) Jasper, Gotthard: Wiedergutmachung und Westintegration. Die halbherzige justizielle Aufarbeitung der NS-Vergangenheit in der frühen Bundesrepublik. In: L. Herbst (Hrsg.): Westdeutschland 1945–1955 (Schriftenreihe der Vierteljahrshefte für Zeitgeschichte, Sondernummer). München 1986.
(414) Kißener, Michael: „Vergangenheitsbewältigung" im Vergleich. Frankreich und Deutschland nach dem Zweiten Weltkrieg. In: W. Elz/S. Neitzel (Hrsg.): Internationale Beziehungen im 19. und 20. Jahrhundert. Festschrift für W. Baumgart zum 65. Geburtstag. Paderborn u.a. 2003, S. 403–415.
(415) Kittel, Manfred: Die Legende von der „Zweiten Schuld". Vergangenheitsbewältigung in der Ära Adenauer. Berlin/Frankfurt 1993.
(416) Kittel, Manfred: Nach Nürnberg und Tokio. München 2004.
(417) Lommatzsch, Erik: Hans Globke und der Nationalsozialismus. Eine Skizze. In: Historisch-politische Mitteilungen 10 (2003), S. 95–128.
(418) Lübbe, Hermann: Der Nationalsozialismus im deutschen Nachkriegsbewusstsein. In: Historische Zeitschrift 236 (1983), S. 579–600.
(419) Mitscherlich, Alexander u. Margarete: Die Unfähigkeit zu trauern. München 1967.
(420) Niethammer, Lutz: Die Mitläuferfabrik. Die Entnazifizierung am Beispiel Bayerns. Berlin/Bonn 1972, 2. Aufl. 1982.
(421) Pross, Christian: Wiedergutmachung. Der Kleinkrieg gegen die Opfer. Frankfurt 1988.
(422) Schwarz, Hans-Peter: Adenauer. Bd. 2. Der Staatsmann: 1952–1967. Stuttgart 1991.
(423) Steinbach, Peter: Nationalsozialistische Gewaltverbrechen in der deutschen Öffentlichkeit 1945. In: J. Weber/P. Steinbach (Hrsg.): Vergangenheitsbewältigung durch Strafverfahren (Akademiebeiträge zur politischen Bildung 12). München 1984, S. 13–39.
(424) Steinbach, Peter: Nationalsozialistische Gewaltverbrechen. Die Diskussion in der deutschen Öffentlichkeit nach 1945. Berlin 1981.
(425) Steinbach, Peter: Vergangenheitsbewältigungen in vergleichender Perspektive. Politische Säuberung, Wiedergutmachung, Integration (Historische Kommission zu Berlin, Beiheft 18). Berlin 1993.
(426) Wolffsohn, Michael: Spanien, Deutschland und die „Jüdische Weltmacht". Über Moral, Realpolitik und Vergangenheitsbewältigung. München 1991.

IV. Ausblick – Perspektiven der NS-Forschung

(427) Benz, Wolfgang: Der Holocaust. 4. Aufl. München 1999.
(428) Burleigh, Michael: Die Zeit des Nationalsozialismus. Eine Gesamtdarstellung. Frankfurt a. M. 2000.
(429) Eisele, Klaus/Joachim Scholtyseck (Hrsg.): Offenburg 1919–1949: Zwischen Demokratie und Diktatur. Konstanz 2004.
(430) Ruck, Michael/Karl-Heinrich Pohl (Hrsg.): Regionen im Nationalsozialismus (IZRG-Schriftenreihe 10). Bielefeld 2003.
(431) Rumschöttel, Hermann/Walter Ziegler (Hrsg.): Staat und Gaue in der NS-Zeit. Bayern 1933–1945 (Zeitschrift für Bayerische Landesgeschichte, Beiheft 21). München 2004.
(432) Szejnmann, Claus Christian: „Verwässerung oder Systemstabilisierung? Der Nationalsozialismus in Regionen des Deutschen Reichs". In: Neue Politische Literatur 48 (2003), S. 208–250.

Personen- und Sachregister

Der Name Adolf Hitler sowie die Begriffe Nationalsozialismus und „Drittes Reich" wurden nicht aufgenommen